Landschaftsverband Westfalen-Lippe (Hrsg.)

JAKOBSWEGE

WEGE DER JAKOBSPILGER
IN WESTFALEN
BAND 6

Altertumskommission für Westfalen

in Zusammenarbeit mit dem LWL-Amt
für Landschafts- und Baukultur in Westfalen

mit Unterstützung der
Deutschen St. Jakobus-Gesellschaft e. V.

Landschaftsverband Westfalen-Lippe (Hrsg.)

Jakobswege

WEGE DER JAKOBSPILGER

IN WESTFALEN

BAND 6

in 12 Etappen zu Fuß
und per Rad von Osnabrück
über Münster und Dortmund
nach Wuppertal-Beyenburg

Ulrike Spichal
Horst Gerbaulet

Mit Beiträgen von
Volker Honemann
und Cornelia Kneppe

J.P. BACHEM VERLAG

Da es in Ausnahmefällen durch äußere Umstände notwendig werden kann, kleinere Teilstücke des Weges zu verlegen, gilt immer die Markierung am Weg!

Titelabbildungen vorne:

Oben: Jakobusstatue, Lambertikirche Münster
(Foto: Andreas Lechtape, Münster)
Unten: Zwischen Schwelm und Wuppertal-Beyenburg
(Foto: Altertumskommission für Westfalen /U. Spichal)

Kartengrundlage topografische Karten:
© Geobasisdaten: Land NRW, Bonn, 1164/2008
Karte S. 47: Ausschnitt aus der Digitalen Topografischen Karte 1:25000: Vervielfältigt mit Erlaubnis des Herausgebers: LGN – Landesvermessung und Geobasisinformation Niedersachsen – D 13047

Übersichtskarte Umschlagklappe:
Reprowerkstatt Wargalla, Köln/Ariane Durand

Bibliografische Information der Deutschen Bibliothek
Die Deutsche Bibliothek verzeichnet diese Publikation in der Deutschen Nationalbiografie; detaillierte bibliografische Daten sind im Internet über **http://dnb.ddb.de** abrufbar.

1. Auflage 2008
© J. P. Bachem Verlag Köln, 2008

Lektorat: Katharina Tilemann, Köln
Umschlaggestaltung und Innenlayout: Barbara Meisner, Düsseldorf
Kartenlayout und -bearbeitung: Martina Bange, LWL-Amt für Landschafts- und Baukultur in Westfalen

Reproduktionen: Reprowerkstatt Wargalla, Köln
Druck: Grafisches Centrum Cuno, Calbe
Printed in Germany
ISBN: 978-3-7616-2210-0

www.bachem.de

INHALT

Die straß und

meylen tzu sant Jacob
auß vnd ein in warheyt gantz erfarn
findestu in dysem Buchleyn

Titelblatt des ältesten deutschen Pilgerführers
(Leipziger Ausgabe von 1521)

VORWORT

Die von Pilgern genutzten Strecken waren bereits existierende eingegangene und eingefahrene Wege oder Trassen, die oft jahrhunderte- oder jahrtausendealten Verläufen folgten. Diese frühen Verkehrswege werden von der Altertumskommission für Westfalen erforscht. Daher war es naheliegend, die Erschließung der Pilgerwege durch diese Kommission federführend zu betreuen. Maßgeblich unterstützt wurde sie dabei vom LWL-Amt für Landschafts- und Baukultur in Westfalen. So konnten am besten für dieses landeskundliche und zugleich europäische Projekt auch in Westfalen historische und archäologische Spuren eingebunden und in einem Kontext begehbar gemacht werden. Dafür werden beiderseits der Wegeführung begleitende historische Denkmäler verschiedenster Art ebenso erläutert wie eher unabsichtlich von früheren Menschen hinterlassene Spuren von Eingriffen in den Boden. Es sind – wie die Wege selbst – Zeugnisse, die von Handel, Handwerk und Landwirtschaft stammen, doch auch für Mission, Kirchenorganisation und Kämpfe um weltliche Macht stehen. Die Wege führen aber zuweilen auch noch durch weitgehend unberührte Altlandschaften, zwangsläufig jedoch ebenfalls durch neuzeitlich geprägte Regionen. Sie laden ein zum Verweilen und zum Bewältigen von Entfernungen über viele Stationen, zur Stille und zur Kommunikation. Ihre Begehung ist gelebte Geschichte, die eigene und fremde Wurzeln freilegt, denn als Pilger zu wandern beinhaltet nicht nur Auseinandersetzung mit sich selbst, sondern auch mit der Vergangenheit von Menschen und Räumen.

Prof. Dr. Dr. h.c. Torsten Capelle
Vorsitzender der Alterskommission für Westfalen

Landesrat Prof. Dr. Karl Teppe
Kulturdezernent des Landschaftsverbandes Westfalen-Lippe

WEGE DER JAKOBSPILGER DURCH WESTFALEN

Wege bilden in allen Zeiten und Kulturen die wichtigste Grundlage der Kommunikation. In Form von Trampelpfaden, Wegen und ausgebauten Straßen verbinden sie einen Ort mit einem anderen und sind damit Basis von Gedanken- und Warenaustausch. Das Bedürfnis und die Notwendigkeit der Fortbewegung sind so alt wie die Menschheit selbst, sodass die ersten Wege zu Wasserstellen und schließlich zu Behausungen schon früh „platt getreten" wurden. Beim Finden des bestmöglichen Weges von A nach B unter Umgehung von Hindernissen greift der Mensch demnach auf eine lange Erfahrung zurück. So ist es kein Wunder, dass eine Route – wenn sie sich einmal als tauglich erwiesen hat – über Jahrhunderte, wenn nicht gar über Jahrtausende bestehen blieb. Auf diesen Umstand geht auch das Phänomen zurück, dass heutige Bundesstraßen und Autobahnen oftmals den Verlauf historischer Wegetrassen aufnehmen. Wege gehören zu den beständigsten Erscheinungsformen überhaupt.

Während zum Beispiel Kirch- und Holzwegen eine spezielle Funktion zukam, wurden die Fernrouten von den verschiedensten Personengruppen benutzt. Dazu gehörten auch die seit dem Hochmittelalter immer häufiger werdenden Pilger. Etwa seit dem 4. Jh. pilgern Menschen der verschiedenen Religionen zu heiligen Orten. Waren Jerusalem als Lebens- und Begräbnisstätte Christi sowie Rom als Stadt der Apostel Petrus und Paulus von Beginn an wichtige Pilgerziele der Christenheit, gesellte sich im 9. Jh. mit der Entdeckung des angeblichen Grabes des Apostels Jakobus d. Ä. das nordspanische Santiago de Compostela hinzu. Die Wunder, die sich um das Grab ereignet haben sollen, sprachen sich schnell herum und zogen bereits im 10. Jh. Pilger aus Deutschland an. 1174/75 machte sich auch der erste nachgewiesene Westfale auf den Weg nach Santiago: Bischof Anno von Minden. Spätestens im 13. Jh. hatte die galicische Stadt eine Bedeutung als Pilgerziel erlangt, die der von Jerusalem und Rom gleichkam.

Die Wege, die die mittelalterlichen Pilger durch die Region Westfalen benutzten, waren also keine Jakobswege in dem Sinne, dass es sich um extra ausgebaute Pilgerstraßen mit Herbergen in regelmäßigen Abständen handelte. Pilger im westfälischen Raum waren vielmehr auf das vorhandene System aus Lokal- und Fernwegen angewiesen, wobei den Hauptverkehrsstraßen generell eine bedeutendere Rolle zugekommen sein wird. Denn wenn Pilger ein Fernziel wie Santiago de Compostela anstrebten, wollten die meisten vermutlich so schnell und so sicher wie möglich dort ankommen. Die Hauptrouten boten dabei gegenüber den Lokalwegen einige Vorteile: Sie wurden vom allgemeinen Handels- und Reiseverkehr genutzt, was es Pilgern erleichterte, Anschluss an Kaufleute und andere Reisende zu finden. Das Reisen in Gruppen bot mehr Sicherheit vor Überfällen sowie Hilfe bei Krankheit und Verletzung. In Zeiten der mündlichen Information war es außerdem unerlässlich, an Auskünfte über den Wegeverlauf sowie über bestehende Gefahren wie überschwemmte Brücken, lauernde Räuberbanden und Seuchen zu gelangen.

Umzeichnung eines Jakobspilgers aus dem Sachsenspiegel, 14. Jh.

Für das Projekt „Wege der Jakobspilger in Westfalen", das die Altertumskommission für Westfalen seit 2002 für den Landschaftsverband Westfalen-Lippe wissenschaftlich bearbeitet, ist es also grundlegend, solche Fernhandelsstraßen wiederzufinden, die im Mittelalter quer durch den westfälischen Raum auf Santiago bzw. bestimmte Sammelstellen für Pilger zu verliefen. Dies wurde zunächst anhand einer spätestens seit dem 12. Jh. nachweisbaren Fernstraße verwirklicht, die von der Ostsee an den Rhein führte und dabei knapp hinter Osnabrück in das heutige Westfalen eintrat. Grob betrachtet führte sie durch den Teutoburger Wald bei Lengerich, durch das Münsterland und bei Lünen über die Lippe, durch das Ruhrgebiet mit seiner Metropole Dortmund in das Bergische Land und auf Köln zu.

Um eine solche Strecke zu rekonstruieren, wird ganz unterschiedliches Material hinzugezogen: schriftliche Quellen (Itinerare, Urkunden sowie andere Nachrichten), alte Kartenwerke, archäologische Hinterlassenschaften und geographische Gegebenheiten. Dabei kann unterschieden werden zwischen Quellen, die den direkten Verlauf der alten Straßen preisgeben wie Karten mit eingezeichnetem Verlauf, Itinerare mit Stationsangaben, Reiseberichte und Nachrichten über Ereignisse entlang einer Straße. Hinzu kommen indirekte Quellen, die Objekte und Einrichtungen nennen, die sich üb-

Die Land-
straßen-
Karte des
Erhard
Etzlaub aus
dem Jahr
1501.

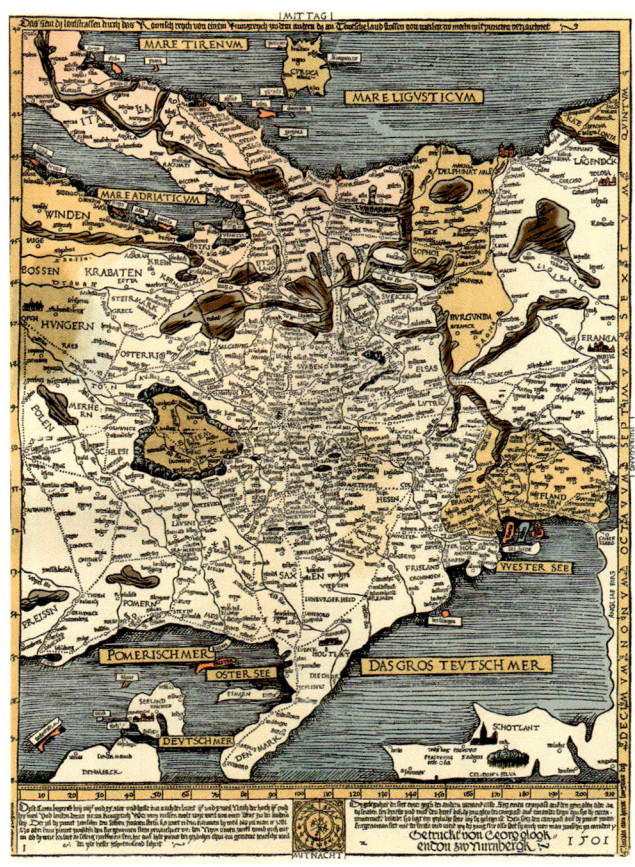

licherweise in der Nähe bedeutender Wege befinden und daher
bei der Lokalisierung derselben helfen.

Das für den Weg nach Santiago wichtigste Itinerar stammt aus
dem Jahre 1606 und beschreibt den Weg einer hansischen Ge-
sandtschaft aus Lübeck bis nach Spanien, u. a. mit den Zwischen-
stationen Osnabrück, Lengerich, Münster, Dortmund, Hagen, Gevelsberg, Schwelm und Beyenburg. Auch andere Itinerare bestäti-
gen diese Route weitgehend. Über Kartenwerke wie die Preußische
Generalstabskarte (1816–47) und die Le Coq'schen Karten lassen
sich Wegeverläufe bis 1805 zurückverfolgen. Die älteste Darstellung, auf der der Weg von Osnabrück bis Wuppertal-Beyenburg
eingezeichnet ist, stammt von Erhard Etzlaub aus dem Jahr 1501.

Dabei handelt es sich um die überarbeitete Version einer Karte für Rompilger, in der zusätzlich die wichtigsten Handelswege nachgetragen wurden. Schriftliche Quellen beziehen sich meist auf kleinere Teilstücke des Weges und berichten beispielsweise von Ereignissen wie Zollvergehen, Raubüberfällen sowie Mord oder vom schlechten Wegezustand. Bei den archäologischen Hinterlassenschaften handelt es sich meistens um sog. Hohlwege, die sich vor allem in Hangbereichen finden: mehr oder weniger tief in den Boden einschneidende Strukturen, die durch das stetige Benutzen der Wege entstanden sind (→ S. 213).

Bei den Quellen, die indirekt über den Wegeverlauf Auskunft geben, handelt es sich um sog. Wegeindikatoren, d. h. Einrichtungen und Objekte, die sich im Mittelalter typischerweise entlang bedeutender Fernstraßen befanden. Dies waren zum Beispiel die Siechen- oder Leprosenhäuser, in denen ansteckend Kranke untergebracht wurden. Wegen der Übertragungsgefahr waren sie innerhalb der Städte unerwünscht. Da die Notleidenden aber auf Almosen angewiesen waren, wurden die Häuser entlang der Straßen errichtet. Auch die Richtstätten der Städte befanden sich gut sichtbar an den Straßen, um herannahende Reisende abzuschrecken. Die seit dem 14. Jh. vielfach entlang kirchlicher und politischer Grenzen errichteten Landwehren (→ S. 123) bündelten den Verkehr an ihren Durchlässen, den sog. Schlagbäumen. Diese lassen sich häufig anhand von Flurnamen wie „Boom", „Bäumer" lokalisieren. In seltenen Fällen sind auch die hier aufgestellten Wachtürme (Warte oder Wartturm) noch erhalten oder archäologisch dokumentiert. Ebenso bündelten Pässe und Flussübergänge den Verkehr an bestimmten Stellen und können – wenn sie nicht überliefert sind – anhand der geografischen Gegebenheiten ausfindig gemacht werden. In Mittelalter und Neuzeit wurden viele Wegekreuze entlang der Straßen errichtet. Meist handelt es sich um Sühnekreuze, die aufgestellt wurden, um eine Schuld – zum Beispiel Totschlag – zu sühnen. Es muss wohl davon ausgegangen werden, dass viele Verbrechen auf den Straßen selbst geschahen, aber auch bei „abwegigem" Tatort war es sicherlich erwünscht, das Kreuz an einem Ort aufzustellen, wo es gesehen wurde: an der Straße!

Solchen Wegeindikatoren wird der Leser im Verlaufe des Buches immer wieder begegnen, denn sie sind es, die den historischen Weg zumindest punktuell nachvollziehen lassen.

Pilger waren keine normalen Reisenden. Ihre Motivation, für ihr Seelenheil ein für sie heiliges Ziel zu erreichen, unterscheidet sie vom üblichen Handels- und Reiseverkehr und damit auch ihre Wegewahl. Anders als der geschäftige Handelsverkehr waren Pilger nicht notwendig daran gebunden, auf dem kürzesten und schnellsten Weg am Ziel anzukommen. Die Wegewahl war individueller, und es ist bekannt, dass sich viele Pilger auf dem Weg nach Santiago Zwischenziele setzten, um dort für das weitere Vorankommen zu beten. Der Pilgerführer aus dem berühmten *Liber Sancti Jakobi* aus dem 12. Jh. schreibt geradezu vor, welche wichtigen Kultstätten auf dem Weg durch Frankreich angesteuert werden sollen. Daher ist davon auszugehen, dass für Pilger aus dem westfälischen Raum Köln ein solches Zwischenziel darstellte. Denn hier wurden sie nicht nur von einer Jakobi-Bruderschaft betreut und fanden für den weiteren Weg leichter Anschluss an Gleichgesinnte, sondern hier konnten sie mit den Reliquien der Heiligen Drei Könige und dem Kölner Dom auch noch eine der wichtigsten Kultstätten des Christentums besuchen.

Neben den religiösen Besonderheiten waren für Pilger auch die Unterkünfte ausschlaggebend für die Wegewahl. Diese fanden sie in Klöstern, Kirchen, Hospitälern, Herbergen und Gasthäusern. Befanden sich Letztere meist entlang der Straßen, lagen die Niederlassungen klösterlicher Gemeinschaften eher abseits der lärmenden Verkehrszüge. Doch ein Umweg in die Abgeschiedenheit eines

Hohlweg zwischen Hagen-Haspe und Gevelsberg.

Klosters, deren Gemeinschaften ja zur Auf-
nahme von Fremden als Werk der Barm-
herzigkeit angerufen waren, dürfte gerade
für mittellose Pilger attraktiv gewesen sein.
Diese Überlegungen wurden bei der Ausschilderung und Beschreibung des Pilgerweges berücksichtigt und können Abwei-
chungen von den Hauptrouten zur Folge haben.

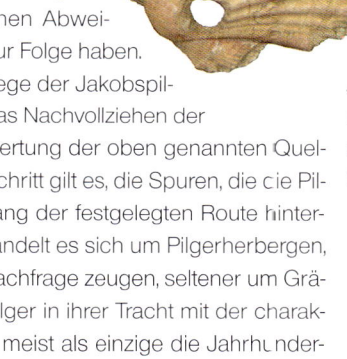

Jakobs-
muschel
aus
Schwerte.

Für die Rekonstruktion der Wege der Jakobspilger durch Westfalen bildet also das Nachvollziehen der
historischen Trasse mittels Auswertung der oben genannten Quellen die Basis. In einem zweiten Schritt gilt es, die Spuren, die die Pilger – leider viel zu selten – entlang der festgelegten Route hinterlassen haben, zu finden. Meist handelt es sich um Pilgerherbergen,
die von einer entsprechenden Nachfrage zeugen, seltener um Gräber, in denen zurückkehrende Pilger in ihrer Tracht mit der charakteristischen Jakobsmuschel, die meist als einzige die Jahrhunderte überdauert hat, bestattet wurden. Nur in Ausnahmefällen sind Jakobspilger namentlich überliefert, wie der bereits genannte Bischof
Anno von Minden.

Schon der renommierte Jakobsforscher Klaus Herbers schreibt,
dass Jakobuspatrozinien und -bruderschaften sowie künstlerische
Darstellungen des hl. Jakobus zwar eindrucksvolle Zeugnisse für
die Ausstrahlung dieses Heiligenkultes sind, aber nur selten brauch-
bare Indikatoren für Pilgerwege darstellen. Die Untersuchung dieser
Spuren wurde daher der der Altstraßen und der Pilgerspuren unter-
geordnet.

Bei der wissenschaftlichen Bearbeitung des hier vorgestellten
Weges der Jakobspilger von Osnabrück bis Wuppertal-Beyenburg
hat sich schnell herausgestellt, dass ein Pilgern auf historischen
Trassen für heutige Pilger nur punktuell in Frage kommt, da der Verlauf der alten Fernstraßen oft von heutigen Bundesstraßen aufgenommen ist. Daher wurden in solchen Fällen als Kompromiss zwischen Historizität und Realität für den Pilgerweg landschaftlich
schöne Strecken gesucht, die in der Nähe der ehemaligen Trassen
verlaufen.

So ist der erste Weg der Jakobspilger in Westfalen entstanden,
der Pilger nicht nur nach Santiago de Compostela führen, sondern
ihnen auch einiges von der Kultur Westfalens vermitteln soll.

Die Qual der Wahl: Pässe über den Teutoburger Wald

Dass die Wegeführung zwischen zwei Punkten im Mittelalter nicht nur auf eine einzelne Trasse beschränkt war, verdeutlicht in besonderem Maße die Situation zwischen Osnabrück und Münster. Hier existierten im Mittelalter drei Routen mit jeweils unterschiedlichem Verlauf. Im Rahmen des Projektes „Wege der Jakobspilger in Westfalen" konnte seitens des LWL jedoch nur eine dieser Strecken ausgeschildert werden, und zwar diejenige über den Pass bei Lengerich, die zur Zeit der Jakobspilger die Hauptverkehrsstraße bildete.

Von Osnabrück nach Münster gelangte man aber ebenso über Bad Iburg, dessen Schloss lange Zeit Residenz der Osnabrücker Bischöfe war. Der weitere Verlauf über Glandorf und Ostbevern folgte grob der heutigen B 51 und vereinigte sich in Telgte mit einer von Osten kommenden Straße, die nach Münster führte. Die Bedeutung dieses Wegeverlaufes, der u. a. die Klöster Oesede und Rengering berührte, nahm vor allem in der Zeit nach dem Westfälischen Frieden 1648 zu, als auch die Telgter Wallfahrt immer stärkere überregionale Bedeutung erlangte.

Unter Umgehung von Osnabrück und des nördlich der Bischofsstadt gelegenen Moores konnte Münster aber auch über den Pass bei Tecklenburg erreicht werden, der von der 1180 erstmals urkundlich erwähnten gleichnamigen Burg kon-

Bad Iburg mit Schloss.

trolliert wurde. Diese Straße, die bei Ladbergen wieder auf den ausgeschilderten Weg traf, empfahl bereits im 13. Jh.
Abt Albert von Stade Pilgern auf dem
Weg nach Rom.

Existiert haben alle drei Wege während
des gesamten Mittelalters, und Pilger
werden unterschiedliche Motivationen
gehabt haben, die eine oder andere
Strecke zu wählen. Die meisten werden
aber wohl der Hauptstrecke über Lengerich und Ladbergen gefolgt sein.

Tecklenburg.

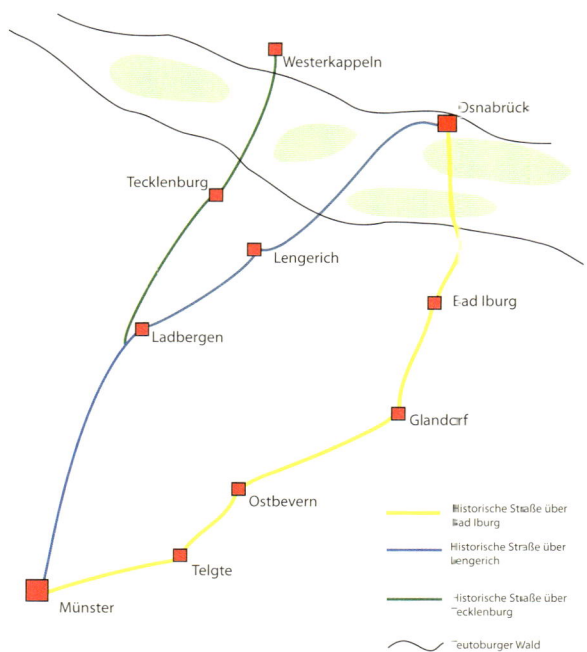

Wegeverlauf
zwischen
Osnabrück
und Münster.

Westerkappeln

Osnabrück

Tecklenburg

Lengerich

Bad Iburg

Ladbergen

Glandorf

Ostbevern

Telgte

Münster

Historische Straße über
Bad Iburg

Historische Straße über
Lengerich

Historische Straße über
Tecklenburg

Teutoburger Wald

HISTORISCH-ARCHÄOLOGISCHE BEGLEITUNG DES WEGES

Die westfälische Landschaft wurde von den Vereisungen des letzten Eiszeitalters (Quartär) mit seinen Kälte- und Wärmeperioden geprägt. Als sich die Gletscher nach Norden zurückzogen, eroberte der Mensch die neu entstandenen Räume. Seine frühesten bekannten Hinterlassenschaften von Fundplätzen südlich der Ruhr, einfache Steingeräte, werden in die ältere Steinzeit (Paläolithikum) datiert und sind etwa 250.000 Jahre alt.

Der bisher älteste Nachweis des modernen Menschen in Westfalen wurde unweit des Pilgerweges in der Blätterhöhle in Hagen-Holthausen gemacht. Einige der hier geborgenen Skelettreste sind etwa 10.700 Jahre alt und bezeugen mit weiteren Hinterlassenschaften, dass Jäger und Sammler bereits in der mittleren Steinzeit (Mesolithikum) den Raum Hagen durchzogen haben.

Erste Besiedlungsspuren aus der jüngeren Steinzeit (Neolithikum) stammen aus den Lössgebieten des Hellwegraumes. Die sich seit dem 4. Jt. v. Chr. hier durchsetzende sesshafte Lebensweise kommt archäologisch vor allem durch Ackerbau und Viehzucht, den Bau großer Wohnhäuser sowie die Produktion von Keramikgeschirr zum Ausdruck. In Bochum-Hiltrop wurden Grundrisse von bis zu 28 m langen und 8 m breiten Gebäuden ausgegraben. Im nördlichen Teil der Pilgerroute, so in Lengerich-Wechte, kommen ehemals überhügelte Megalithgräber als Besonderheit der jungsteinzeitlichen Bestattungsweisen vor. In diesen beiden bis zu 40 m langen Grabanlagen sind in einem Zeitraum von etwa 500 Jahren Verstorbene aus mehreren umliegenden Siedlungen bestattet worden. Geräte und Waffen aus dem Ende der Jungsteinzeit, etwa ein Feuersteindolch aus Greven, belegen einen ersten überregionalen Handel mit dem südfranzösischen Raum.

Etwa mit Beginn des 2. Jt. v. Chr. verbreitete sich auch in Westfalen die Bronzemetallurgie, die vermutlich aus dem süd- und südöstlichen Europa nach Norden vordrang. Wertvolle Importe wie vier Hohlwulstarmringe aus dem osthessisch-westthüringischen Raum, die in Münster-Handorf gefunden wurden (8. Jh. v. Chr.), bekunden eine Intensivierung des Fernhandels, der zumeist über Wasser-, aber auch über frühe Handelswege erfolgt sein muss.

Ein markanter Überrest vorgeschichtlicher Landnahme: das Großsteingrab von Lengerich-Wechte.

Unterwegs werden vor allem auffällige Landmarken zur Orientierung gedient haben, neben Wasserläufen, ungewöhnlichen Felsformationen etc. auch die großen Grabhügel der Bronzezeit. Auf jüngeren früheisenzeitlichen Bestattungsplätzen wie in Dortmund-Oespel lassen sich lange gräberfreie Streifen erkennen, die auf das Vorhandensein von alten Straßen deuten könnten.

Die in Westfalen etwa seit dem späten 8. Jh. v. Chr. bekannte Eisengewinnung und -verarbeitung setzte neue Maßstäbe. Das fast überall natürlich anstehende Erz sowie die größere Härte und Elastizität ließen das Eisen zum Standardmaterial für Waffen und Geräte werden. Belegt ist frühe Eisenherstellung im Siegerland, für das Bergische Land ist sie nur zu vermuten.

Der Kontakt zwischen Germanen und Römern seit den ersten Jahrzehnten v. Chr. schlug sich nicht nur in militärischen Auseinandersetzungen nieder, sondern auch in regem kulturellem Austausch. In Lünen-Beckinghausen an der Lippe wurde neben dem Lager eine einheimische Ansiedlung ergraben, die ein zeitweilig friedliches Nebeneinander von Römern und Germanen bezeugt. Obwohl die Römer bekannt sind für ihren fortschrittlichen Straßenbau, ließen sich längs des Pilgerweges bisher keine in römische Zeit zurückgehenden Trassen nachweisen.

Spuren der Völkerwanderung sind auf den zahlenmäßig begrenzten Fundplätzen Westfalens nicht erkennbar. Die frühmittelalterlichen Siedlungen und Gräberfelder geben keine Hinweise auf einen Bevölkerungswechsel, doch zeigt sich auf Bestattungsplätzen wie

Lünen-Wethmar starker fränkischer Einfluss. In Münster-Gittrup konnte erstmals eine frühmittelalterliche Hofstelle ergraben werden, die aufgrund ihrer Nähe zu der alten Fernstraße von Münster nach Osnabrück vermutlich mit dieser in engem Zusammenhang stand.

Der Syberg mit der Hohensyburg über dem Hengsteysee.

Erscheint unser Wissen über die Siedlungsräume und die Lebensweise unserer Vorfahren in vor- und frühgeschichtlicher Zeit auf die archäologischen Funde beschränkt, so ändert sich der Informationsfluss entscheidend mit den ersten schriftlichen Nachrichten über den sächsisch-westfälischen Raum. Die Kriegszüge Karls des Großen gegen die Volksgruppen der Westfalen, Ostfalen und Engern seit 772 lassen die militärischen und religiösen Zentren der Sachsen zum ersten Mal hervortreten, neben der Eresburg bei Obermarsberg an der Diemel besonders die Hohensyburg an der Ruhr. Da beide Burgen an Flussübergängen zur Kontrolle der Straßen errichtet worden waren, spielten sie gerade in der Anfangsphase der Sachsenkriege (775/76) eine besondere Rolle, zunächst als sächsische Wallanlagen, dann als fränkische Burgen mit neu errichteten Kirchen. Reste der Wälle aus dieser Zeit sind auf der Hohensyburg noch deutlich erkennbar.

Mit der Machtübernahme der Franken änderten sich auch die Verhältnisse in den besiedelten Gebieten der sächsischen Stammesverbände: An strategisch wichtigen Orten wurden Höfe der königlichen Administration unterstellt. Die Syburg wurde in der Folgezeit Verwaltungsmittelpunkt des königlichen Reichshofes Westhofen, der zum Reichsgutkomplex Dortmund gehörte. Der König übertrug die Aufsicht über einzelne Landesteile Grafen. Zu ihren Aufgaben gehörte u. a. die Aufsicht und Instandhaltung der Straßen, auch um den königlichen Boten das Fortkommen zu erleichtern. Wenngleich die gräflichen Machtbefugnisse nicht flächendeckend ausgeübt wurden, liegen hier doch die Anfänge einer Verwaltung, die bis in das Spätmittelalter Spuren hinterlassen hat. Dortmund, durch das der Pilgerweg führte, besaß neben dem Grafensitz auch eine königliche Burg und Pfalz und galt als der wichtigste Reichsbesitz in Westfalen.

Stärker noch als der Aufbau einer Militär- und Verwaltungsorganisation hat als eines der Hauptanliegen Karls des Großen die Einführung des Christentums zu einschneidenden Veränderungen im sächsischen Kulturkreis geführt. Das religiöse und kulturelle Leben konzentrierte sich nun auf die Kirchen, die überall in Anbindung an größere Höfe errichtet wurden. Von besonderer Bedeutung waren die von Karl dem Großen gegründeten Bischofssitze, von denen Osnabrück (785) und Münster (805) direkt vom Pilgerweg berührt werden. Sie stellten nicht nur den Ausgangspunkt für den Aufbau eines Netzes von Pfarrkirchen dar. Hier an den Kreuzungen wichtiger Verkehrswege ließen sich auch Handwerker nieder, die für die Bauarbeiten innerhalb der Dombezirke benötigt wurden. Die archäologischen Untersuchungen in Münster haben ergeben, dass um 900 für den Schutz des Bistumssitzes eine erste Wall-Graben-Befestigung errichtet wurde.

Der sächsische Adel, nun in den Aufbau des Landes einbezogen, hat sich nicht nur durch die Errichtung von Wallburgen von den Bauerngehöften seiner Grundherrschaften abgesetzt, sondern auch durch Klostergründungen, im Westfalen des 9. Jh. zumeist Kanonissenstifte. Ob das am heutigen Pilgerweg liegende Stift Herdecke ebenfalls aus dieser frühen Zeit stammt, muss trotz karolingischer Baureste offenbleiben.

Neben den Bischofssitzen und Kanonissenstiften waren vor allem die Kirchen Symbole der Ausbreitung des christlichen Glaubens. Königliche Gründungen wie auf der Eresburg und auf der Syburg, in Rheine, Wettringen und Schöppingen traten gegenüber den bischöflichen in den Hintergrund. Adelskirchen auf Höfen wurden bald in das System der Pfarrkirchen einbezogen. Selten sind Belege für hölzerne Bauten, meist standen einfache Steingebäude am Anfang einer baulichen Entwicklung, die – wie auch die Bildung von Pfarreien – nach 1000 nicht abgeschlossen war.

Reisende auf dem Fernhandelsweg mögen die Veränderungen mit einer gewissen Beruhigung wahrgenommen haben: Waren die sächsischen Siedlungen vorzugsweise auf das Wegesystem längs der Flüsse ausgerichtet, so lichteten immer mehr Höfe den riesigen Waldbestand. In Lengerich, Werne, Brechten, Wellinghofen, Hagen und Schwelm führte die Straße an Kirchen vorbei, die bereits im

9. Jh. existierten. Für den Reisenden – und besonders für den Pilger – boten Gotteshäuser besondere Sicherheit, denn die karolingische Gesetzgebung sicherte demjenigen, der sich hierhin flüchtete, vorläufigen Schutz vor Verfolgung zu. Diese Orte konnten wirkungsvoll abgesichert sein: Die Vita der hl. Ida von Herzfeld (gest. um 820) berichtet von einer Diebin, die sich bei der Flucht über den Zaun, der den Kirchhof umgab, tödlich an einem spitzen Pfahl verletzte. Dies kann als Hinweis gesehen werden, dass auch andernorts eine Palisadenumzäunung zum Schutz des Gotteshauses errichtet worden ist.

Auch wer von der Kirche noch ein Stück weit entfernt war, wird Trost empfunden haben, wenn er die Glocken läuten hörte, die die Pfarrangehörigen zum Gebet riefen, dem Reisenden aber die Tageszeiten und Nähe menschlicher Gemeinschaft anzeigten. Schon in karolingischer Zeit dürfen in der Regel zwei Glocken in einer Pfarrkirche vorausgesetzt werden, so auch in Herzfeld, wo die hl. Ida den Glockenraub beim Ungarneinfall zu verhindern wusste.

Nicht immer werden die Wege gut passierbar gewesen sein, die zahlreichen Hohlwege an den Hängen, die im Einzelfall ein hohes Alter haben können, sprechen eine deutliche Sprache. Aber es gibt auch frühe Zeugnisse, dass es nicht nur den Vertretern des Königs, sondern auch den Bischöfen ein Anliegen war, hier Besserungen zu erreichen. Der 1082 verstorbene Bischof Benno von Osnabrück war persönlich zugegen, um in Damme einen Weg mit flankierenden Gräben anlegen zu lassen. Deutlich wird, dass die Verantwortung der Bischöfe sich auch auf die weltlichen Angelegenheiten ihres Bistums erstreckte und die geistliche Territorienbildung der folgenden Jahrhunderte vorbereitete.

Würde der Versuch gemacht, die politische Machtverteilung in Westfalen um das Jahr 1000 zu kartieren, so entstünde ein Flickenteppich mit vielen Einzelpunkten und weißen Stellen für noch nicht gerodetes Gebiet. Ortsherrschaft, Grund-, Kirchenbesitz sowie Gerichtsrechte aller Art lagen an einem Ort selten in der Hand einer einzelnen Familie oder Institution. Grundherrschaften mit einem Haupthof und abhängigen Bauernstellen überzogen das Land und konzentrierten sich nicht auf räumlich zusammenhängende Bereiche. Bei der Auswertung der Vogteirollen, die den Besitz des Reichsstifts Essen um 1200 auflisten, zeigt sich, dass häufig Höfe unterschiedlicher Besitzer in einem Dorf zusammenlagen. Auftraggeber der Rollen war Graf Friedrich von Isenberg, der auf der Grundlage seiner Gerichtsbefugnisse über den Essener Besitz einen Herrschaftsraum an der Ruhr errichten wollte, aber 1225 am Widerstand der Abtei und des Erzbischofs Engelbert von Köln spektakulär gescheitert ist. Erfolgreicher waren seine nächsten Verwandten, die Grafen von der Mark, die zwischen Lippe und Ruhr die Nachfolge des Isenbergers antraten.

Große Vorteile beim Aufbau der Landesherrschaft besaßen im westlichen und nördlichen Westfalen der Erzbischof von Köln sowie die Bischöfe von Osnabrück und Münster. Sie konnten sich an vielen wichtigen Orten auf umfangreichen Besitz stützen, eine Ausgangssituation, die für den Adel nur eingeschränkt gegeben war. Diese Familien haben mit wenigen Ausnahmen in den Auseinandersetzungen mit den Bischöfen von Münster zwischen dem 12. und dem 14. Jh. ihre Selbstständigkeit verloren. Am Anfang stand das Geschlecht der Cappenberger. Gottfried von Cappenberg überließ 1122 als Wiedergutmachung für die Zerstörung Münsters seine Burg dem Gründer des Prämonstratenserordens, Norbert von Xanten, dem Bischof Werner von Münster dagegen über 100 eigene Dienstleute, die nun mit ihren Lehen dem Bischof dienten. Cappenberg unweit des alten Handelsweges gehörte in der Folge zu den bedeutendsten Klöstern des Münsterlandes.

Natürlich sind denjenigen, die häufiger auf den Straßen unterwegs waren, neben der zunehmenden Urbarmachung des Landes diese Entwicklungen, die zur Neuordnung der politischen Verhältnisse führten, nicht entgangen. Denn hierin lag die Ursache für zahlreiche Fehden, in denen sich einflussreiche Adelige gegenseitig und mit den Landesherren bekriegten und damit für Unsicherheit auf den Straßen sorgten. Ausgangspunkt der Fehden waren Burgen, die nicht mehr nur von den Bischöfen und dem Hochadel errichtet wurden, sondern seit der 2. Hälfte des 13. Jh. bevorzugt von deren Dienstleuten. Sie unterschieden sich auffällig von den Wallburgen des alten Adels, die zum Schutz der Bevölkerung großzügig angelegt waren. Die kleineren Burgen des Spätmittelalters dagegen waren repräsentativer Wohnsitz und Verwaltungszentrum nur einer Familie.

Höhenburgen im Bergland wie Niederungsburgen in der Ebene bestanden aus Haupt- und Vorburg mit breiten Gräben und Wällen. Das steinerne Turmhaus auf der Hauptburg war der Rückzugsort für die Familie im Kriegsfall, und auf der Vorburg befanden sich verschiedene Wirtschaftseinrichtungen. Im Umfeld ließen sich Siedler nieder, insbesondere dann, wenn eine Pfarrkirche vorhanden war.

Von Burgen aus wurden die Straßen kontrolliert. Bedeutende Anlagen wie die Tecklenburg, deren Grafen bis 1180 als Vögte des Bistums Münster großen Einfluss auf die Bischofsstadt hatten, oder Drensteinfurt, Sitz einer Familie, die gegen die Landesherrschaft des Bischofs lange Widerstand leistete, und Volmarstein als zwischen Köln und Mark umkämpfte Anlage waren Burgen, von denen den Reisenden immer wieder Gefahr drohte.

Händler und Pilger werden ebenso deutlich wahrgenommen haben, dass zahlreiche Städte am Wege entstanden waren, die nur mehr einem einzigen Herrn unterstanden und zunehmend größere Eigenständigkeit erhielten. Ihre Wehrhaftigkeit und das damit verbundene Selbstvertrauen wurde durch die aus Mauer und Graben bestehende Befestigung deutlich sichtbar hervorgehoben. Am Weg beeindruckte die Reichsstadt Dortmund, während man die ältere Syburg, nun Sitz einer Kleinadelsherrschaft, kaum mehr beachtet haben mag.

Lünen, eine münstersche Neugründung kurz vor 1279, wurde 1336–40 auf Initiative der Grafen von der Mark auf die Südseite der Lippe, in ihren eigenen Herrschaftsbereich, verlegt. An die Stadt auf dem Nordufer des Flusses erinnert bis heute die Marienkirche, doch die Zeitgenossen der Umsiedlungsaktion werden noch Reste der alten Umwallung und der Hausgrundrisse gesehen haben. Solche Maßnahmen haben ihnen deutlich gemacht, dass Städtebau und Herrschaft miteinander verbunden waren, auch wenn im täglichen Ablauf zunehmender Handel, günstige Quartiersuche und sicherer Aufenthalt ihren Blick bestimmten.

Die Städte ließen dem Verkehr besondere Aufmerksamkeit zukommen, wie das Bündnis verdeutlicht, das 1253 auf der Christophorusbrücke von Werne zwischen Dortmund, Münster, Soest und Lippstadt geschlossen wurde und größere Sicherheit für die Bündnispartner auf ihren Wegen vorsah. Etwa 70 bis 80 Jahre später begann man, nach anderen Lösungen zu suchen und Landwehren anzulegen: Dies waren Wall-Graben-Anlagen, mit der die größeren Städte ihre Feldmarken, die Landesherren ihre Kirchspiele und besonders gefährdete Abschnitte der Landesgrenze schützten, die

sich nun durch die Konzentration von Besitz, Rechten und grenznahen Burgen der Dienstleute herauszubilden begann. Wer sich jetzt der Stadt Dortmund von Norden näherte, passierte südlich von Lünen zuerst die Landwehr der Grafschaft, erblickte dann als Vorboten der Stadt deren mannshoch mit Buschwerk bewachsene Wallanlage, die am Schnittpunkt mit der Straße durch Schlagbaum und Landwehrturm gesichert war. Zur Stadt hin schlossen sich – wie andernorts auch – die Felder und Gärten der Bürger an. Hier in der städtischen Feldmark lebten nur wenige Menschen, und den Baumschließern und Müllern leisteten höchstens noch die Leprosen Gesellschaft, deren ansteckende Krankheit sie von der städtischen Gemeinschaft ausschloss und zum Zusammenleben am Rande der Feldmark zwang. Da die Kranken auf Spenden angewiesen waren, lagen die Leprosorien oft an frequentierten Verkehrswegen, wie in Münster-Kinderhaus eindrucksvoll zu sehen ist.

Der Weg von Münster nach Lünen führte durch die verlassene Altstadt, deren Wälle ebenso zu erkennen sind wie die Landwehr zum Schutz der Stadtfeldmark (Norden ist unten).

Beim Überschreiten der Emscher verließ der Reisende das Gebiet der Reichsstadt und erreichte die Grafschaft Mark, deren Ämter er bis kurz vor Beyenburg querte. Auf diesem letzten Teil seines Weges fielen nicht mehr große Städte und Burgen ins Auge, sondern es dominierte waldreiches Gelände, in dem Eisenerzabbau, Roheisenherstellung, -gewinnung und -verarbeitung vorrangige Bedeutung besaßen. Hier waren die Produktionszentren von Geräten für Haus und Hof, Pferd- und Wagenzubehör sowie Jagd- und Bewaffnungsausrüstung, die, wie etwa in dem der Hanse angeschlossenen Breckerfeld, für den Fernhandel produziert wurden. In Hagen sollen die ersten mit Wasserkraft arbeitenden Schmiedehämmer errichtet worden sein, für deren Betrieb im 16. Jh. die Ennepe aufgestaut wurde. Schwelm, zuerst 1496 und nochmals 1590 zur Freiheit, einer stadtähnlichen Siedlung, erhoben, belieferte Köln mit Eisenerz, Holzkohle und Salz aus der Saline Möllenkotten.

Der Zustand der Straßen war seit dem 16. Jh. immer häufiger Gegenstand von Beschwerden. So hieß es 1653 von der Straße zwischen Münster und Werne, dass sie derart „vertieft [war], ... daß kein Pferd oder Oxse, will geschweigen, daß ein reisender Mann durch passieren kann", und noch 1837 findet sich die Mitteilung: „Furcht und Grausen erregend sind die Wege in den Kleigegenden Westfalens." Abhilfe wurde nur durch notdürftige Reparaturen geschaffen, die die Städte, Bauernschaften und Kirchspiele im Auftrag der Landesherren durchzuführen hatten. Die Verfüllungen der Schlaglöcher mit Sand und Holz waren allerdings nicht von anhaltender Dauer.

Kaum Besserung der Wegequalität brachte die Einrichtung des Poststraßennetzes ab dem 16. Jh. Eine der frühesten Postlinien in Westfalen war die Verbindung zwischen Münster und Köln, die weitgehend den Stationen des Pilgerweges folgte: Werne, Lünen, Dortmund, Schwelm, Lennep, Wermelskirchen. Der Postdamm zwischen Ladbergen und Münster, der den Verkehr östlich von Greven durch die Kroner Heide führte, wurde erstmals 1776 und dann auch nur stellenweise als Damm befestigt.

Nach der französischen Besetzung Westfalens (1806–1815) wurde schließlich der Ausbau von Kunststraßen realisiert. Denn erst die Abschaffung der territorialen Zersplitterung durch die Bildung preußischen Staatsgebietes ermöglichte überregionale Planungen. Dass die Angst vor feindlichen Truppenbewegungen auf gut ausgebauten Strecken in den Hintergrund trat und die Vorteile eines befestigten Straßennetzes stärker gesehen wurden, ist besonders das Verdienst des damaligen Oberpräsidenten der Provinz Westfalen, Ludwig Freiherr von Vincke (1774–1844).

Der Kunststraßenbau sah neben der geradlinigen Führung als direktester Verbindung zweier Orte auch die einheitliche technische Durchführung vor. In der „Anweisung zum Bau und zur Unterhal-

Die Verkehrsführung vor Münster um 1570 auf einem Kartenausschnitt von Remigius Hogenberg.

tung von Kunststraßen" von 1834 wird eine 5,10 m breite, steinerne Fahrbahn vorgeschrieben, neben der ein unbefestigter Sommerweg zur Benutzung bei trockenem Wetter sowie ein Fußweg verliefen. Beidseitig sollten Wassergräben und eine Allee die Straße begleiten, sodass die Chaussee eine Gesamtbreite von 17,50 m aufwies. In der Grafschaft Mark war bereits im 18. Jh. ein gewölbtes Straßenplanum zur Auflage gemacht worden, um Regenwasser schnell in die seitlichen Gräben abzuführen. Gehölze am Straßenrand mussten entfernt oder gestutzt werden, neue Bäume durften nur noch in festgelegtem Abstand zur Straße angepflanzt werden, Hecken waren verboten.

Die Trassen folgten weitgehend den vorhandenen Strängen, doch anders als im Mittelalter wurden nicht mehr die Wege an die natürlichen Gegebenheiten, sondern die Natur an den Straßenverlauf angepasst: Befestigung ermöglichte das geradlinige Durchqueren feuchter Niederungen, Aufschüttungen im Tal und Abgraben der Kuppen eine Minderung von Steigung, die Sprengung von Felsen die Einhaltung der vorgesehenen Breite. Ein Vergleich von historischen und heutigen Straßenkarten zeigt, dass Chausseen den Grundstock für das bestehende Netz aus Bundes- und Landstraßen bilden.

KULTURLANDSCHAFTEN ZWISCHEN OSNABRÜCK UND WUPPERTAL

Der rund 205 km lange, von Norden nach Süden verlaufende westfälische Jakobsweg von Osnabrück nach Wuppertal-Beyenburg gibt Pilgern wie Wanderern einen Einblick in fünf zum Teil ganz unterschiedliche Kulturlandschaftsbereiche. Diese werden nachfolgend der Reihe nach charakterisiert.

Tecklenburger Land

Das „Tecklenburger Land" umfasst den südlichen Teil des Kreises Osnabrück und den nördlichen Teil des Kreises Steinfurt. In sich zwar durchaus uneinheitlich, grenzt sich diese Region von den südlich benachbarten Landesteilen Westfalens allerdings kulturgeschichtlich ebenso deutlich ab wie naturräumlich durch den steilen Kamm des Teutoburger Waldes (Osning).

Hier stoßen mit dem nordwestdeutschen Tiefland und dem nordwestdeutschen Mittelgebirge zwei Großlandschaften aneinander. Dem Grenzverlauf zwischen Tiefland und Mittelgebirge entspricht in etwa der Mittellandkanal, der als künstlich angelegte Wasserstraße das Landschaftsbild deutlich verändert hat. Die hügeligen Strukturen im Bereich der Schafbergplatte und der markant aufragende Kamm des Teutoburger Waldes sind die bestimmenden Landschaftsbildstrukturen im Mittelgebirgsteil dieser Kulturlandschaft. Dieser heute fast vollständig bewaldete Gebirgszug war auch um Lengerich um 1800 durch die Beweidung mit Vieh (Hude) weitgehend waldfrei. Noch heute kann man die oft sehr schmalen Waldparzellen erkennen, die aus der anschließenden niederwaldartigen Bewirtschaftung (→ S. 55) stammen.

Zahlreiche Feldgehölze und Wälder gliedern das Landschaftsbild. Als landwirtschaftliche Nutzung dominiert der Ackerbau.

Die mehrhundertjährige Geschichte des Bergbaus in dieser Region hat vielfältige obertägige Spuren hinterlassen, wodurch auch eine industrielle Prägung gegeben ist. Zu nennen sind die Kalk- und Sandsteinbrüche im Verlauf des Teutoburger Waldes sowie die Spuren des neuzeitlichen Steinkohlenabbaus (u. a. Schachtanlagen, Bergehalden, Entwässerungsstollen, Schmalspureisenbahntrasse).

Im Baubestand dominiert das niederdeutsche Hallen- bzw. städtische Dielenhaus als Wohn-Wirtschaftsgebäude in Zwei-, seit dem ausgehenden 18. Jh. auch in Vierständer-Bauweise mit Kammerfach hinter dem dreischiffigen Wirtschaftsteil mit Flett (Herdraum).

Bei der Weiterentwicklung der traditionellen Hausformer (Trennung von Wohnen und Wirtschaften sowie separate Erschließung des Wohnteiles) schritten die wohlhabenden Tödden (Kaufleute) seit dem frühen 18. Jh. voran. Bei den Tödden handelte es sich um ursprünglich mit Kiepen (Weidenkörben) auf dem Rücken wandernde Kaufleute, die das in häuslichen Betrieben während des Winters hergestellte Leinen verkauften. Aus ihnen haben sich heute verschiedene bekannte Textilkaufhäuser entwickelt.

Oben: Niederwaldparzellen auf dem Bergkamm.

Unten: Niederdeutsches Hallenhaus am Teutoburger Wald.

Ostmünsterland

Der nördliche bis östliche Teil des Münsterlandes wird von dem durchgehenden Waldzug auf dem Höhenkamm des Teutoburger Waldes, der vom Münsterland aus über 25 km weit sichtbar ist, eingerahmt.

Wegen ihres hohen Grundwasserstandes werden die Bach- und Flussauen hier als Grünland genutzt. Die Hofstellen liegen an den Niederungskanten der Gewässer aufgereiht, und die höher gelegenen Flächen dienen als Ackerflächen. Auffallend sind die sog. Drubbel (= Gruppensiedlungen von drei bis zehn Hofstellen), besonders entlang der Talränder.

Charakteristisch für diese Kulturlandschaft sind auch die überwiegend kleineren Häuser von Köttern und Heuerlingen, die sog. Kotten, die ab dem ausgehenden Mittelalter die Markenflächen besiedelten. Besonders deutlich ablesbar ist dies etwa in der Region um Lengerich. Kötter und Heuerlinge verdienten ihren Lebensunterhalt durch Arbeit auf den großen Höfen, Letztere häufig auch als Tagelöhner außerhalb der Landwirtschaft. Während die Kötter jedoch auf eigenem Grund und Boden lebten, wohnten die Heuerlinge beim Bauern zur Pacht (Heuer). Viele Kötterstellen sind heute zu Wohngebäuden umgebaut.

Neben den Einzelhöfen und Hecken sind die vielen, verstreut liegenden kleinen Waldflächen für das abwechslungsreiche Erscheinungsbild des Ostmünsterlandes verantwortlich. Die früheren Heide- und Ödlandflächen sind anhand von regelmäßigen, geradlinigen Wegebeziehungen häufig noch gut nachvollziehbar. Einzelne Kiefernwälder sind Relikte aus der Aufforstungsphase der Heidegebiete am Ende des 19. Jh. Die in den letzten Jahren wieder vernässten Feuchtwiesen zeigen die ursprünglichen Moorstandorte an.

Pferdezucht - für das Münsterland charakteristisch.

Die großen Hofanlagen mit altem Baumbestand (Hofeichen) bestehen meist aus mehreren Gebäuden, deren Mittelpunkt Längsdielenhäuser aus Fachwerk bilden. Die ältesten erhaltenen Beispiele reichen bis in das 16. Jh. zurück, doch stammt der größte Teil aus einer Blütezeit der Landwirtschaft zwischen 1750 und 1820. Die Gefache waren ursprünglich meist mit Lehmflechtwerk verschlossen, seit Mitte des 19. Jh. wurden die Wände aber zunehmend massiv aus Backstein ausgeführt, der aus den vielen zu dieser Zeit entstehenden örtlichen Ziegeleien stammte. Neben dem Haupthaus existierten oftmals weitere Gebäude: Altenteilerhaus, Speicher, Scheune und Schweinestall, manchmal auch hofeigene Mühlen und Backhäuser sowie Heuerlingshäuser.

Barockes Zufahrtstor von Haus Vortlage.

Seit dem frühen 19. Jh. stellt die Pferdezucht ein wesentliches Element der Landwirtschaft dar.

Vielfältig und zahlreich sind die durchgängig mit Wassergräben (den sog. Gräften) umgebenen Adelssitze, die das Bild der Orte oder Landschaften vielerorts prägen, z. B. Haus Vortlage bei Lengerich. Das bauliche Spektrum reicht von barocken Schlössern bis zu Anlagen, bei denen die landwirtschaftliche Funktion im Vordergrund stand.

Die Pfarrkirchen der Dörfer und Städte sind seit dem 12. Jh. aus allen Zeiten und damit Stilepochen überliefert. Ausdruck der in der Mitte des 19. Jh. einsetzenden Agrarkonjunktur sind die großvolumigen Kirchenneubauten und Kirchenerweiterungen.

Die katholischen Teile der Kulturlandschaft sind reich mit Zeichen des Glaubens bestückt: Seit dem 18. Jh. wurden vermehrt Bildstöcke aufgestellt, im 19. Jh. überwogen die Wege- und Hofkreuze. Von besonderer Bedeutung sind auch die Prozessionswege.

Technische Zeugnisse der vorindustriellen Zeit sind die in der ganzen Kulturlandschaft nach wie vor existierenden Mühlen wie z. B. am Haus Vortlage.

Kernmünsterland

Das „Kernmünsterland" umfasst hauptsächlich Gebiete des ehemaligen Fürstbistums Münster. Die Abgrenzung erfolgt überwiegend aufgrund der naturräumlichen Struktur des Münsterlandes, die durch das Vorherrschen von schweren und lehmigen bzw. tonigen Böden, die hier als „Klei" bezeichnet werden, definiert ist. Nach Süden bildet die Lippe eine gleichermaßen naturräumliche wie auch, aufgrund der Territorialgeschichte, kulturhistorische Grenze, die seit der Reformation zugleich eine Konfessionsgrenze darstellt. Diese südliche Grenze ist allerdings, insbesondere südlich Werne, im Zuge der Industrialisierung verwischt.

Auch die Entwicklung Münsters zur Großstadt hat gerade in den letzten Jahrzehnten zur Ausprägung eines eigenen Kulturlandschaftsraumes unter Einschluss der ehemals selbstständigen Nachbarkommunen geführt. Außerhalb des Oberzentrums Münster ist das „Kernmünsterland" jedoch immer noch als primär agrarisch strukturiertes Streusiedlungsgebiet erlebbar.

In den Karten der preußischen Uraufnahme um 1840 ist schon deutlich die Landschaftsstruktur zu erkennen, die auch heute noch weitgehend das Erscheinungsbild prägt. Die Waldflächen waren bereits auf einen Anteil unter 20% reduziert. Die Niederungen dienten als Grünland, während die relativ fruchtbaren Böden, die „Kleie", traditionell ackerbaulich genutzt wurden, wenn auch die Bearbeitung in den feuchten Jahreszeiten beschwerlich war. Die Ackerflächen waren als unregelmäßig geformte Kamp-Fluren mit Wallhecken

Bauernhof aus Backstein im Kreis Warendorf.

voneinander abgegrenzt. Seit Mitte des letzten Jahrhunderts hat sich zur Beschreibung des Kernmünsterlandes der Begriff der „Münsterländer Parklandschaft" stark verbreitet, der in den letzten Jahren häufig auch auf das gesamte Münsterland angewandt wird. Er bezieht sich auf das Landschaftsbild, das durch die landwirtschaftliche Nutzung und (heute allerdings schon weniger) umfangreiche Hecken geprägt ist. Die Waldflächen sind meist relativ klein und in die Landschaft eingestreut. Zusammen mit den Hecken bilden sie die Kulisse für immer wieder neue, relativ weite Blickbeziehungen auf die großen, einzeln stehenden Hofstellen mit ihren Hofbäumen, hofnahem Grünland oder Obstweiden, auf die Fluss- und Bachniederungen mit ihren Ufergehölzen, Wiesen und Weiden.

Mittelpunkt der Bauernhöfe wie auch der meisten grundherrlichen Betriebe waren Längsdielenhäuser aus Fachwerk. Während alle ländlichen Bauten bis ins 18. Jh. in der Regel Strohdächer aufwiesen, kam danach die Eindeckung mit roten, später im südöstlichen Teil der Kulturlandschaft auch mit schwarzen Pfannen auf. Die Gefache wurden bis ins 18. Jh. zumeist mit Lehmflechtwerk oder -steinen, seit dem 19. Jh. verstärkt mit Backstein ausgemauert. Hierbei konnten die Farben je nach den zur Verfügung stehenden Tonen, Brennstoffen und -weisen zwischen tiefroten und gelben Steinen variieren, gegen Ende des 19. Jh. ergänzt durch die weißen Kalksandsteine.

Ein typisches Element des Kernmünsterlandes sind die zahlreichen Gräftenhöfe als Sitze des Adels. Sie reichen von großformatigen Anlagen der frühen Neuzeit (z. B. Haus Borg bei Drensteinfurt-Rinkerode) und barocken Schlössern bis zu kleineren Anlagen, die gelegentlich eher großen Bauernhöfen gleichen. Für die Architekturgeschichte von besonderem Interesse ist außerdem das Schloss Westerwinkel (bei Ascheberg-Herbern) als symmetrisch angelegte frühbarocke Anlage. Seit dem 18. Jh. sind vermehrt Parkanlagen geschaffen worden, die ebenso wie die alten Alleen an den häufig langen Zufahrtswegen zu den Gräftenhöfen das Bild der Landschaft prägen.

In der überwiegend ebenen Kulturlandschaft „Kernmünsterland" bilden die Türme der (Pfarr-)Kirchen weithin sichtbare Zeichen. Die zugehörigen Gotteshäuser sind in den Städten zumeist mehrschiffige und in der Regel im Spätmittelalter erneuerte Großbauten, während sie in den Dörfern meist einschiffig blieben. Ihre Türme stammen oft noch aus romanischer Zeit und gehören damit zu den ältesten erhaltenen Bauwerken der Region. Die überwiegende Zahl der vormodernen Sakralbauten sind Hallenkirchen des Mittelalters. Seit den 1870er Jahren entstand in den Kirchdörfern und teilweise auch in den Bauerschaften eine große Anzahl historistischer Gotteshäuser mit politisch-demonstrativ besonders hohen Türmen, die in vielen Fällen ältere Kirchbauten ersetzten. Evangelische Christen in nennenswerter Zahl kamen erst nach 1945 mit der Ansiedlung von Ostflüchtlingen hierher.

Wie im Ostmünsterland haben sich auch hier zahlreiche vor 1850 erbaute Wasser- und Windmühlen erhalten.

Von den nach 1870 angelegten Eisenbahnanlagen haben vor allem Bahnhofsgebäude in kleineren Gemeinden Denkmalwert. Von dem 1899 eröffneten Dortmund-Ems-Kanal sind es Teile der „Alten Fahrt" mit den Überführungs-, Brückenbauwerken und Dammlagen, z. B. im Gebiet der Stadt Münster (Überführung über die Ems in Gelmer).

Ruhrgebiet

Die Abgrenzung der Kulturlandschaft „Ruhrgebiet" ergibt sich aus Merkmalen der vor allem neuzeitlichen Bergbautätigkeit und Industriegeschichte sowie einer Siedlungsentwicklung, die mit Bevölkerungsballung und einem dichten Verkehrswegenetz verbunden ist. Diese räumlich-wirtschaftliche Entwicklung hat eine eigenständige Kulturlandschaft geformt.

Dichtes Verkehrs-wegenetz und grünes Umfeld - Ruhrgebiet bei Oberhausen.

Demgegenüber durchzieht den Raum naturräumlich eine der wichtigsten Grenzlinien, nämlich die zwischen dem Tiefland des nördlichen Mitteleuropas und dem deutschen Mittelgebirge. Entsprechend vielfältig zeigt sich hier auch die Topographie. Gegliedert wird die Landschaft vom Stromtal des Rheins im Westen und den von Osten nach Westen verlaufenden Zuflüssen Lippe, Emscher und Ruhr. Die Lippe diente spätestens seit der Römerzeit in besonderem Maße als eine Art kulturlandschaftlicher Erschließungsweg vom Rhein in Richtung Osten. Die wesentlich kleinere Emscher hingegen bildete mit geringem Gefälle in der Niederung eine Sumpf- und Bruchlandschaft aus, die eher als Barriere wirkte. Die Ruhr besitzt durch ihr stärkeres Gefälle, bedingt durch die Lage am Rand des Mittelgebirges, ein besonderes Gepräge: An ihr war die Nutzung der Wasserkraft sehr attraktiv und führte bereits seit Mitte des 15. Jh. zur Anlage von Mühlenwehren.

Landschaftspark Duisburg-Nord.

Das Ruhrgebiet ist ein großer städtischer Verdichtungsraum. Im Umfeld der Emscher wird mit über 1.200 Einwohnern je qm die höchste Einwohnerdichte Deutschlands erreicht. Entsprechend groß ist der Anteil bebauter bzw. versiegelter Fläche, der für das Gebiet von prägender Bedeutung ist.

Infolge der in den 1960er Jahren einsetzenden Strukturkrise wurden viele von Bergbau und Industrie überformte Flächen in eine postindustrielle Parklandschaft umgewandelt. Diese sind mittlerweile zu einem Markenzeichen der heutigen Kulturlandschaft „Ruhrgebiet" geworden. Herausragend sind in diesem Zusammenhang die industriell geprägten Landschaftsparks, die auf ehemaligen Zechen- oder Werksgeländen neue Nutzungsmöglichkeiten entstehen ließen.

In der gesamten Ruhrregion sind wichtige Zeugnisse der gebauten Vergangenheit erhalten und ablesbar. Neben den archäologisch dokumentierten Zeugnissen der Frühgeschichte, der Römerzeit oder dem frühen und hohen Mittelalter sind dies die früheren Höhenburgen, die Klöster und Stifte, die Königshöfe, die Adelssitze,

die historischen Stadtzentren mit den teils erhaltenen Stadtbefestigungen oder die frühen Kirchdörfer. Diese sind ebenso wichtige Bestandteile dieses Kulturraums wie die Zeugnisse von Kohlebergbau und Stahlerzeugung.

Ähnlich wie in den anderen Regionen kann man auch hier anhand der erhaltenen ländlichen Bebauung die Entwicklung vom traditionellen Fachwerk über den Bruchstein- bis zum Backsteinbau verfolgen. Sehr intensiv lässt sich außerdem die gesamte Entwicklung der städtischen Architektur von der zweiten Hälfte des 19. Jh., über die Zeit nach dem Zweiten Weltkrieg bis in die Gegenwart hinein ablesen.

Besonders reich ist die Ruhrregion an Arbeitersiedlungen – von der ersten Phase der Industrialisierung ab Mitte des 19. Jh. über die Genossenschaftssiedlungen nach dem Ersten bis zur Siedlungstätigkeit nach dem Zweiten Weltkrieg.

Baudenkmal Zeche
Waltrop.

Die Zentren der alten Städte und Kirchdörfer werden bis heute ganz wesentlich von den zumeist noch spätmittelalterlichen – teilweise nach Kriegszerstörung wieder aufgebauten – Sakralbauten und ihren besonders in der Fernsicht markanten Türmen bestimmt. Aber auch die neuen Städte und die Stadterweiterungsgebiete sind entscheidend von den historistischen Kirchenbauten des 19. und frühen 20. Jh. geprägt, da die hohen, weithin sichtbaren Gotteshäuser zumeist an städtebaulich exponierter Lage errichtet wurden. Bei ihnen findet sich häufig das den Ruhrgebietsstädten eigene Charakteristikum, dass evangelische und katholische Kirchen in Sichtweite zueinander stehen.

Zechensiedlung „König Ludwig".

Entsprechend der Bevölkerungsdichte stellen Friedhöfe unterschiedlicher Epochen einen wichtigen Teil der städtischen Freiflächen dar. Insbesondere in den Großstädten haben sich mehrfach bemerkenswerte Anlagen erhalten, von denen viele auch von der Existenz größerer jüdischer Gemeinden und von Ereignissen der Bergbaugeschichte zeugen.

Die Zentren der Städte, die – mit wenigen Ausnahmen – bereits seit dem ausgehenden 19. Jh. ihre vorindustrielle Kleinteiligkeit zugunsten großvolumiger Bebauung des tertiären Sektors, wie Büro- und Verwaltungsbauten, verloren haben, bilden wichtige Bezugspunkte der Kulturlandschaft „Ruhrgebiet". Gleiches gilt für die unterschiedlichsten öffentlichen Erholungsanlagen wie Stadt- und Revierparks, Schrebergartenanlagen, Grünbänder und aufgearbeitete Industriebrachen.

Sämtliche für die Geschichte des Ruhrgebiets wesentlichen Industriezweige sind in Form von Baudenkmälern zahlreich vorhanden. Dazu gehören besonders der Bergbau, die Eisen- und Stahlindustrie, Kraft- und Umspannwerke, Nahrungsmittelbetriebe (insbesondere Mühlen, Brennereien und Brauereien) sowie die dafür und im Zuge der Urbanisierung auch sonst notwendig gewordenen öffentlichen Ver- und Entsorgungseinrichtungen (Wasserwerke u. a.). Unter den Verkehrsbauten sind neben den Kanälen und Schleusen zahlreiche Brücken sowie Empfangsgebäude der Eisenbahnen hervorzuheben.

Niederbergisch-Märkisches Land

Die Kulturlandschaft „Niederbergisch-Märkisches Land" ist primär als Wirtschaftsraum definiert. Mit ihrer langen Tradition der Metall- und Textilverarbeitung hatte die Region einen wesentlichen Anteil an der Frühindustrialisierung in Nordrhein-Westfalen. Hier war Steinkohle im Tagebau abbaubar. Zusammen mit den Seitentälern und den umgebenden Höhen bilden das Ennepetal, das untere Volmetal sowie das mittlere Ruhrtal spätestens seit dem 17. Jh. eine eng verflochtene Wirtschaftseinheit.

Das Landschaftsbild des Ruhrtals wird abschnittsweise beherrscht von steilen, meist mit Wäldern bestandenen Hängen, von der überwiegend als Grünland genutzten Ruhraue (besonders von den Aussichtstürmen eröffnen sich eindrucksvolle Blicke) und von Stauseen, die ebenfalls weite Bereiche einnehmen.

Auf den Bauernhöfen und Kötterstellen dominierte bis ins späte 19. Jh. das niederdeutsche Hallenhaus aus Fachwerk, angesichts einer kargen Landwirtschaft meist mit nur wenigen Nebengebäuden. Dazu gehörten neben Backhäusern auch einige bruchsteinerne Speicher. Ab Ende des 18. Jh. wurde die Fachwerkbauweise durch den Massivbau ersetzt, wobei ein Jahrhundert lang das Bauen mit dem örtlichen Sandstein für alle Gebäudearten – von der Scheune über den Bergmannskotten bis zur gehobenen Gaststätte und Villa – als prägnanter regionaler Baustil nahezu obligatorisch war und erst gegen Ende des 19. Jh. vom Backsteinbau abgelöst wurde.

Das Laufwasserkraftwerk Hengsteysee.

In einer dichten Kette finden sich entlang der Ruhr zahlreiche Höhen- und Wasserburgen – von Schloss Werdringen (Hagen) im Osten bis zur Isenburg (Hattingen) im Westen. Ihre strategische Bedeutung hatten sie spätestens im 18. Jh. verloren.

Mit der Stiftskirche von Herdecke (9. Jh.) ist eine bedeutende mittelalterliche Kirche erhalten. Auffällig groß ist in dieser Region die Zahl der Saalkirchen, die zwischen 1728 und 1830 entstanden und meist ältere Kirchen ersetzten.

Aus der zweiten Hälfte des 19. Jh. stammt eine ganze Reihe von Kirchen, die das Wachstum der Städte bzw. damaligen Gemeinden bezeugen und ebenso die Einwanderung von Katholiken in das protestantische Gebiet, da es sich in einigen Fällen um katholische Kirchen handelt. Nach den Kriegszerstörungen bzw. mit dem in manchen Städten sprunghaften Anstieg der Bevölkerung nach 1945 entstanden darüber hinaus zahlreiche moderne Kirchen, die ebenso als prägend für die Kulturlandschaft gelten können

Trotz der primär gewerblichen und industriellen Orientierung finden sich im „Niederbergisch-Märkischen Land" auch Einrichtungen für Erholung und Freizeit. Ältestes Monument ist das Kurbad „Schwelmer Brunnen", dessen Anfänge im 18. Jh. liegen. Weiter zu nennen ist die Nutzung der Talsperren und markanten Bergkämme, zum Teil mit Aussichtstürmen, als Ausflugsziele.

Ruhrtal bei Wetter mit Blick auf den Hohensyberg.

JAKOBSLIEDER

Dass Pilger auf ihren oft beschwerlichen Wegen hin zum Ziel ihrer Verehrung, meist dem Grab eines Heiligen oder dem Heiligen Land, geistliche Lieder sangen, dürfte so alt sein wie die Pilgerfahrten selbst. Als Bischof Gunther von Bamberg in den Jahren 1064 – 65 mit einer großen Schar von Adeligen nach Jerusalem pilgerte, befand sich in seinem Gefolge ein gelehrter Kleriker, Ezzo, der während der Reise ein deutschsprachiges Lied von den Wundern Christi dichtete; es könnte identisch sein mit dem vielstrophigen frühmittelhochdeutschen *Ezzolied*, das von sich selbst sagt, Ezzo habe den Text, der Kleriker Wille aber die Melodie geschrieben. Im Tristanroman des Gottfried von Straßburg (um 1210) begegnet der junge Tristan zwei alten Pilgern, an deren Kleider Meermuscheln genäht sind – sicher also Jakobspilger – und die ihre Gebete und Psalmen sprechen und singen (Verse 2620 – 2652).

Für die Pilgerfahrt nach Santiago sind Instrumental- und Vokalmusik schon sehr früh bezeugt: Die im berühmten *Codex Calixtinus* der Kapitelsbibliothek von Santiago de Compostela überlieferte und dort dem Papst Calixtus zugeschriebene Predigt *Veneranda dies* aus dem 12. Jh. berichtet, dass Pilger aus mehr als 70 Völkerschaften zum Grabe des Apostels kämen, und fährt dann fort: „Nur mit seinen Landsleuten vollzieht jeder die Nachtwache. Manche spielen Leier, Lyra, Pauke, Quer- und Blockflöte, Posaune, Harfe, Fidel, britische oder gallische Rotta; manche singen während der Nachtwache von Psalterien oder anderen Musikinstrumenten begleitet […]. Man hört dort die verschiedensten Sprachen, verschiedene Stimmen in fremden Sprachen, Gespräche und Lieder der Deutschen, Engländer, Griechen und der anderen Stämme und Völker auf dem gesamten Erdkreis."[1] Aber auch Lieder selbst sind für die Wallfahrt nach Santiago in sehr großer Zahl bezeugt. Dabei ist zweierlei bemerkenswert: zum einen die große Zahl und Vielfalt der Lieder, zum anderen der Umstand, dass bereits das wichtigste frühe Zeugnis der Santiagowallfahrt, der bereits erwähnte *Codex Calixtinus*, Jakobslieder enthält. Eines davon ist über die Jahrhunderte hinweg besonders berühmt und geradezu zu einem Motto und Ruf der Santiagopilger geworden, nämlich das berühmte *E ultreja*, das in dem einstimmigen lateinischen Pilgerlied *Dum pater familias* nach der Strophe zwei vor der Wiederholung des Refrains auftritt. Das Lied berichtet zunächst davon, dass der Apostel Jakobus, Gottes Auftrag erfüllend, Spanien als ein Licht des Guten erleuchten soll, dass Galicien die fromme Hilfe des Jakobus erbittet und dass durch seinen Ruhm jener einzigartige Weg – gemeint ist natürlich der Jakobsweg – entstanden sei. Auf ihm sängen die Pilger nun ihre Bittlieder: „Herru Sanctiagu, / Got (Grot?) Sanctiagu, E ultreia, e suseia. / Deus aia nos!" („Herr Sankt Jakob, Großer Sankt Jakob, Erhebt euch, auf denn! Gott, erhöre uns!" Ist dies der Rest (wohl der Refrain) eines alten niederdeutschen Pilgergesanges?

Das früheste **deutsche** Jakobslied scheint das in verschiedenen Fassungen vorliegende, sicher seit dem 15. Jh. gesungene Lied „Wer das elend bawen will, / der mach sich auff vnd zieh dahin / wol auff sant Jacobs strasse" („Wer in die Fremde ziehen will, / der mache sich auf und ziehe los / auf die Straße des heilige Jakob") zu sein. Das 26 fünfzeilige Strophen umfassende Lied geht zunächst auf die für die Pilger nötige Ausrüstung ein: Zwei paar Schuhe brauche der Pilger, eine Schüssel, eine Flasche; einen breiten Hut müsse er haben, und ohne Mantel, der mit Leder besetzt ist, solle er nicht gehen, damit er vor Schnee, Regen und scharfem Wind geschützt sei. Einen Sack und einen Pilgerstab solle er haben und besonders darauf achten, dass er vor Antritt seiner Pilgerreise gebeichtet habe – im Welschland (Frankreich) werde er keinen deutschen Priester finden; zudem wisse er nicht, ob er unterwegs sterben werde –, ein Hinweis auf die immer wieder bezeugte Gefährlichkeit der Pilgerfahrt und die zu ertragenden Entbehrungen. All dies aber sei zu überwinden: „Wir ruffen got und sant Jacob an / und unser liebe frawen" (also die Gottesmutter Maria, Strophe 6). Das Lied beschreibt dann im Einzelnen die Reiseroute (mit dem Languedoc und „Runzevalle", also dem Pass und Hospiz von Roncesvalles, Strophe 10 und dem gefährlichen Rabanel-Pass: „Da leit [liegt] vil manches edelmans kind aus deutschem land begraben", Strophe 12). Das Lied erzählt dann von drei Spitälern, die der König von Spanien für die Pilger entlang des Weges errichtet habe, davon, dass einer der Spitalmeister 350 deutsche Pilger vergiftet habe und dafür in Burgos ans Kreuz geschlagen worden sei (eine Geschichte, die in anderen Jakobstexten weit ausführlicher erzählt wird) und dass auf die Beschwerden deutscher Pilger hin der König selbst inkognito seine Spitäler kontrolliert habe.

Was er dabei findet, gefällt ihm nicht: Die Brote für die Pilger sind zu klein, die Betten schmutzig. Auf die Beschwerden des als Pilger verkleideten Königs treibt der Spitalmeister diesen mit Schlägen aus dem Hause, worauf der König ihn samt seinem Gesinde gefangensetzt; die Tochter des Spitalmeisters, die beklagt dass ihr Vater „wegen der deutschen Hunde" sterben solle, wird selbst unter dem Galgen begraben. Das Lied endet mit einer Beschreibung des von den Pilgern noch zurückzulegenden Weges von Burgos nach Santiago, der Erwähnung des „Finsteren Sternes", also des Kaps Finisterre, und mit der Anrufung des heiligen Jakobus und der Jungfrau Maria. Wer „sant Jacob dienen tuot, / der lieb got sol im lonen!"[2] Das Lied erfuhr im Laufe der Zeit starke Veränderungen. So entstanden geistliche Fassungen, die darauf abheben, dass der Pilger auf seinem Wege vor allem Glauben und Geduld benötige.

Andere Lieder erzählen von Wundern, die der heilige Jakobus an Pilgern wirkt, die auf dem Weg zu seinem Grabe sind: Ein schweizerisches Lied, beginnend mit den Worten: „Aber wellen wir heben an / ein nüwes liet zu singen, / von vier armen bilgeren" erzählt vom bösen Grafen Raimund (von Toulouse), der vier Pilger grundlos hängen lässt: aber der sehr dicke Ast, an den sie aufgeknüpft werden, bricht in der Mitte entzwei, weil der heilige Jakobus selbst mit seinem Pilgerstab an diesen klopft. Der Graf fällt daraufhin auf die Knie und bittet Jakobus um Vergebung.[3] In die gleiche Gruppe der Mirakellieder gehört ein zuerst 1544 bezeugtes Lied, das „in 21 Strophen […] die verbreitete Wundergeschichte […] von der Pilgerfahrt eines Vaters und seines Sohnes wiedergibt; dieser lässt sich nach den betrügerischen Machenschaften eines Wirts und seiner Tochter statt des Vaters erhängen, erhält aber durch St. Jakob wieder das Leben geschenkt"[4] – es ist eine Liedfassung des bekannten „Hühnerwunders", dessen noch heute in der Kathedrale von Santo Domingo de la Calzada gedacht wird.

Im 16. Jh., dem Jahrhundert der Reformation, die die Heiligenverehrung ablehnt, erlebt die Pilgerfahrt nach Santiago einen deutlichen Rückgang. Auf die Jakobslieder will man aber auch in dieser Zeit nicht verzichten. So erscheinen in Nürnberg, Zürich und Augsburg ab 1541 gedruckte Broschüren mit „Drei geistlichen Jacobsliedern", die den Pilgern „den rechten Weg zum ewigen Leben" zeigen wollen; sie alle seien – so das Titelblatt – „zu singen wie St. Jacobs Lied" (also das oben erwähnte Lied „Wer das elend bauen will"). Der

Text des alten Liedes wird nun deutlich umgeformt. An die Stelle der Jakobsstraße tritt „Christus strassen"; der Pilger (der seinen eigenen Lebens-Weg beschreitet) muss „ein neuer Mensch" werden und „sich von Sünden bekehren". Der Name des heiligen Jakobus taucht in keinem der Lieder auf; gleichwohl werden sie, um an die alte Tradition anzuknüpfen, als „Jakobslieder" bezeichnet.[5]

In der zweiten Hälfte des 20. Jh. erleben die Jakobslieder eine neue Blüte. Einige von ihnen werden in die Liederbücher der katholischen und der evangelischen Kirche

Coesfelder Jakobslied

Ja- ko- bus, treu-er Freund des Herrn,
du folg- test Chri- sti An- ruf gern,

dein Na-me schallt durch al- le Welt,
als er am See dich aus-er- wählt.

Kv.: Herr, lass zu die- sen Zei- ten

dei- ne Jün- ger nicht al- lein!

Ja- ko- bus mö- ge uns be- glei- ten,

helf-fend uns zur Sei- te sein.

Text: Friedrich Kienecker
Melodie: Gustav Biener (1977)

aufgenommen und man sammelt die alten Lieder – so in Westfalen der Pfarrer der Coesfelder St. Jakobuskirche, Dieter Frantrop. Auf seine Anregung hin entstand das westfälische, genauer Coesfelder Jakobslied, das hier mit seiner leicht zu singenden Melodie abschließend geboten sei.[6]

---

1 Zitiert nach: Klaus Herbers, Der Jakobsweg. Mit einem mittelalterlichen Pilgerführer unterwegs nach Santiago de Compostela, Tübingen 1986, S. 61 f.

2 Text und Melodie bei Franz M. Böhme, Altdeutsches Liederbuch, Leipzig 1877 (Neudruck Hildesheim/Wiesbaden 1966), S. 718 – 720 und öfters. Das Lied ist bis in das 19. Jahrhundert sehr beliebt gewesen; auch in die Sammlung ‚Des Knaben Wunderhorn' wurde es aufgenommen, vgl. Johannes Janota, ‚Jakobslied'. In: Die deutsche Literatur des Mittelalters. Verfasserlexikon. 2. Aufl. Hg. von Kurt Ruh u.a., Bd. 4 (1982/83), Sp. 498 – 500.

3 Abgedruckt bei G. Tobler, Ein Lied von der Wundertat des heiligen Jakob. In: Anzeiger für schweizerische Geschichte N.F. 7, Jg. 26, 1896, S. 169 f.

4 Janota (Anm. 1), Sp. 499; dort auch die Drucke des Liedes.

5 Nachweis der Lieddrucke: Verzeichnis der im deutschen Sprachbereich erschienenen Drucke des 16. Jahrhunderts, Bd. 5, Stuttgart 1985, D 2662 – 2669.

6 Weitere Strophen und zahlreiche andere Jakobslieder:
http://www.jakobus-weg.de/aJakw/2SobayJkw/gJkgebet/JkCantica.htm.

OSNABRÜCK → LENGERICH

Wegbeschreibung und Hinweise   **25,5 km**

Startpunkt: Am Dom in Osnabrück.

Hinweis: Für Pilger, denen die Etappe zu lang ist, bietet sich in Hasbergen eine Unterkunftsmöglichkeit (→ Anhang S. 231 und Karte S. 54).

Schwierigkeitsgrad für Fußgänger: Überwiegend leicht, jedoch An- und Abstiege > 10 % östlich von Leeden (Fangberg) und am Kamm des Teutoburger Waldes, hier z. T. > 20 % bergab.

Radstrecke: Teilweise abweichend: **A)** Im Bereich Natrup-Hagen folgen Radfahrer dem Ziegeleiweg bis zur Kreuzung mit der Kreisstraße („Industriestraße"), der sie nach Westen folgen und dort wieder auf den Fußweg treffen. **B)** In Leeden folgen Radfahrer vom Stiftsgelände aus der L 589 („Stift"/„Herkenstraße") bis zur Gabelung nach Süden, dann weiter über die K 30 („Am Ritterkamp"), bis sie auf den von Osten kommenden Fußweg treffen. **C)** Kurz vor Lengerich benutzen Radfahrer nicht den Kammweg, sondern folgen der L 589 („Bergstraße") in die Innenstadt.

Schwierigkeitsgrad für Radfahrer: Überwiegend leicht. Kurze Abfahrt vom Kamm des Teutoburger Waldes hinunter nach Lengerich mit bis zu 10 % Gefälle.

Der erste Abschnitt des Weges der Jakobspilger beginnt am **Dom (1)** in **Osnabrück (2 – 6)** und führt durch das **Heger Tor (7)** nach Westen aus der Stadt. Über den „Lotter Kirchweg" geht es zum 1925 eröffneten Heger Friedhof, der über zwei denkmalgeschützte Trauerhallen verfügt. Am Hakenhof quert der Weg die „Rheiner Landstraße" sowie die BAB 30 und durchquert dann die typische 1950er-Jahre-Siedlung „Am Lünsebrink". Er führt über die Düte und an versprengten Bauernhöfen vorbei durch die Ortschaft **Hasbergen (8)**. Auf der Haslage stehen einige bemerkenswerte Bäume, darunter eine siebenarmige Linde.

An der 1934 erbauten **Natruper Mühle** führt der Weg über den Goldbach sowie den parallel verlaufenden, die Mühle speisenden Mühlenbach, an dessen Ende ein Teich liegt. Hinter dem im Tecklenburger Bergland gelegenen **Stiftsdorf Leeden (9)** trifft

Links: Das Westwerk des St. Peter-Domes in Osnabrück.

der Weg der Jakobspilger auf den Hermannsweg und folgt diesem bis zum Kamm des Teutoburger Waldes kurz vor Lengerich. Auf dem Weg dorthin passieren Pilger eine überdachte **Raststation**. Die **Bahnlinie** von Osnabrück nach Münster unterquert kurz danach den Bergrücken mittels eines der längsten Bahntunnel

Die Natruper Mühle zwischen Hasbergen und Leeden.

Norddeutschlands. Auf dem Kamm finden sich die Reste ehemaliger **Niederwälder** (→ S. 55). Etwas weiter östlich, am Intruper Berg, sind diese zusammen mit ehemaligen Kalksteinbrüchen als Naturschutzgebiet ausgewiesen worden. Direkt daneben befinden sich riesige **Kalksteinbrüche** (→ S. 65), in denen heute Kalkstein für die Zementindustrie abgebaut wird. Auf den Nordhängen blühen im zeitigen Frühjahr viele Weiße Buschwindröschen, und der Geruch von Bärlauch durchströmt den hier stehenden **Waldmeister-Buchenwald**. Nach dem Abstieg vom Bergkamm erreicht der Weg die Stadt Lengerich.

Pilger- und Wegespuren ...

Von der Bedeutung Osnabrücks für die Pilgerfahrt nach Santiago de Compostela zeugt u. a. die 1392 erfolgte Stiftung einer Herberge in der „Heger Straße", in der Pilgern und wandernden Gesellen zwölf Betten als Unterkunft zur Verfügung standen. 1493 wurde ein weiteres Gasthaus in der „Hasestraße" gegründet, das nach seiner Verlegung in die „Lohstraße" St. Jakobi-Gasthaus genannt wurde und mittellosen Pilgern für zwei Nächte Unterkunft bot. Beide Stiftungen zeigen, dass im 14. und 15. Jh. etliche Jakobspilger durch die Bischofsstadt gekommen sein müssen. Dies verdeutlicht auch die spätestens seit 1309 in der Altstadt bestehende Jakobikapelle, an die heute die „Jakobstraße" erinnert. Auf dem Friedhof an der Marienkirche, welcher laut Urkunden Fremden vorbehalten war, entdeckten Archäologen ein Grab aus der Zeit zwischen dem 14. und 15. Jh. An der Kleidung des Toten befand sich eine durchlochte Jakobsmuschel, die ihn als einen aus Santiago zurückkehrenden Pilger ausweist.

Die Fernhandelsstraße führte durch das Heger Tor nach Westen aus Osnabrück heraus, da der südliche Bereich Moorgebiet und damit äußerst unwegsam war. Dort, wo die Straße die Osnabrücker Stadtfeldmarken verließ (Parkplatz), sind noch Reste der um 1300 errichteten Stadtlandwehr (→ S.123) sichtbar.

Durchlochte Kammmuschel aus einem Pilgergrab in Osnabrück (14./15. Jh.).

Zum Schutz des Schlagbaumes stand in der Nähe der inzwischen abgerissene Heger Turm, dessen Wächter herannahende Feinde früh sehen und melden konnte. Nach Westen führte die Rheiner Landstraße bis in die Niederlande, nach Südwesten die Straße über Ladbergen nach Münster. Die BAB 30 und BAB 1 sind moderne Vertreter dieser alten Handelswege.

Südlich von Hasbergen kontrollierte die **Burg Haslage** die Straße sowie die nahe Landesgrenze zwischen dem Bistum Osnabrück und der Grafschaft Tecklenburg. Das 1240 als Zisterzienserinnenkloster gegründete Stift Leeden war als Unterkunftsmöglichkeit sicherlich ein attraktiver Anlaufpunkt für Pilger. Etwas südlich des Pilgerweges befand sich der alte Pass über den Teutoburger Wald. Auf dem Bergrücken traf die historische Fernstraße auf den von Ost nach West verlaufenden Kammweg. Hier am Kreuzungspunkt befand sich auch die Richtstätte von **Lengerich** („Galgenknapp"). Hangabwärts auf die Stadt zu hat sich heute noch ein eindrucksvoller Hohlweg (→ S. 213) im Gelände erhalten.

Hohlweg vom Kamm des Teutoburger Waldes auf Lengerich zu.

SEHENSWERTES
ENTLANG DER STRECKE

Osnabrück

Das im Mittelalter zur bedeutenden Handels- und Hansestadt gewachsene Osnabrück geht in seinen Ursprüngen auf karolingische Missionare zurück. Sie wählten das verkehrsgünstig an der Kreuzung wichtiger Fernhandelsstraßen und einer Furt über die Hase gelegene Gebiet als Standort ihrer Siedlung.

Bereits im ausgehenden 8. Jh. entstand so auf einer sandigen Erhebung, geschützt durch die sumpfigen Niederungen von Hase und Poggenbach, eine Missionskirche mit zugehörigem Friedhof. Archäologische Funde des 8. bis 11. Jh. belegen ein rasches Anwachsen des Ortes, der zu Beginn des 9. Jh. eines der frühesten sächsischen Bistümer mit dem Friesen Wiho als erstem Bischof (803) wurde. Spätestens 850/51 bestand hier auch ein Kloster (*monasterium osnabrugga*). Aus der befestigten Domburg entwickelte sich durch die Anlage von Suburbien, wie der archäologisch seit dem 9. Jh. belegten Marktsiedlung, die mittelalterliche Stadt, deren Grundriss Osnabrück bis heute prägt. 1002 verlieh Heinrich II. dem Osnabrücker Bischof das Markt-, Münz- und Zollrecht, und 1147 wird der Ort in den Quellen erstmals als Stadt erwähnt. Durch die Verleihung des Gerichts- und Befestigungsprivilegs durch Friedrich Barbarossa (1171) an die Bürger erreichte Osnabrück schließlich

Osnabrücker Innenstadt mit den typischen Steinhäusern.

weitgehende Eigenständigkeit. Ende des 12. Jh. wurden Domburg, Marktsiedlung und angrenzende Gebiete erstmals von einer gemeinsamen Stadtmauer umgeben. Im Süden hatte sich um das bereits 1011 gegründete Johannisstift herum eine zweite Siedlung, die Neustadt, gebildet, die 1307 mit der Altstadt vereinigt wurde.

Seit dem 13. Jh. lassen sich weitverzweigte Handelsverbindungen der Osnabrücker Kaufleute nachweisen. Die Stadt war wirtschaftlicher Mittelpunkt des gleichnamigen Fürstbistums und übernahm seit dem 15. Jh., als sich das Textilhandwerk etabliert hatte und weitere Absatzmärkte suchte, eine stärkere Rolle in der Hanse.

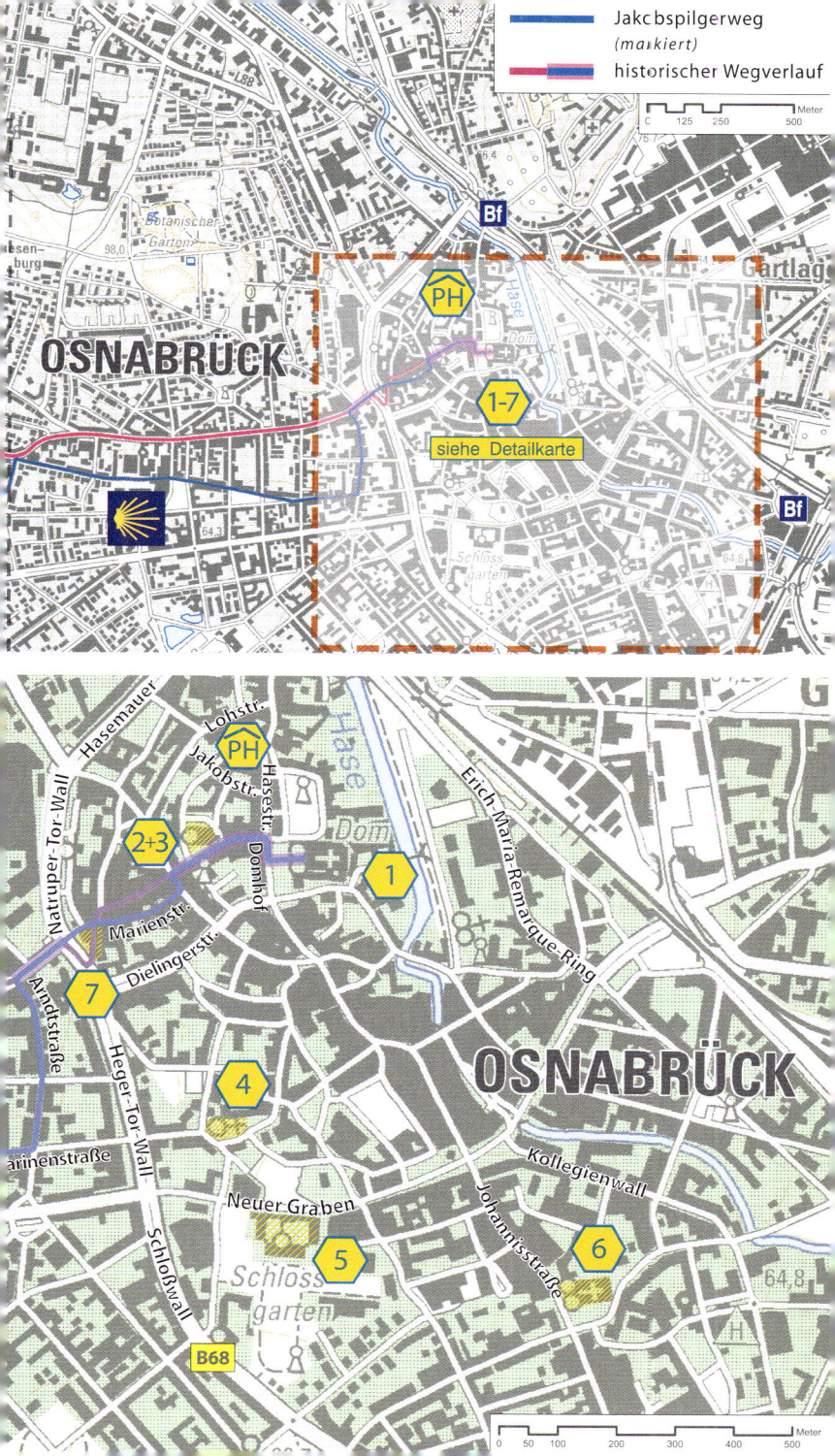

1 Dom St. Peter

Bei der ersten Missionskirche, die 785 geweiht wurde, handelte es sich um einen einfachen Saalbau mit Rechteckchor, der bereits im frühen 9. Jh. durch einen Apsidensaal ersetzt wurde. Mitte des 9. Jh. wurde eine repräsentative dreischiffige Basilika mit Ostquerhaus errichtet. Um 1100 erfolgte ein weiterer Kirchenbau, zu dem auch der achteckige Vierungsturm gehört. Das heutige Erscheinungsbild geht vor allem auf das 13. Jh. zurück, als die dreijochige, gewölbte Basilika entstand. Im 15. Jh. folgten einige im gotischen Stil ausgeführte Anbauten, wie der Chorumgang mit den beiden anliegenden Kapellen. In der ersten Hälfte des 16. Jh. wurde schließlich der südliche der beiden romanischen Westwerktürme durch einen sehr viel größeren Turm ersetzt und das Portal zeitgemäß umgestaltet.

Jakobusfigur im Dom in Osnabrück.

Karl der Große schenkte der Domkirche Reliquien der Märtyrer Crispin und Crispinian, die zunächst in einer unterirdischen Reliquienkammer aufbewahrt wurden. Anfang des 13. Jh. wurden die Gebeine in kostbare Schreine gebettet und auf den Altar gestellt.

Von der reichen Ausstattung des Domes ist leider nur wenig erhalten geblieben. Das bronzene Taufbecken stammt aus dem Jahr 1225 und das hölzerne Triumphkreuz aus der Zeit um 1230. Die acht Apostelfiguren auf den Pfeilern, unter denen sich auch Jakobus d. Ä. befindet, wurden im 16. Jh. aufgestellt.

Taufbecken in der Marienkirche, 16. Jh.

2 St. Marien

Anders als der Dom war St. Marien (erstmals erwähnt 1177) immer die Kirche der Bürger. Errichtet wurde das am Marktplatz befindliche Bauwerk in der ersten Hälfte des 11. Jh. als Kaufmannskirche (*ecclesia mercatorum*). Ein zugehöriger Friedhof, dessen älteste Gräber aus dem 8. Jh. stammen, deutet auf die Existenz einer kleineren, vermutlich hölzernen Kirche zu dieser Zeit hin. Beim ersten steinernen Kirchenbau handelte es sich um einen einschiffigen

Saalbau mit halbrunder Apsis. Mehrere große Erweiterungsphasen vom 12. bis 15. Jh. führten schließlich zur Gestalt der heutigen Kirche. Im 12. Jh. wurde der Bau verlängert und mit einem Westturm ausgestattet, um 1200 entstand eine dreischiffige Basilika. Aus dem 14. Jh. stammt die Hallenkirche, die im 15. Jh. den polygonalen Umgangschor erhielt. Mit der Einführung der Reformation in Osnabrück im Jahre 1543 wurde die Kirche St. Marien evangelisch.

Im Innern verdient, wie schon im Dom, ein gotisches Triumphkreuz im Chorbogen (Ende 13. Jh.) Beachtung. Ebenso sehenswert sind der spätgotische Flügelaltar (Anfang 16. Jh.) und das Taufbecken im nördlichen Turmjoch des Langhauses (1560).

Auf dem zur Marienkirche gehörigen Friedhof, auf dem vor allem Fremde beerdigt wurden, befand sich unter den Bestattungen des 9.–15. Jh. auch das Grab eines Pilgers mit Jakobsmuschel.

3 *Rathaus*

Das Rathaus an der Westseite des Marktes wurde zwischen 1487 und 1512 errichtet. Es ersetzte einen bereits 1288 genannten Bau, über dessen Erscheinungsbild nichts bekannt ist. Besonders markant ist das 18 m hohe, schiefergedeckte Walmdach mit den Dacherkertürmchen. Erst im 19. Jh. wurde eine einziehbare Holztreppe, die als Zugang ins Rathaus diente, durch die heutige Steintreppe mit Kanzel ersetzt. Neun Sandsteinfiguren zieren das mittlere Geschoss des Sandsteinbaus. Die zentrale Gestalt über dem Portal stellt den Bistumsgründer Karl den Großen dar, rechts und links flankiert von verschiedenen Herrschern, die der Stadt ihre Privilegien und Rechte verliehen haben.

Steintreppe am Rathaus.

Eine besondere Bedeutung erlangte das Rathaus durch die hier abgehaltenen Verhandlungen zum Westfälischen Frieden zwischen 1643 und 1648. Im Friedenssaal befinden sich noch heute die originale Wandvertäfelung sowie die 1648 angefertigten Porträts der 42 am Westfälischen Frieden beteiligten Verhandlungspartner.

Westfälischer Frieden 1648 und der „Friedensreiterweg"

Der päpstliche Gesandte Fabio Chigi, der an den Verhandlungen zum Westfälischen Frieden teilnahm.

Bereits seit der Mitte des 16. Jh. traten in Europa verstärkt konfessionelle und politische Auseinandersetzungen auf. Der Prager Fenstersturz im Jahr 1618 schließlich löste einen europaweiten Krieg aus, der vor allem auf deutschem Boden ausgetragen wurde: den Dreißigjährigen Krieg. Hier standen sich evangelische und katholische Interessen gegenüber, wobei im Laufe der Zeit machtpolitische Faktoren immer mehr in den Vordergrund traten. Aufgrund des Gleichgewichts der militärischen Mächte konnten schließlich nur noch Verhandlungen die blutigen Kämpfe beenden. Als Orte wurden dafür Münster und Osnabrück ausgewählt, da sie jeweils im Einflussgebiet einer der beiden Konfliktparteien, aber dennoch nah genug beieinander lagen, um einen schnellen Informationsaustausch zu gewährleisten. 1643 begannen in beiden Städten die Verhandlungen, die 1648 mit der Unterzeichnung des Westfälischen Friedens endeten. Als wichtige Ergebnisse standen am Schluss die rechtliche Gleichstellung der Konfessionen sowie die Anerkennung der Unabhängigkeit der Niederlande und der Schweiz.

Im Gedenken an den Friedensschluss wurde 350 Jahre später auch der Westfälische-Friede-Weg 1648 (oder: X 1648) eröffnet. Dieser „Friedensreiterweg" folgt der historischen Strecke, welche die Boten der Verhandlungsparteien bzw. die eigens zu diesem Zweck eingerichtete Reichspostlinie, die zweimal wöchentlich verkehrte, zwischen den Städten Osnabrück und Münster benutzten. Dieser Weg entspricht in seinem Verlauf der mittelalterlichen Fernhandelsstraße von Lübeck an den Rhein (heute: Landstraßen 89, 555, 587), sodass der Pilgerweg zwischen den beiden Städten in weiten Teilen mit dem X 1648 identisch ist.

4 *St. Katharina*

Die 1248 erstmals erwähnte Katharinenkirche entstand in der ersten Hälfte des 13. Jh. als letzte der vier Osnabrücker Pfarrkirchen. Zunächst als kreuzförmiges, dreischiffiges Bauwerk errichtet, wurde sie zu Beginn des 14. Jh. durch eine dreischiffige Hallenkirche mit quadratischem Westturm und polygonalem Chor ersetzt. Die Fertigstellung dieser Anlage zog sich allerdings fast 200 Jahre bis zum Ende des 15. Jh. hin.

Im 13. Jh. gründeten die Franziskaner in Osnabrück ein Minoritenkonvent bei der Katharinenkirche. Um 1300 scheint hier ein repräsentativer Kirchenbau bestanden zu haben, von dem nur noch die Mauer und das Südportal an der Nordseite des Platzes „An der Katharinenkirche" erhalten geblieben sind.

5 *Schloss*

An der Grenze zwischen Alt- und Neustadt entstand zwischen 1667 und 1675 das Osnabrücker Schloss als fürstbischöfliche Residenz des 1662 ernannten ersten evangelischen Bischofs von Osnabrück: Ernst August I. von Braunschweig-Lüneburg mit seiner Gattin Sophie von der Pfalz. Nach den Bestimmungen des Westfälischen Friedens 1648 sollte das Bistum Osnabrück abwechselnd von einem katholischen und einem evangelischen Bischof regiert werden.

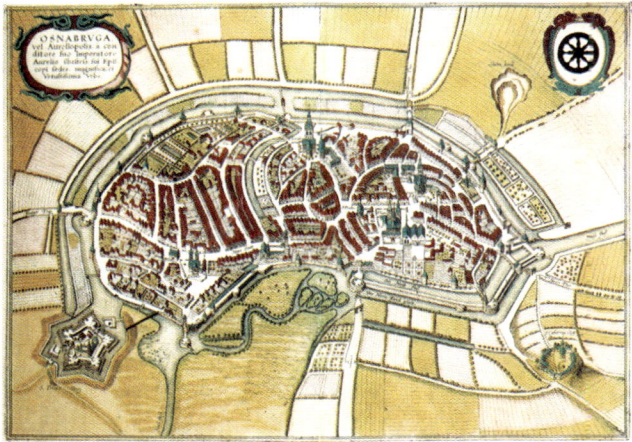

Osnabrück auf einem Plan des Wenzel Hollar (1633).

Das Schloss, das die vorherige Residenz in Bad Iburg ersetzte, bildet eine barocke vierflügelige Anlage mit Hauptgebäude und zweigeschossigen Flügeln. Nach der Auflösung des Fürstbistums 1803 hatte es verschiedene Funktionen. In der Zeit des Nationalsozialismus befanden sich im Westflügel Haft- und Folterzellen der Gestapo, an die heute eine Gedenkstätte erinnert. Seit 1974 hat die Universität von Osnabrück ihren Sitz im Schloss.

6 St. Johannis

Die Stiftskirche St. Johannis bildet den Siedlungskern der südlich des Domes gelegenen Neustadt. Das Stift wurde bereits 1011 von Bischof Dethmar gegründet. Die heutige frühgotische, dreischiffige Hallenkirche stammt aus dem 13. Jh.; archäologische Grabungen brachten jedoch zwei Vorgängerbauten aus dem 11. und 12. Jh. zum Vorschein, die wesentlich kleinere Ausmaße hatten. Die alten Stiftsgebäude und der Kreuzgang liegen an der Nordseite der Kirche.

7 Heger Tor

Das heutige Heger Tor ist der spärliche Überrest einer großen Toranlage, die neben dem Durchlass auch aus Turm, Bastion und Zwinger bestand. Es wurde 1817 von Rechtsanwalt Gerhard Friedrich von Gülich als Ersatz für die 1815 abgerissene Anlage gestiftet. Er wollte damit dem Osnabrücker Landwehrbataillon für seinen Einsatz in der Schlacht bei Waterloo danken. Dementsprechend zeigt das neue Tor Ähnlichkeit mit einem Triumphbogen. Über seitliche Wallrampen und einen Treppenaufgang erreicht man eine Plattform,

Auf dem Weg nach Hasbergen.

von der aus sich ein guter Ausblick auf die Osnabrücker Altstadt bietet. Wie der mittelalterliche Bau ausgesehen hat, ist unbekannt, aber für viele Pilger begann hier die Reise ins Ungewisse, denn durch das Heger Tor führte die Fernhandelsstraße nach Lengerich und Münster aus der Stadt hinaus.

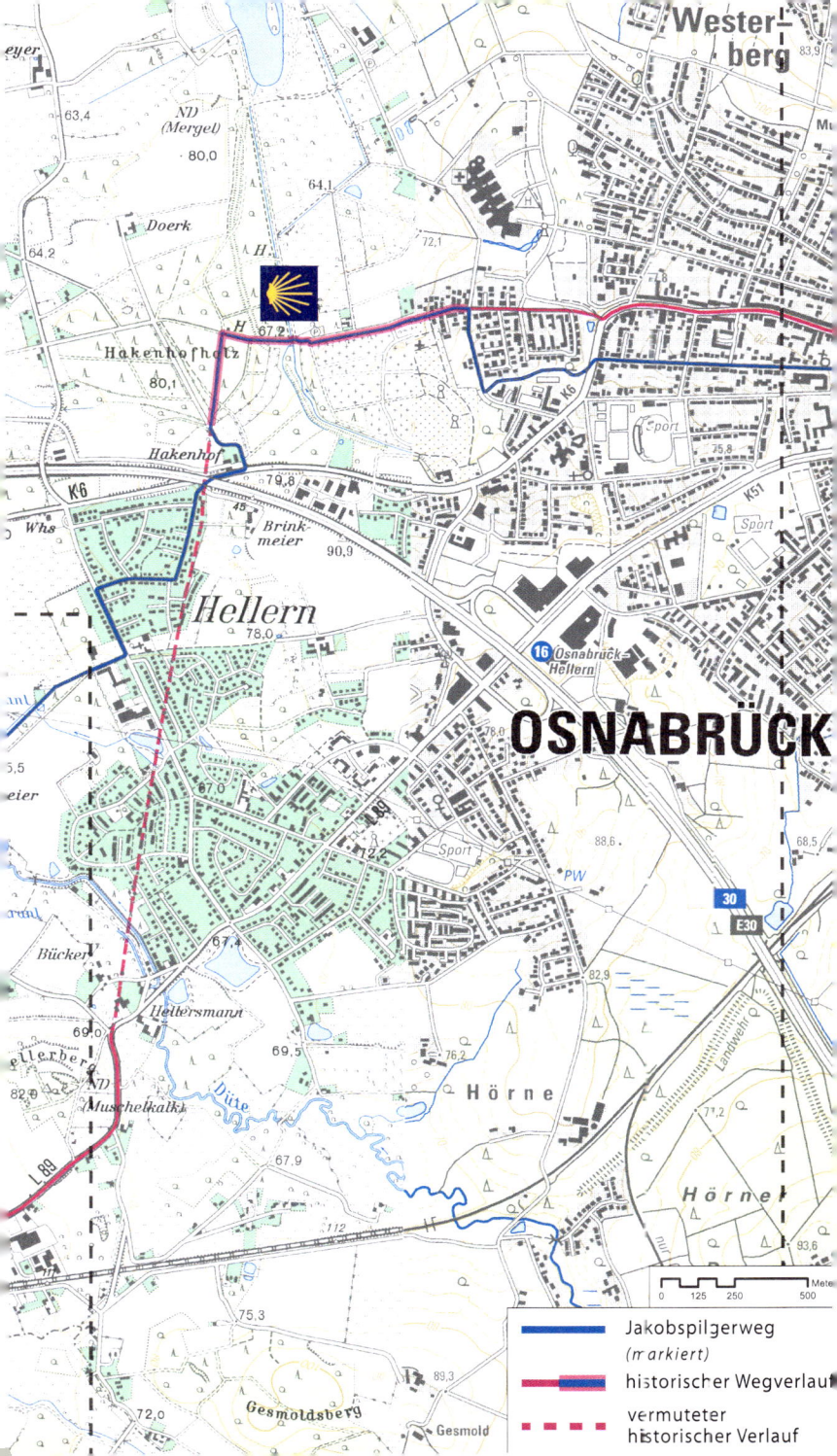

Jakobspilgerweg
(markiert)
historischer Wegverlauf

Niederwälder

Ehemalige Buchen-Niederwälder auf Kalkgestein sind im Teutoburger Wald vor allem im Bereich von Lengerich, Lienen und Bad Iburg verbreitet. Sie sind an ihrem Wuchs auch für den Laien relativ leicht zu erkennen: bizarre, z. T. jahrhundertealte, 30 bis 50 cm hohe „Stubben" mit unterschiedlich dicken, mehrstämmigen Stockausschlägen kennzeichnen sie.

Verdickte Wurzelhälse sind ein deutlicher Hinweis auf die niederwaldartige Nutzung.

Auch vormalige Niederwälder, in denen man lediglich einen gutwüchsigen Schössling hat auswachsen lassen, sind noch als 120-jährige Hochwaldbestände durch eine wulstig verdickte Stammbasis auszumachen. Im 18. Jh. waren die Wälder vor allem in Ortsnähe durch Viehverbiss – infolge der Nutzung als Waldweide – und durch ungeregelte Holzentnahme fast völlig vernichtet. Agrarreformer forderten daher, die allgemein nutzbaren Waldflächen zu privatisieren.

Die Aufteilung der gemeinschaftlich genutzten Flächen, der sog. Marken, in Westfalen im 18. und 19. Jh. führte zu einer kleinteiligen Parzellierung der Wälder, die den Beginn einer ausgeprägten Niederwaldwirtschaft markierte. Hierbei werden die Bäume hauptsächlich zur Brennholzgewinnung regelmäßig (alle 10 – 40 Jahre) geschlagen, also „auf den Stock gesetzt". Sie treiben dann aus dem Baumstumpf wieder aus. Da auf den schmalen Parzellen des Teutoburger Waldes eine hochwaldartige Bewirtschaftung nahezu unmöglich war, blieb die Niederwaldwirtschaft hier noch bis ins 20. Jh. hinein vorherrschend. Obwohl einige Niederwälder der alten Art und Weise noch kleinflächig bewirtschaftet werden, sind die Bestände heute meist überaltert.

8 Hasbergen / Christuskirche

Südwestlich des heutigen Ortes Hasbergen, etwas westlich des Pilgerweges, lag das vermutlich namengebende Gut Haslage. Die von Wassergräben umgebene Niederungsburg ist heute im Gelände kaum noch zu erahnen. Durch ihre Grenzlage im Bistum Osnabrück zur Grafschaft Tecklenburg hin sowie durch die Nähe zur alten Fernhandelsstraße Osnabrück – Münster dürfte der Burg eine nicht geringe Bedeutung als Kontrollstation zugekommen sein.

Als kleine Bauernschaft hatte die Gemeinde Hasbergen lange Zeit keine eigene Kirche, weshalb die Bewohner nach Osnabrück zum Gottesdienst gehen mussten. Erst im Jahr 1900, als durch die Ansiedlung von Bergleuten der Eisenerzzeche im benachbarten Georgsmarienhütte die Bevölkerung angewachsen war, erfolgte die Grundsteinlegung für die evangelische Christuskirche. Sie wurde als kreuzförmiger, mit Tonnen- und Kreuzgewölben überspannter Raum im frühgotischen Stil errichtet. Das sehr viel ältere Kruzifix über dem Altar stammt vermutlich aus dem 16. Jh. aus Tirol.

Mehrstämmige Linde auf der Haslage.

9 *Dorf und ehemaliges Stift Leeden*

Das zu Tecklenburg gehörige Dorf Leeden geht auf einen Oberhof zurück, dessen Ursprung nicht geklärt ist. 1058 wird die zu Leeden gehörige Bauernschaft Loose erstmals in den Urkunden genannt. In den Herforder Heberegistern aus dem Ende des 12. Jh. tauchen dann „Ledi", „Leden", „Ledhen", 1227 schließlich die „curia Leden" auf.

A. Heunemann vom Westfälischen Heimatbund markiert den Pilgerweg.

1240 stiftete Graf Otto von Tecklenburg, der dem Mörder Erzbischof Engelberts von Köln 1225 Unterschlupf gewährt hatte (→ S. 220), zur Sühne in Leeden ein Zisterzienserinnenkloster. Gut dreihundert Jahre später, 1562, erließen die Grafen von Tecklenburg, die als eine der ersten adeligen Familien Westfalens zum evangelischen Glauben übergetreten waren, für das Kloster eine reformiert geprägte Ordnung und wandelten es in ein adeliges Damenstift um. Aufgrund einer Regelung des Westfälischen Friedens (→ S. 50) sollten von den elf Stiftsdamen neun evangelisch-reformiert, eine katholisch und eine evangelisch-lutherisch sein. 1707 fiel das Stift an Preußen und wurde 1812 aufgehoben.

Jakobspilgerweg (markiert)

historischer Wegverlauf

abweichender Radweg

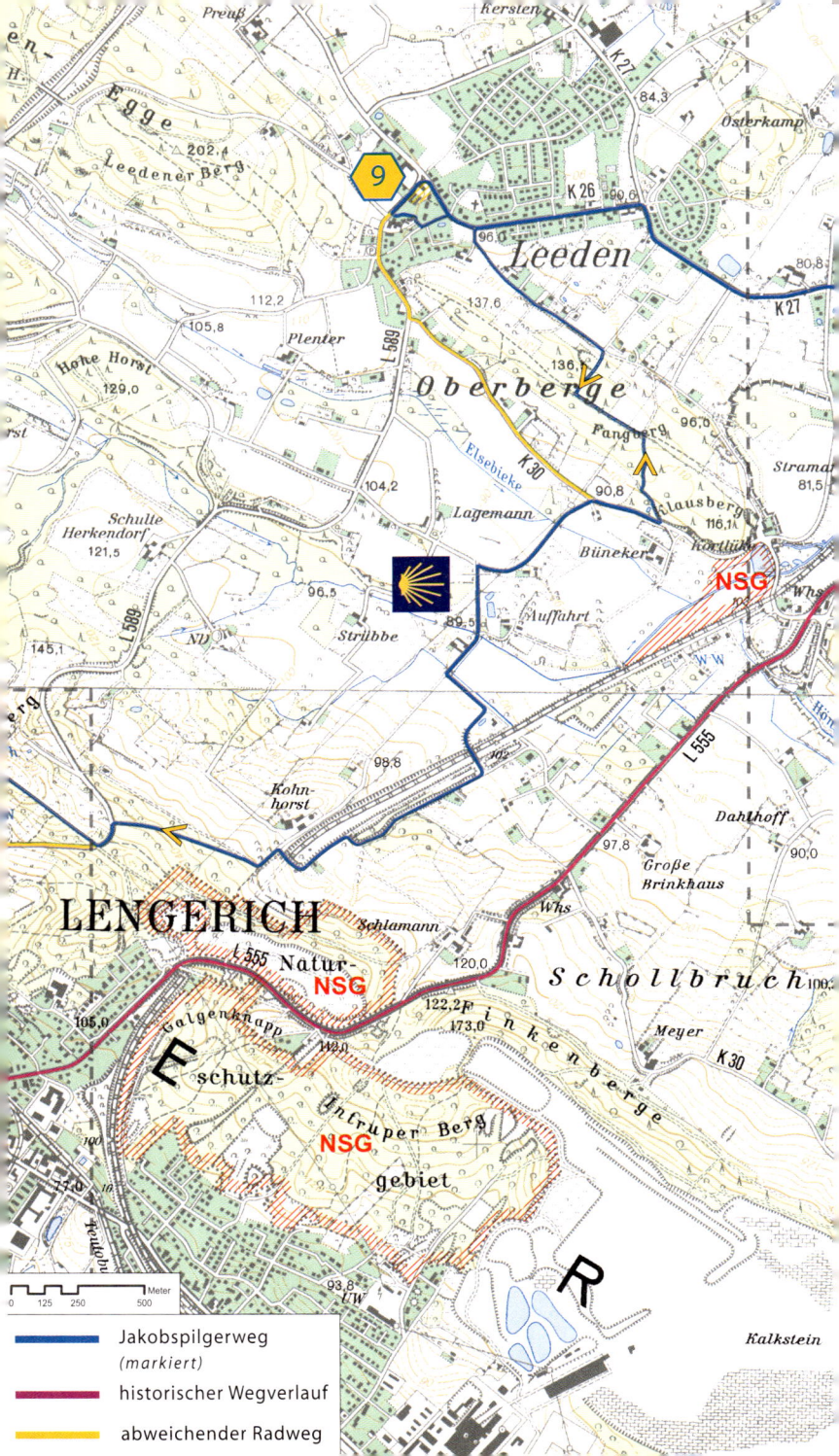

Jakobspilgerweg
(markiert)

historischer Wegverlauf

abweichender Radweg

Die wohl kurz nach der Gründung errichtete und der Jungfrau Maria geweihte Kirche mit spätromanischen und frühgotischen Elementen wurde nach einem Brand 1370 durch einen einschiffigen spätgotischen Neubau ersetzt.

Die Pfarrkirche des Kirchspiels Leeden baute man parallel an die Nordseite der Klosterkirche und vereinigte sie mit dieser unter einem Dach. 1819 wurde die Gemeindekirche wegen Baufälligkeit abgerissen, und nur der Westteil mit Turm blieb bestehen. Dieser diente der nun als Pfarrkirche genutzten Stiftskirche als Glockenturm. Nach der Zerstörung durch Bomben im Jahr 1945 konnte wiederum nur die südliche Wand noch in den Neubau einbezogen werden.

Von der Ausstattung ist lediglich eine Glocke aus dem 13. Jh. sowie die Salvatorglocke von 1496 erhalten. In der Kirche befindet sich heute noch ein Grabstein aus dem Jahr 1290. Die umlaufende Inschrift konnte nicht vollständig entziffert werden, bezieht sich aber wohl auf den Tod eines Ritters von Schollbruch, dessen Wappen oben dargestellt ist. Die katholische Kirche von Leeden, St. Hedwig, wurde 1961 geweiht.

Die ehemalige Stiftskirche und heutige Pfarrkirche von Leeden.

Das alte Stiftshaus neben der Kirche blieb von Zerstörungen weitgehend verschont, alle anderen Abteigebäude waren 1815 abgerissen worden. Das zweigeschossige Fachwerkhaus wurde im Jahre 1490 als Äbtissinnenhaus errichtet. Damit ist es nicht nur das älteste weitgehend original erhaltene Wohngebäude in Leeden, sondern auch eines der ältesten im Kreis Steinfurt. Die steinerne Abschlusswand im Westen gehörte zu einem 1815 abgebrochenen Gebäude und stammt aus dem 13. Jh., der Gründungszeit des Stiftes. Ab 1815 diente der Bau als Wohn- und Küsterhaus. Heute hat dort der Heimatverein seinen Sitz.

LENGERICH → LADBERGEN

Wegbeschreibung und Hinweise   14 km

Startpunkt: Lengerich, Kirche St. Margareta.
Schwierigkeitsgrad: Leicht.
Radstrecke: Fast identisch: Kurz vor Ladbergen folgt der Radweg nicht dem Fußweg nach Osten, sondern der L 555 („Lengericher Straße") nach Westen und im Ort nach Süden in Richtung Zentrum, wo er auf den Fußweg stößt.

Die zweite Etappe führt von der **Lengericher Innenstadt (1, 2)** zunächst nach Süden. Den Teutoburger Wald hinter sich lassend, gelangen die Pilger in die weitgehend flache Münsterländer Kreidebucht. Charakteristisch sind die überwiegend landwirtschaftlich genutzten Flächen und Wäldchen. Hier findet man auch die für das Münsterland typischen Einzelhöfe. Nach Querung zweier Landstraßen gelangt man auf den

Der Pilgerweg entlang des Mühlbaches in Ladbergen.

Vortlager Damm mit teilweise vierreihiger Allee, an dessen Anfang **Haus Vortlage (3)** liegt. Immer wieder passiert man imposante Baumreihen und alte **Wallhecken** (→ S. 62).
Hinter der L 555 liegen Hof **Große Stockdiek (4)** sowie der alte **Gräftenhof Kohnhorst**. Der Stamm einer dort schon zur Blütezeit der Pilgerfahrten am Aabach stehenden, ca. 800-jährigen Eiche kann einige hundert Meter weiter am Wegesrand bestaunt werden. Der Weg streift hier einen für das Münsterland typischen trockenen **Dünenbereich (5)**. Entlang des Mühlenbaches, an den beiden alten **Dorfmühlen** (→ S. 78), die heute als Restaurant geführt werden, und dem historischen **Gasthaus „Zur Post"** (→ S. 79) vorbei erreichen die Pilger Ladbergen.

Links: Vierreihige Allee auf dem Vortlager Damm.

ausgewachsene Wallhecke

„auf-den-Stock-gesetzte" Wallhecke

vieltriebiger Stockausschlag nach der Pflege

Wallhecken

Wallhecken sind ein prägender Bestandteil der Parklandschaft des Münsterlandes. Neben dem Windschutz dienten sie ursprünglich der Einfriedung und Besitzabgrenzung bestimmter Bereiche. Zu den ältesten Hecken zählen diejenigen, mit denen bereits vom Mittelalter an das Ackerland (der „Esch") eingefriedet wurde, um es vor dem in der Mark weidenden Vieh zu schützen.

Ein Großteil der Hecken, so auch die landschaftstypische Wallhecke, entstand aber erst im Zuge der Markenteilung in der ersten Hälfte des 19. Jh. Die damit verbundene Privatisierung der Grundstücke verpflichtete die Bauern, das zuvor „gemeine" Allmendeland abzugrenzen und ihr Vieh fortan daran zu hindern, in fremde Grundstücke einzudringen; der Stacheldraht war noch nicht erfunden. Häufig wurde mit einer Heckenanlage auch die Entwässerung feuchter Flächen verbunden, wobei der Grabenaushub zu einem Wall aufgeschüttet und bepflanzt wurde.

Um die Hecken dicht zu halten, wurden die Triebe regelmäßig eingeknickt und verwoben (daher „Knick" als Münsterländer Begriff für Wallhecke) oder „auf-den-Stock-gesetzt", d. h. nahe dem Erdboden abgeschlagen oder abgesägt, wodurch die Gehölze wieder mehrstämmig austrieben und zu einem undurchdringlichen Geflecht verwuchsen.

Heute haben solche Hecken ihre ursprüngliche Funktion verloren, sodass ihre Pflege oft nur mehr dem Naturschutz und der Landespflege obliegt. In den vergangenen Jahrzehnten sind viele beseitigt worden, weil sie einer wirtschaftlichen Bearbeitung der Ackerfläche im wahrsten Sinne des Wortes im Wege standen. Die verbliebenen Hecken wachsen seit Jahrzehnten „durch", d. h. sie entwickeln sich allmählich zu bizarren Baumreihen. Zu den typischen Heckengehölzen im Münsterland gehören Hainbuche, Stieleiche, Weißdorn, Schlehe und Hasel.

Gemeiner Schneeball in einer Wallhecke.

Pilger- und Wegespuren ...

In der Margaretenkirche in Lengerich (heute evangelische Stadtkirche) gab es ein angeblich wundertätiges Margaretenbild, das spätestens seit dem frühen 14. Jh. zahlreiche Pilger vor allem aus Norddeutschland anzog. Besonders zum Festtag der hl. Margareta am 20. Juli war Lengerich ein beliebtes Wallfahrtsziel. Graf Nikolaus von Tecklenburg erlaubte Osnabrücker Händlern im 14. Jh., vor und nach dem Margaretentag Bier, Brot und andere Waren in Lengerich zu verkaufen. 1330 wurde außerdem für den Margaretenaltar in der Kirche ein Priester eingestellt, der jeden Tag eine Frühmesse für Fremde und Pilger feiern sollte. Beides weist auf einen kontinuierlichen Pilgerverkehr von größerem Ausmaß hin. Der wegen des großen Andrangs im 15. Jh. notwendig gewordene Neubau der Kirche wurde auch aus Spenden der Wallfahrer finanziert. An bestimmten Festtagen wurde das Margaretenbildnis laut mündlicher Überlieferung in feierlicher Prozession in das südöstlich gelegene Hohne getragen, wo die Gläubigen sich am „Hilligenstol" mit der aus Bad Iburg kommenden Prozession mit Jakobus-Bildnis trafen.

Pilgerweg

Die Enthüllung des Pilgersteins in Lengerich 2007 (v. l.: E. Knemöller, D. Rogge, M. v. Westerhold).

Die heutige Landstraße L 555 entspricht weitgehend der historischen Wegeverbindung zwischen Lengerich und Ladbergen. Von dieser sind aber kaum Reste erhalten. Ein prominenter Reisender auf dieser Fernstraße war der 1507 auf dem Heimweg vom Hansetag in Lübeck „twisschen Osenbrugge ende Munter to Lengerick by Tegkeneburch" erkrankte Duisburger Ratsmann Jan Tibis, der kurz darauf in Münster verstarb.

Die Namen Vortlager Damm, Kuhdamm und Niederlengericher Damm zeigen, dass die feuchte Niederung des Aabaches schon frühzeitig ein künstliches Aufschütten der Wege verlangt hat, dies wird aber kaum vor dem 17. Jh. erfolgt sein.

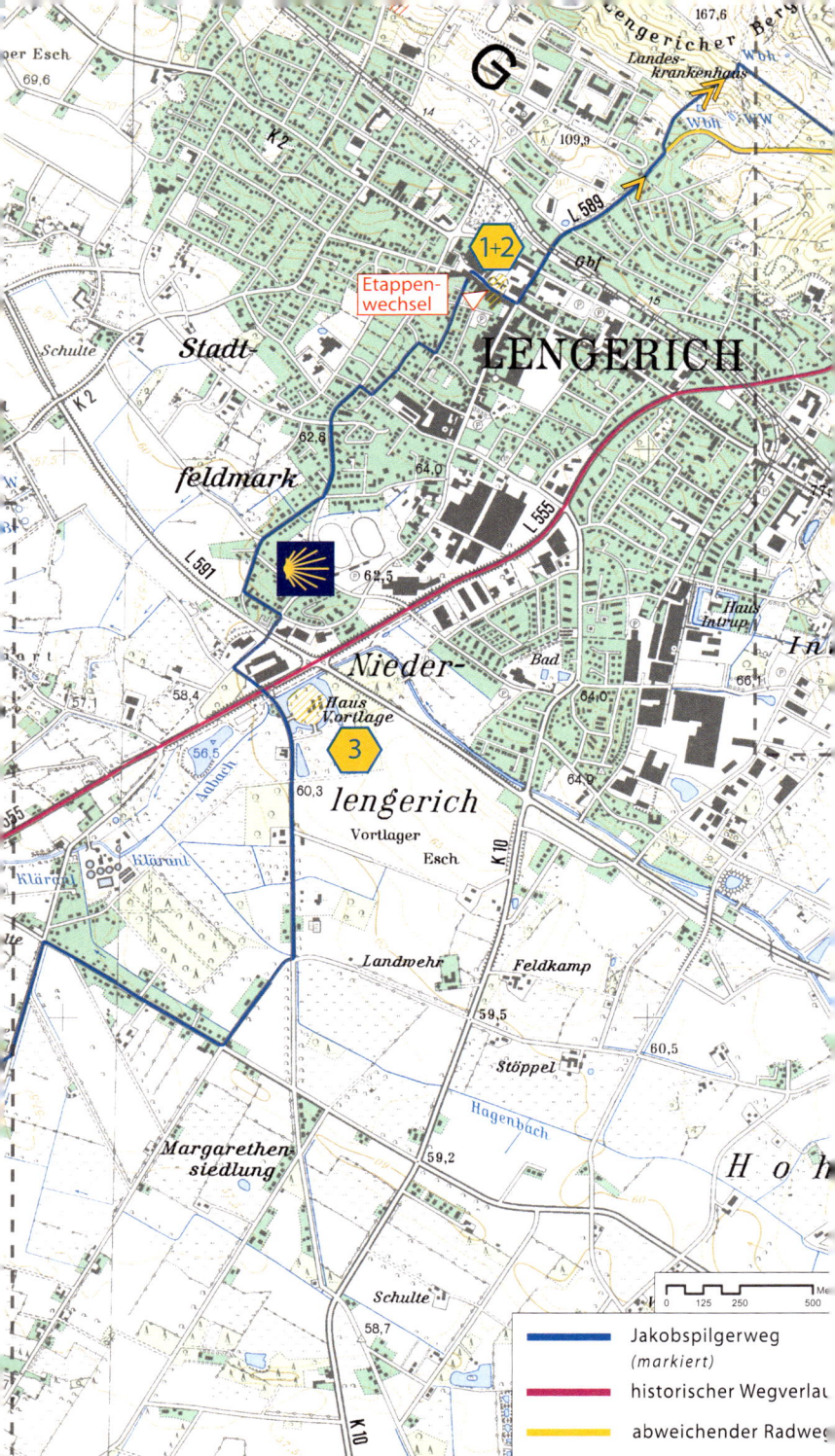

LENGERICH

Jakobspilgerweg *(markiert)*	historischer Wegverlauf	abweichender Radweg

Lengerich

Das am Südhang des Teutoburger Waldes gelegene Lengerich mit heute etwa 23.000 Einwohnern wird 1147 erstmals erwähnt. In dieser Zeit muss auch eine erste Pfarrkirche existiert haben. Dass sich der Mensch seit dem Sesshaftwerden immer wieder in diesem Raum aufgehalten hat, belegen u. a. das imposante, im Vorort Wechte gelegene Großsteingrab aus der Jungsteinzeit sowie das rekonstruierte

Lengerich.

Steinhügelgrab aus der Bronzezeit. Im 14. Jh. ist Lengerich als Marktort bezeugt und wird 1695 als Flecken bezeichnet. Bedeu-

Kalksteinbrüche

Der Teutoburger Wald birgt einen wertvollen Rohstoff für die Produkte unseres täglichen Lebens: Kalkstein. Zwischen Lengerich und Lienen gibt es riesige Steinbrüche, aus denen verschiedene Firmen ihr Rohmaterial zur Herstellung von Kalk und Zement beziehen.

Der erste urkundliche Beleg einer Rechnung an den gräflichen Hof zu Tecklenburg im Jahr 1576 („dem Tegeler zu Vinckenhus für 231 Tonnen Kalck 40 Daler") markiert den Startpunkt des hiesigen Kalkgewerbes. Mit Beginn der Industrialisierung am Ende des 19. Jh. setzte der großflächige Abbau ein. 1872 gründete Adolf Wicking aus Recklinghausen das heutige Lengericher Zementwerk der Firma Dyckerhoff, in dem jährlich 1,6 Mio. Tonnen Zement produziert werden. Für alle Steinbrüche im Teutoburger Wald heißt die Folgenutzung Naturschutz.

Kalksteinbruch bei Lengerich.

tung erlangte der Ort zum einen durch die im 14. und 15. Jh. bekannte Margaretenwallfahrt und im 17. Jh. durch die Verhandlungen zum Westfälischen Frieden (→ S. 50), in deren Verlauf sich hier mehrfach Abgesandte trafen. In preußischer Zeit erhielt Lengerich schließlich Stadtrechte (1727). Neben der Leinenindustrie hatte besonders die Zementindustrie ab 1880 große Bedeutung für die Entwicklung der Stadt.

1 Evangelische Stadtkirche (ehem. St. Margareta)

Bereits im Jahr 799 hat Papst Leo III. in Ibbenbüren eine Kirche eingeweiht, zu deren ersten Tochterkirchen die Margaretenkirche in Lengerich gehörte. Der heutige Bau wurde im 15. Jh. errichtet, es fanden sich aber Hinweise auf mindestens zwei steinerne (12. und 13. Jh.) und evtl. sogar einen hölzernen Vorgänger. Mit der vor allem im 14. Jh. immer beliebter werdenden Wallfahrt, die viele Pilger anzog, wurde eine größere Kirche notwendig, die 1497 als zweischiffige Hallenkirche im spätgotischen Stil fertiggestellt war. Die Gewölbe beider Schiffe lagern auf einem einzigen Rundpfeiler, eine eher im Rheinland typische Bauform. Eine weitere Besonderheit bildet die Asymmetrie des Kirchenschiffes, die durch das nördliche Seitenschiff hervorgerufen wird. Im Süden war eine Ausweitung des Baugrundes nicht möglich, sodass die dortige Wand des Vorgängergebäudes wiederverwendet wurde, wie der Rest des erhaltenen romanischen Stufenportals zeigt.

Hl. Margareta

Die hl. Margareta von Antiochia (3./4. Jh. n. Chr.) gehört zu den 14 Nothelfern, einer Gruppe von Heiligen, die besonders von Notleidenden angerufen werden, und ist vor allem Patronin der Gebärenden. Der Legende nach wurde Margareta wegen ihres christlichen Glaubens vor Gericht gestellt und erweckte dort mit ihrer außergewöhnlichen Schönheit das Begehren des Richters. Als Margareta diesen zurückwies, wurde sie gefoltert, blieb aber auf wundersame Weise unverletzt. Die Verbreitung dieses Mirakels im Volk hatte viele Taufen zur Folge, Margareta jedoch wurde um 304 n. Chr. enthauptet. Der Festtag der Heiligen ist am 20. Juli, dem Beginn der Erntezeit, weswegen sie auch zur Bauernheiligen wurde.

Stadtkirche (St. Margareta), Lengerich.

In der Kirche befanden sich zwei Margaretenaltäre, wie aus zwei Urkunden der Jahre 1327 und 1330 hervorgeht. Der eine stand vor dem wundertätigen Bildnis der Heiligen. Auch eine der hl. Margareta geweihte, 1505 gegossene Glocke sowie ein ihr gewidmeter Brunnen mit angeblich heilkräftigem Wasser, dessen Standort jedoch nicht gesichert ist, sind Zeugnisse des mittelalterlichen Margaretenkults. Das Standbild der Heiligen, über dessen Aussehen oder Positionierung in der Kirche nichts Sicheres bekannt ist, wurde nach der Reformation abgenommen und vermutlich zerstört. Damit endeten auch die Pilgerfahrten.

Im Innern der Kirche befinden sich heute noch drei Epitaphe aus dem 16. Jh., darunter das des Ehepaares Münster zu Vortlage sowie eines aus dem 18. Jh.

Der sog. Römer in Lengerich vom Kirchplatz aus gesehen.

2 *Römer*

Der sog. Römer von Lengerich ist das Wahrzeichen der Stadt. Es handelt sich um den Rest eines Torhauses, dessen älteste Bauelemente vermutlich aus der Zeit um 1250 stammen. Wahrscheinlich verband das Tor den Markt mit dem westlich anschließenden Kirchplatz. Es besteht aus dem eigentlichen Torhaus

(13. Jh.), einem südlich angrenzenden zweigeschossigen Fachwerk-speicher (um 1600) sowie weiteren Anbauten im Norden (1671) und Osten (18./19. Jh.). Im 18. Jh. waren alle Gebäudeteile auf drei Stockwerke erhöht und miteinander durch Treppen verbunden.

Im Laufe der Geschichte hatte der Römer verschiedene Funktionen inne: Rathaus mit Arrestzellen (1851–84), Klassenzimmer (1900–07), Lagerraum und Wohnung. Heute befindet sich im Innern ein kleines Restaurant.

3 Haus Vortlage

Zunächst Lehnsgut der Münsteraner Bischöfe und später Sitz eines Ministerialen der Grafen von Tecklenburg, wurde die Wasserburg vom 13. bis ins 17. Jh. von der Adelsfamilie von Münster zu Vortlage bewohnt. Für die Besitzer Gerhard von Münster zu Vortlage (†1567) und seine Frau Anna (†1568) existiert in der Lengericher Stadtkirche ein prunkvolles renaissancezeitliches Epitaph. Haus Vortlage war auch Geburtsort sowie zeitweiliger Wohnsitz des Reformators Johann von Münster zu Vortlage. Seit Anfang des 18. Jh. wechselten die adeligen Eigentümer, bis das Anwesen 1830 in Privatbesitz gelangte.

Das heutige Herrenhaus mit Gräftenanlage (Gräfte = Wassergraben) wurde im 18. Jh. erbaut und 1830 sowie 1912 verändert und umgebaut. Die Zufahrt erfolgt über eine barocke Brückenanlage aus dem 18. Jh. Das Anwesen befindet sich in Privatbesitz und

Die Fachwerkmühle vor Haus Vortlage von 1782.

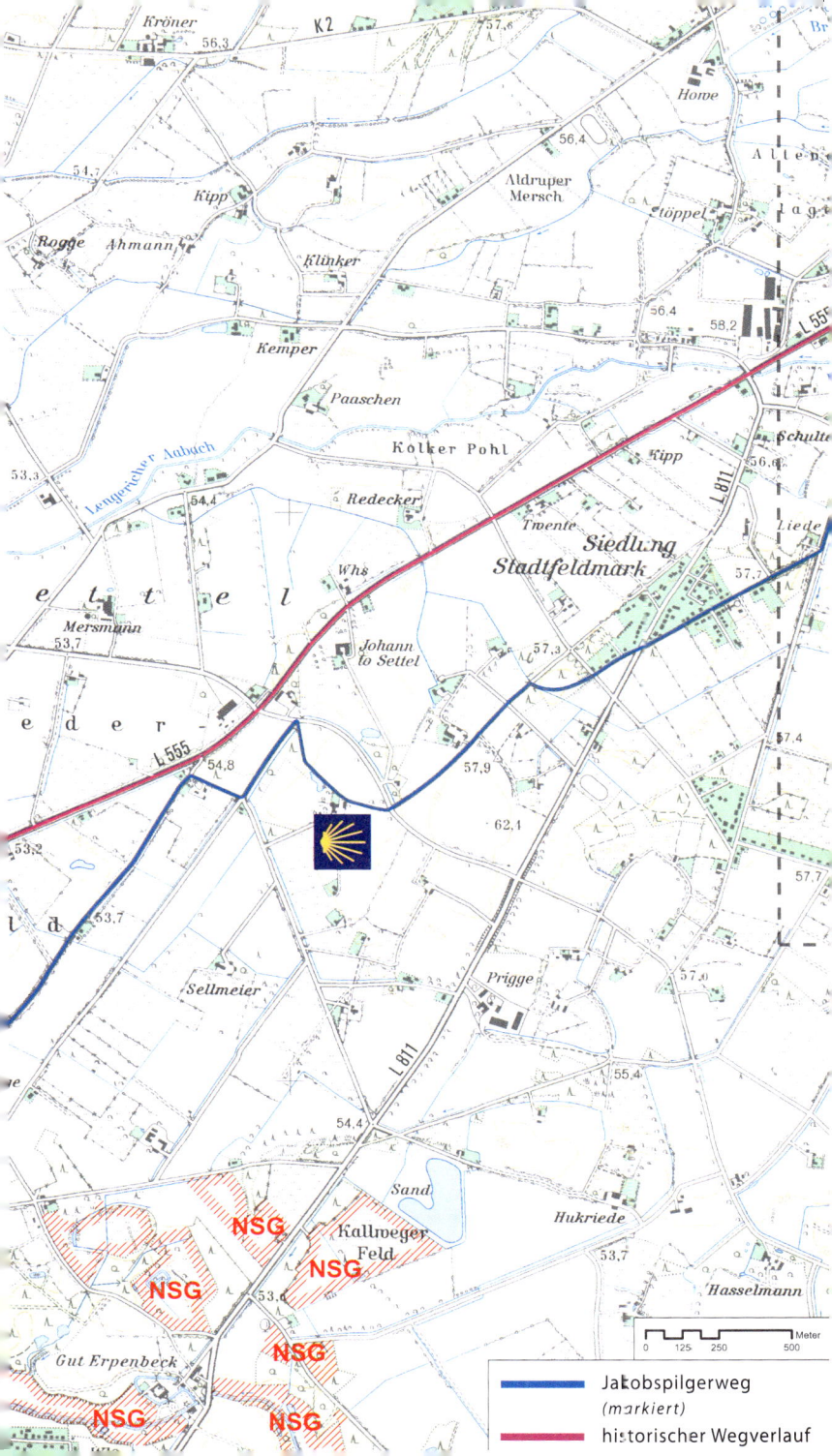

Jakobspilgerweg
(markiert)

historischer Wegverlauf

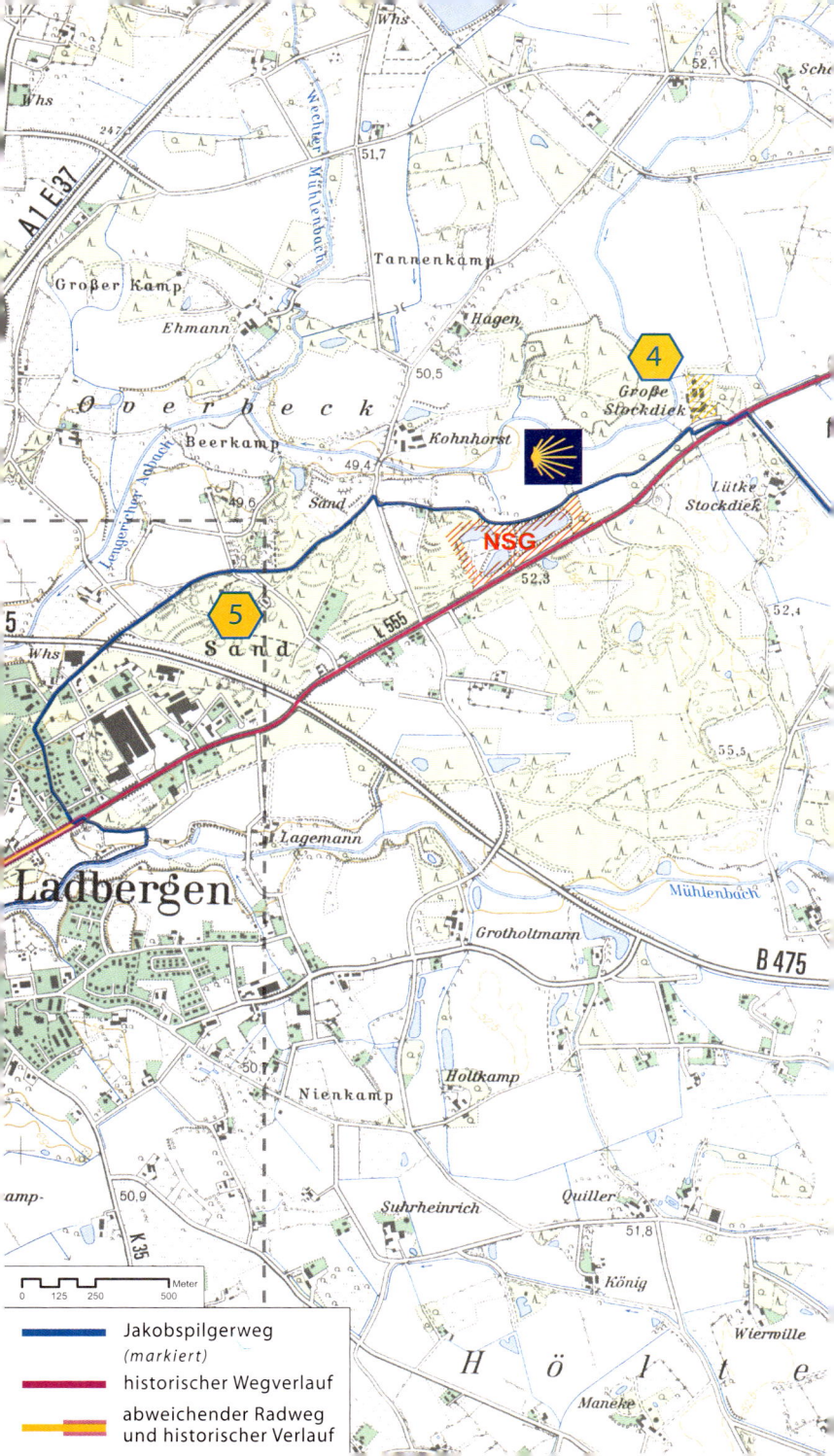

Jakobspilgerweg
(markiert)

historischer Wegverlauf

abweichender Radweg
und historischer Verlauf

kann nur von außen besichtigt werden. Westlich steht eine 1782 errichtete Fachwerkmühle, deren Stauwehr noch heute den Wasserstand reguliert.

4 Hof Große Stockdiek

Den mit markanten Eichen bestandenen und mit einer alten Natur-
steinmauer versehenen Hof passiert man unmittelbar nach Querung der Landstraße L 555. Hoher Besuch wurde hier am 1. Okto-
ber 1648 in Person des kaiserlichen Gesandten Graf Lamberg be-
wirtet, der sich auf der Reise von Osnabrück nach Münster befand.
Seit 1688 konnten Reisende am Hof Große Stockdiek, der nun End-
station für die Münsterschen und die Osnabrücker Postwagen war,
umsteigen. Ein Teilstück der alten Chaussee (→ S. 123) ist hier gut
sichtbar erhalten.

5 Dünenbereiche

Sanddünenbereiche sind in der Münsterländer Bucht relativ häufig
anzutreffen. Vegetationskundlich handelt es sich dabei meist um
Standorte des trockenen Eichen-Birken-Waldes. Dieser steht in der
Regel auf jung aufgeschütteten Flugsandgebieten, aber auch im
Bereich eiszeitlicher Schmelzwassersande oder von Flussablage-
rungen (Ems). Die hier früher verbreiteten Heiden sind heute meist
mit Kiefern aufgeforstet. Oft handelt es sich um relativ kleine Wald-
bestände in bäuerlichem Besitz.

Auf dem
Dünenzug
vor Ladber-
gen sind
noch einzel-
ne bronze-
zeitliche
Grabhügel
erhalten.

LADBERGEN → MÜNSTER

Wegbeschreibung und Hinweise   **31 km**

Startpunkt: Ladbergen, Evangelische Stadtkirche.
Hinweis: Für Pilger, denen die Etappe zu lang ist, bietet sich
in Greven-Schmedehausen eine Unterkunftsmöglichkeit
(→ Anhang S. 232 und Karte S. 80).
Schwierigkeitsgrad: Leicht.
Radstrecke: Fast identisch: In den Bockholter Bergen folgt der
Radweg an der Kreuzung mit der L 588 nicht dem Fußweg
nach Osten, sondern der Landstraße nach Westen, unter der
L 587 hindurch und dann der Kreisstraße K 55 („Fuestruper Stra-
ße") nach Süden bis zum ausgeschilderten Fußweg.

Rund einen Kilometer nach dem
Start in Ladbergen gelangt man in
die Nähe der BAB 1, die heute die
schnellste Nord-Süd-Verbindung
in dieser Region darstellt. Danach
geht es an den typischen **Wallhecken** (→ S. 62) und Höfen des
Münsterlandes vorbei, das auch
für seine Tier- und Pferdezucht
bekannt ist.

Kurz vor dem **Dortmund-Ems-Kanal (7)**, dem der Wanderer im
weiteren Verlauf der Strecke immer wieder begegnet, kreuzt der Pilgerweg die ehemalige Landesgrenze zwischen der Grafschaft Tecklenburg und dem Fürstbistum Münster. In **Schmedehausen (4)**
erreicht er die Gastwirtschaft **Eltingmühle (5)** und kurz danach die
gepflegte **Erbbegräbnisstätte** (→ S. 81) des Hofes Schulze Elting.
Der Weg führt schließlich durch das Naturschutzgebiet **Boltenmoor (6)** zur sog. „Alten" und „Neuen Fahrt", wo der Kanal die Ems
überquert. Im weiteren Verlauf gelangen die Pilger zur Ems, die ein-
schließlich ihrer Aue großflächig unter Naturschutz gestellt worden
ist. Über die ehemalige **Wallburg Haskenau (8)** geht es weiter zur
Havichhorster Mühle (9) und zur Sudmühle (s. auch Tafel zum Ka-
millianerorden auf der Brücke). Eine über 80 Jahre alte Roteichen-

Links: Der
Dortmund-
Ems-Kanal
prägt heute
den Raum
zwischen
Ladbergen
und Münster.

allee säumt den Weg zur **Dyckburg (10)**. Lohnenswert ist ein Abstecher zum **Vorsehungskloster (11)**, heute Kloster und Gymnasium. Der Dortmund-Ems-Kanal wird in Höhe der Schleuse Münster erneut gequert. Auf dem Hörster Platz stand früher eines der Stadttore Münsters, durch das der Weg an der **Martinikirche** vorbei (→ S. 108) in die

Typische Weidewirtschaft.

sehenswerte Altstadt von Münster führt, der Heimat von Annette von Droste-Hülshoff („Et gieft män een Mönster").

Pilger- und Wegespuren ...

Die alte Fernstraße führte zwischen Ladbergen und Münster über die Bauerschaft **Schmedehausen**, deren Name (*smithehuson*) auf das Vorhandensein einer Schmiede seit dem 11. Jh. hinweist, die von vorbeiziehenden Reitern und Kutschen lebte. An der **Eltingmühle**, wo seit 1400 ein Zoll erhoben wurde, überquerte die Straße den Eltingmühlbach (früher *Smedesbeke*) und lief dann durch die Kroner Heide weiter Richtung Münster. Vor dem Eintritt in die Heide lag die Gastwirtschaft **Landskrone** am Weg, deren Ursprung mindestens bis in das 15. Jh. zurückverfolgt werden kann.

Die Abzweigung des Pilgerweges vom Postdamm bei Greven.

1776 wurde in der weitläufigen Heide erstmalig ein Damm, der **Postdamm**, künstlich aufgeschüttet, um den Verkehr auf eine Spur festzulegen. Am Ende des Postdammes passierte die Straße den Schlagbaum einer Landwehr. In der Bauernschaft Fuestrup, an der alten **Schifffahrt**, befand sich eine Furt und – wie der Name andeutet – später eine Fähre über die Ems (ungefähr zwischen Kanal und Wersemündung). Im späten Mittelalter wurde hier eine Brücke errichtet, an der seit 1521 Zoll eingenommen wurde. Etwas südlich der Emsfurt liegt die Wallburg Haskenau, die spätestens seit der Errichtung der Turmhügelburg im 13. Jh. eine Kontrollfunktion über die westlich von Ems und Werse verlaufende Straße sowie den Emsübergang ausübte. In der Nähe der Havichhorster Mühle stieß die Landwehr der Kirchspiele Gelmer und St. Mauritz an die Werse.

Die Handelsstraße, die anders als der Pilgerweg auf der Westseite der Werse verlief, traf westlich von Haus Havichhorst im Bereich der Landstraße 587 auf den städtischen Schlagbaum, der hier von einem Bediensteten der Stadt Münster ständig bewacht wurde. Über den „Schiffahrter Damm" (1575: „hellweg", 1585: „Osnabrückische Helweg") und den „Bohlweg", dessen Name von seinem früheren Belag aus Bohlen (Holzbretter) oder Bollen (Kieselsteinen) herrührt, gelangte die Straße an das Hörster Tor, durch das sie das Stadtzentrum von Münster erreichte.

Ein Teilstück der Landwehr nahe der Havichhorster Mühle.

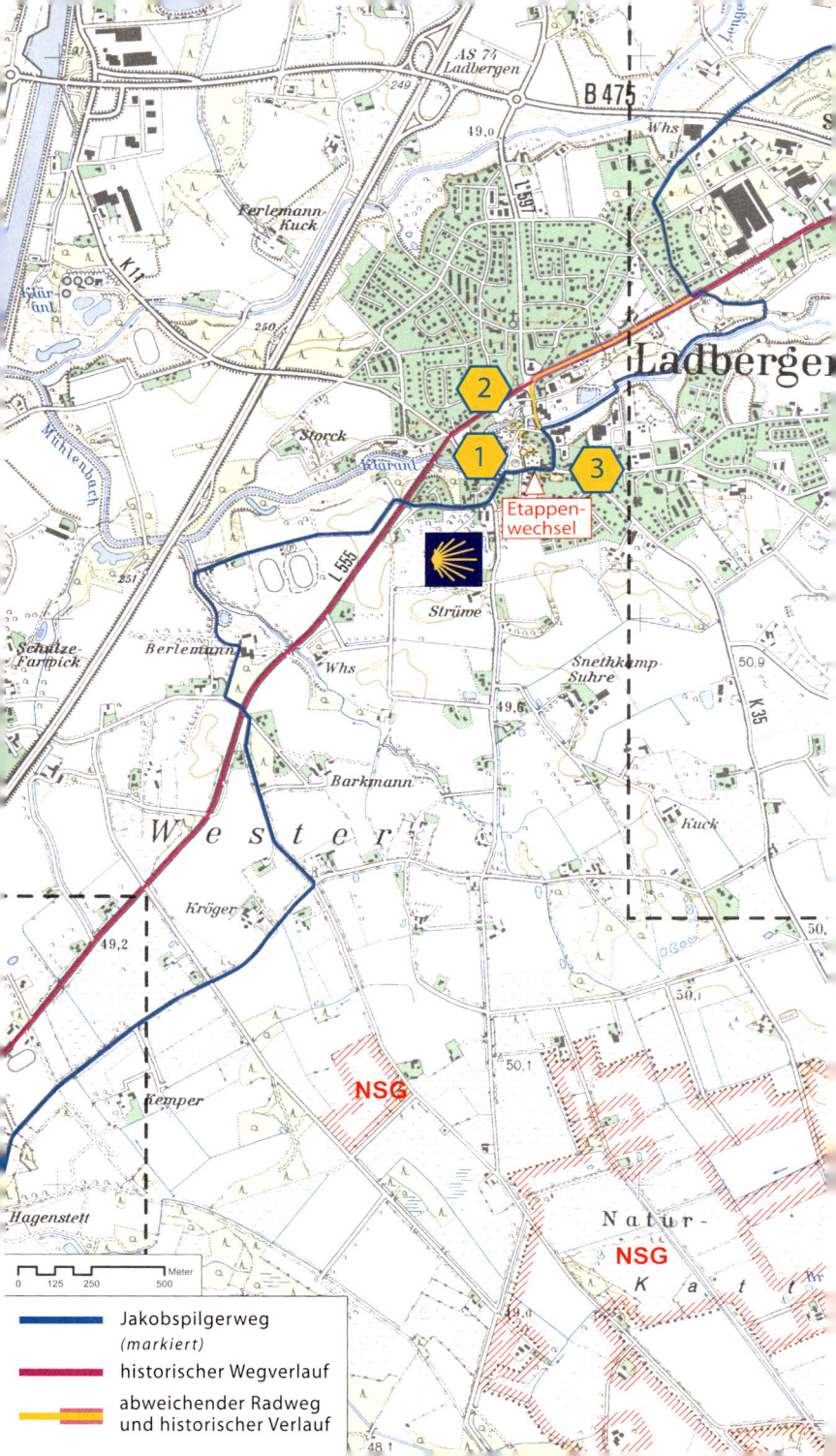

Jakobspilgerweg
(markiert)

historischer Wegverlauf

abweichender Radweg
und historischer Verlauf

Ladbergen

Das heutige Ladbergen zählt rund 6.400 Einwohner. Die Ersterwähnung in einer Urkunde des Klosters Freckenhorst geht auf das Jahr 950 zurück. 1149 wird Ladbergen eigenständiges Kirchspiel, welches zunächst zum Bistum Münster gehörte, um 1170 jedoch dem Bistum Osnabrück zugesprochen wurde. 1246 versammelten sich in Ladbergen Vertreter der Städte Münster, Osnabrück, Minden und Herford, um den „Ladberger Marktbund", einen Vorläufer der späteren Hanse, zu gründen. Durch die politische Zugehörigkeit zur Grafschaft Tecklenburg wurde Ladbergen nach der Reformation evangelisch. Erst nach dem Zweiten Weltkrieg bildete sich wieder eine katholische Gemeinde.

Ladbergen.

Im Dreißigjährigen Krieg wurde der Ort stark zerstört, dennoch spielte er in der Zeit der Friedensverhandlungen (→ S. 50) wegen seiner Lage zwischen Osnabrück und Münster eine Rolle. 1707 fiel Ladbergen an Preußen und gehörte fortan zur Provinz Westfalen. Die verkehrsgünstige Lage am Dortmund-Ems-Kanal wurde der Gemeinde im Zweiten Weltkrieg zum Verhängnis, als der Kanal an der Durchlassstelle des Mühlbaches Ziel massiver Luftangriffe war.

Afrouper

In Ladbergen erinnert das bronzene Denkmal des „Afroupers" an einen alten Brauch: Bis 1965 wurden hier sonntags nach dem Kirchgang die amtlichen Bekanntmachungen ausgerufen. Der Ausrufer oder Afrouper stand erhöht auf dem sog. Verkündstein vor der Kirche. Heute steht der Stein in der Nähe des Denkmals an der Bücherei.

Detail der Bronzestatue vom Afrouper in Ladbergen.

1 Evangelische Kirche Ladbergen

Die West-
front der
Kirche von
Ladbergen.

Bis zur Erhebung Ladbergens zum Kirchspielort im 12. Jh. gab es vermutlich eine Kapelle, die spätestens zu diesem Zeitpunkt durch eine kleine frühgotische Kirche mit einschiffigem Langhaus ersetzt wurde. Zwei Schlusssteine der Kreuzgewölbe sind an der Südseite des Pfarrhauses verbaut worden. 1854 begannen die Arbeiten für einen Neubau am heutigen Standort, da das alte Gotteshaus zu klein und stark verfallen war. Die Steine wurden zum neuen Bauplatz gebracht und dort für die Fundamente der wesentlich größeren Kirche verwendet. Auf beiden Seiten des Langhauses mit Emporensaal und hölzernem, offenem Dachstuhl wurden Treppengiebel angebracht, der Turm im Westen wurde 1892 ergänzt.

2 Dorfmühlen

Die kleine südlichere Mühle („Lütke Mühle") wurde 1748 als königliche Kornmühle errichtet. An das Erbauungsdatum erinnert heute

Alte Was-
sermühle
am Müh-
lenbach in
Ladbergen.

noch im linken Eckpfosten die eingearbeitete Jahreszahl mit dem Zeichen FR für „Fridericus Rex". Bis zur Jahrhundertwende diente das Fachwerkgebäude als Mahlmühle und später als Stellmacherei.

Das nördliche Mühlengebäude wurde im Jahr 1890 durch einen ebenfalls in Fachwerk ausgeführten Neubau mit neuer Turbinenanlage ersetzt. 1964 kaufte die Brauerei Rolinck beide Ladbergener Mühlen auf und richtete dort nach gründlicher Renovierung ein Restaurant bzw. ein Café ein.

3 Gasthaus „Zur Post"

In diesem alten Fachwerkbau aus dem 18. Jh. fanden 1643 erste Vorverhandlungen zur Beendigung des Dreißigjährigen Krieges statt (→ S. 50). Wenig später wurde in Ladbergen eine Poststation eingerichtet, die 1871 in den heutigen Gasthof umzog. Hier befanden sich Stallungen für bis zu zwölf Pferde, für die Fahrgäste der Postkutschen standen Fremdenzimmer bereit.

Bis 1918 war der Gastwirt, Bäcker und Gemeinderechner Heinz Schulze-Freckling auch Postagent. Seine Nachfahren führen noch heute das Hotel, das weithin bekannt ist für seine westfälische Küche.

Das Gasthaus 1643, dargestellt auf Kacheln in der ehemaligen Hofeinfahrt.

4 Kirche „Zu den heiligen Schutzengeln" (Greven-Schmedehausen)

Erstmals genannt wird die Bauernschaft Schmedehausen in der sog. Freckenhorster Heberolle aus dem 10. Jh. als „smithehuson". Diesen Namen verdankt sie einer alten Schmiede, die hier an der alten Fernstraße zwischen Osnabrück und Münster gelegen hat.

Bis ins 19. Jh. mussten die Bewohner der Bauernschaft in das gut zweieinhalb Stunden Fußweg entfernte Greven zur Kirche gehen. Erst 1859 konnte mit der Stiftung von Kapital und einem Baugrundstück durch den Schulten Elting (vgl. Eltingmühle) sowie weiteren Geldsammlungen der Grundstein für eine Kapelle gelegt wer-

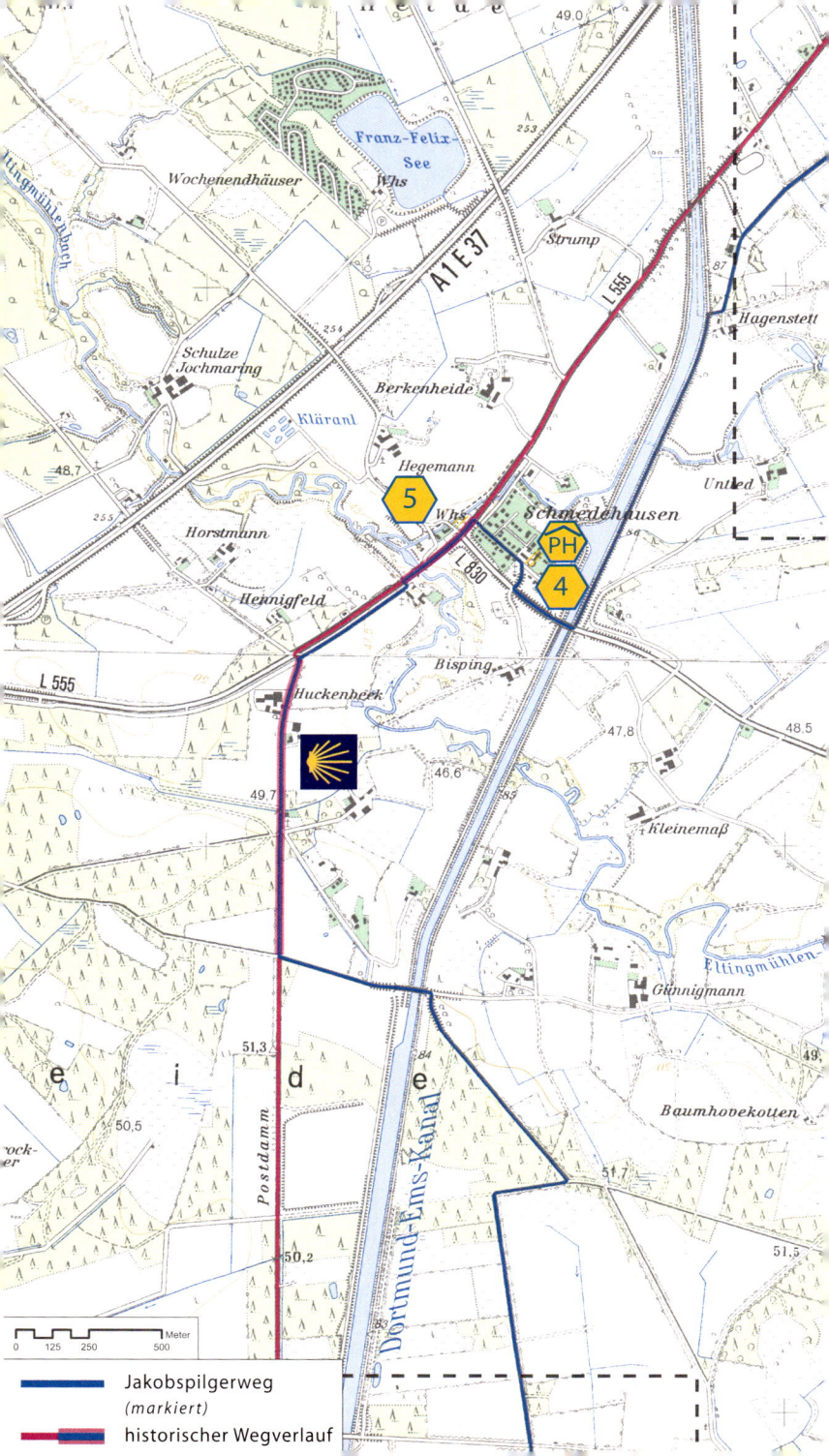

Jakobspilgerweg
(markiert)

historischer Wegverlauf

den. Der damalige Pfarrer in Greven stand dem Bau kritisch gegenüber, da „ein Frühgottesdienst in einer weit vom Pfarrort gelegenen Bauerschaftskapelle viele dahin bringe, sich die übrige Zeit der heiligen Tage im Wirtshaus, am Spieltisch, mit Besuchen und Zusammenkünften oder gar mit Wilddiebereien zu vertreiben". Unter großem ehrenamtlichem Engagement der Anwohner konnte das Gotteshaus 1860 geweiht werden. Die Kapelle untersteht bis heute der Pfarrgemeinde Greven (St. Martinus). Als Patrone wurden die hl. Schutzengel bestimmt.

Die Schutzengelgruppe an der Außenseite der Kirche in Greven-Schmedehausen.

Kreuze und Erbbegräbnisse

Hofkreuze und Bildstöcke, meist pfeiler- oder säulenförmig mit Christusfigur oder dem Bild eines Heiligen, sind ein weit verbreitetes Phänomen in katholischen Regionen. Ihre Stifter errichteten sie als Zeichen ihres Glaubens, der Dankbarkeit oder um ein Gelübde einzulösen, etwa bei der Geburt eines Hoferben, nach Todesfällen oder nach der Rückkehr aus dem Krieg. Einige wurden auch erbaut, um Segen für die Familie, Haus und Hof, Vieh und Feld zu erbitten.

Wegekreuze, deren Bezeichnung schon ihren Standort an Straßen angeben, erinnern häufig an Unglücke oder Verbrechen. Viele dienten auch zur Kennzeichnung schwieriger Stellen oder als Hinweise auf Wegekreuzungen.

Erbbegräbnis am Hof Schulze Elting.

Einen anderen geschichtlichen Hintergrund haben die sog. Erbbegräbnisstätten an den Zufahrten zu westfälischen Bauernhöfen. Diese meist mit einem Christuskreuz oder einem Marienbildnis ausgestalteten Anlagen sind erst ab dem ausgehenden 18. Jh. entstanden: In Preußen erhielten Familien mit eigenem Hausbesitz ab 1771 das Recht, Privatgrabstätten anzulegen

5 *Eltingmühle*

An der Eltingmühle in Schmedehausen querte der Eltingmühlenbach, der im Mittelalter noch „Smedesbeke" (Schmiedebach) hieß, die Fernstraße Osnabrück – Münster. Wahrscheinlich wurde hier schon um 1400 Zoll erhoben, obwohl die Mühle selbst erst 1498/99 genannt wird. Seit dem 17. Jh. ist sie Pachtgut des Domkapitels zu Münster. Im 19. Jh. befand sich hier eine Posthalterei, in der die Postpferde gewechselt wurden. Die Besitzerfamilie Tümler errichtete zusätzlich zur Kornmühle eine Sägemühle. Heute befinden sich hier ein Restaurant-Café und eine Tankstelle.

Linden vor der Elting-mühle.

6 *Naturschutzgebiet Boltenmoor*

Im rund 10 ha großen Boltenmoor wurde der Torf früher in mühevoller Handarbeit als Brennmaterial gestochen. Die Lage in einer von Emsdünen umgebenen feuchten Mulde ohne natürlichen Abfluss (sog. Kesselmoor) hat die Moorentwicklung begünstigt, denn bei ständigem Wasserüberschuss durch Niederschläge und Mineralbodenwasser bauen sich abgestorbene Pflanzen wegen des Sauerstoffmangels nur unvollständig ab und werden schließlich als Torf abgelagert. Verantwortlich für das Moorwachstum sind vor al-

Offene Wasserflä-che im Na-turschutz-gebiet Bolten-moor.

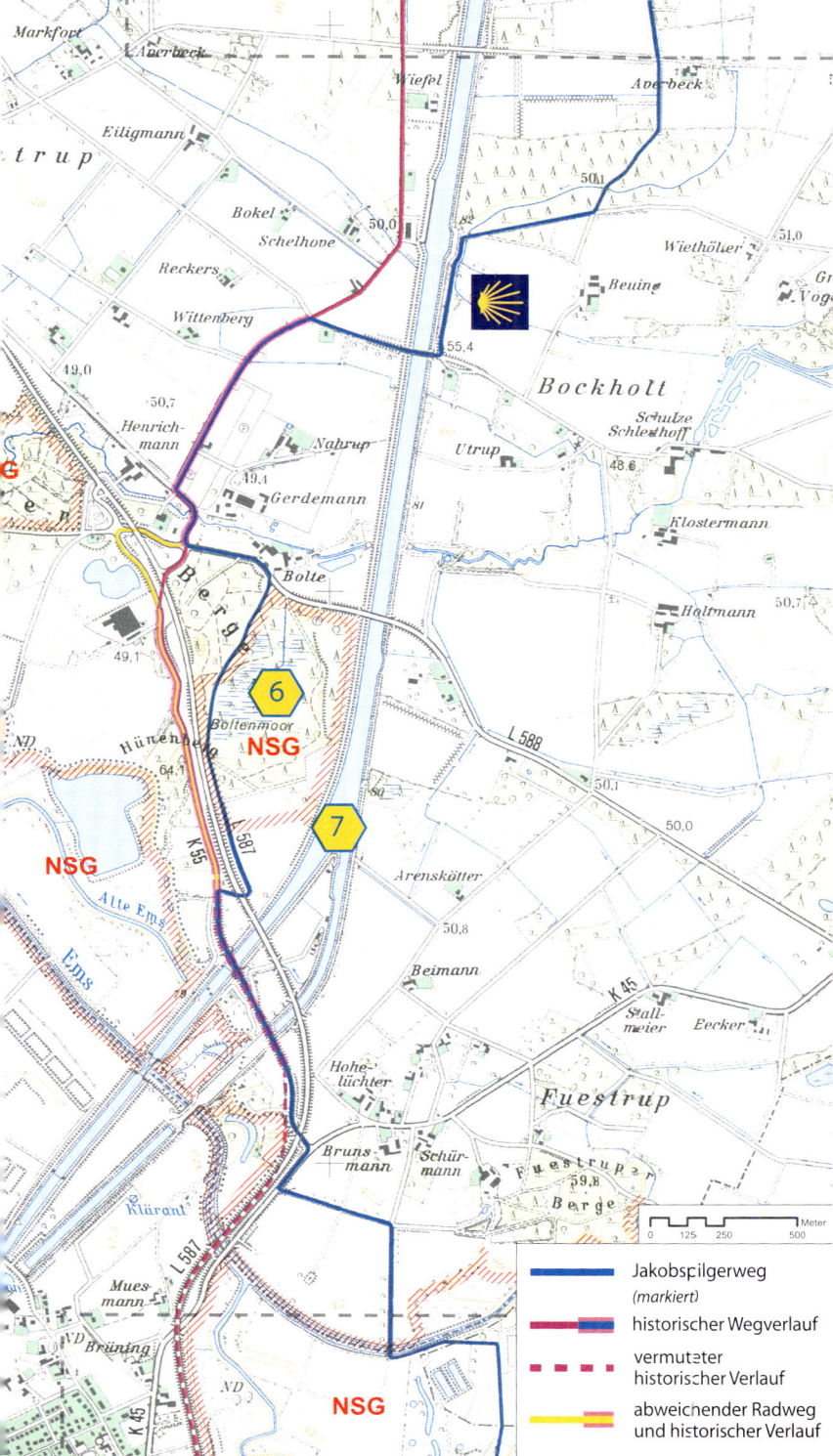

Jakobspilgerweg
(markiert)
historischer Wegverlauf
vermuteter
historischer Verlauf
abweichender Radweg
und historischer Verlauf

lem Torfmoose, die an der Spitze wachsen, während der untere Teil abstirbt.

Der Abbau von Torfschichten durch das Anlegen von Entwässerungsgräben stellt einen folgenschweren Eingriff dar, durch den das Moor meist irreversibel geschädigt wird. Die Torfmoose trocknen aus und sterben ab, dafür siedeln sich Birken und Kiefern an, die dem Boden weitere Feuchtigkeit entziehen und die lichtbedürftigen Moorpflanzen beschatten.

Diese Entwicklung hat auch im 1950 unter Naturschutz gestellten Boltenmoor stattgefunden. Die Entwässerungsgräben wurden zwar wieder geschlossen, was einen Anstieg des Wasserstandes zur Folge hatte, dennoch wachsen hier immer noch zahlreiche Birken, die die Torfbildung stark verlangsamen. Auch bei idealen Bedingungen beträgt das Moorwachstum nur wenige Millimeter im Jahr. Trotz dieser Einschränkungen finden sich im Boltenmoor heute noch typische Moorpflanzen wie Moosbeere und Wollgras. Nicht nur das Moor, sondern auch die umgebenden Dünen, in denen im Mai der seltene Siebenstern blüht, wurden unter Schutz gestellt. Auf den sandigen Dünenarealen wachsen anspruchslosere Pflanzen wie die Sandsegge oder der Frühlingsspark. Hier leben auch viele Wildbienen, die im lockeren Sand ihre Bruthöhlen graben.

7 *Dortmund-Ems-Kanal*

Der 265 km lange Dortmund-Ems-Kanal wurde 1892–1899 zwischen dem Dortmunder Stadthafen und der Emsmündung bei Em-

Die teilweise trockengelegte „Alte Fahrt".

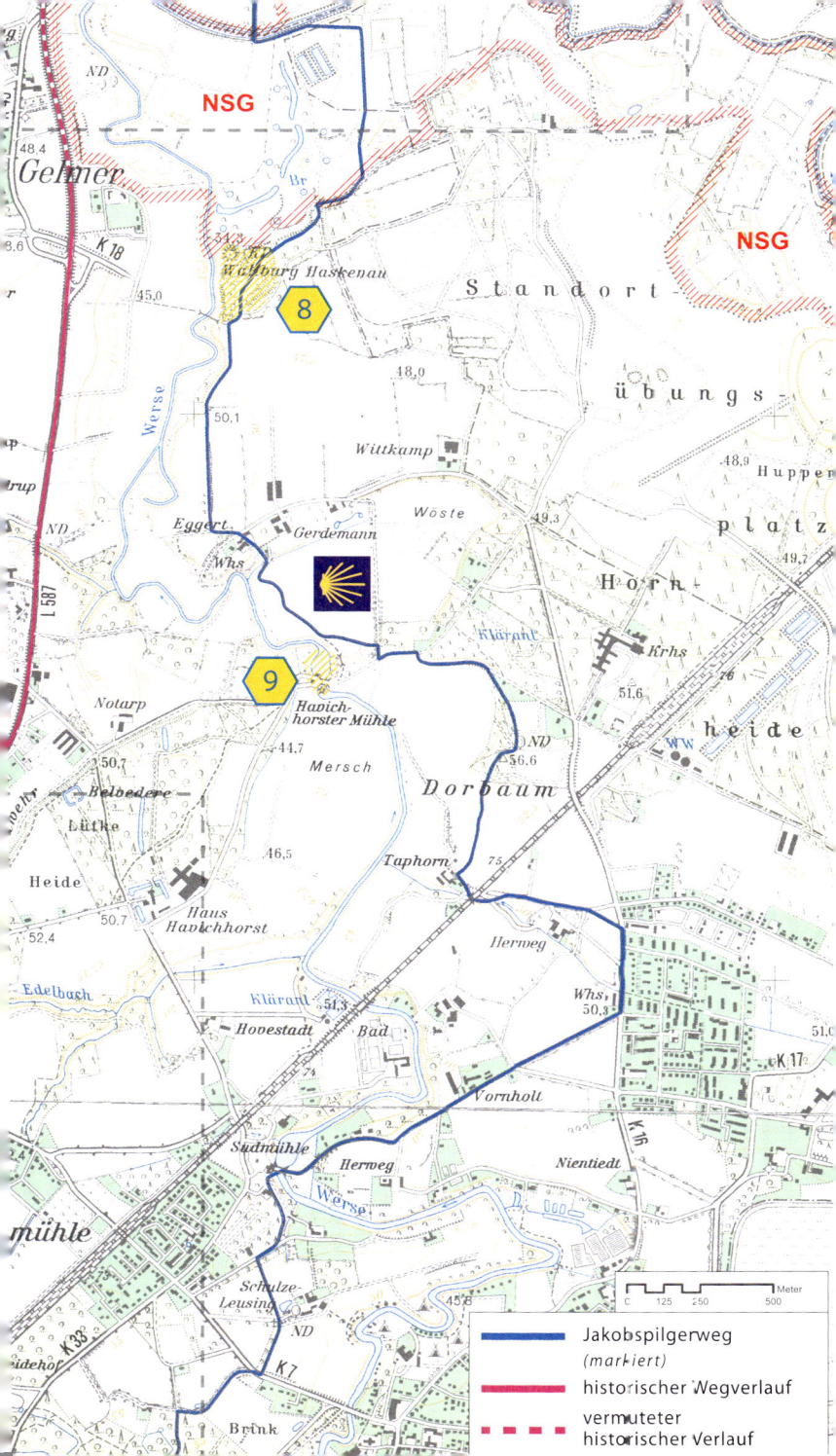

den gebaut. Er sollte die Eisenbahn entlasten, die gegen Ende des 19. Jh. nicht mehr in der Lage war, die Transporte (besonders Kohle und Erze) aus und in das Ruhrgebiet allein zu bewältigen. Im Zuge des Kanalverlaufs werden die Flüsse Lippe, Stever und Ems auf Brücken überquert. An der Schifffahrt bei Fuestrup musste der Kanal über die Ems geführt werden, die hier ursprünglich in vielen Windungen verlief. Dazu wurde eine steinerne Brücke zunächst mit vier Bögen von je 12 m Spannweite neben den Fluss gebaut und dieser dann begradigt darunter hergeleitet. Das steigende Verkehrsaufkommen und die zunehmende Größe der Schiffe machten 1939 einen Ausbau notwendig. Zu diesem Zweck wurde parallel zur bestehenden eine komplett neue Kanalbrücke gebaut. Nach Abschluss der Arbeiten wurde die „Alte Fahrt" für den Schiffsverkehr gesperrt und aus Sicherheitsgründen trockengelegt. Seit 1968 ist der Kanal für das Europaschiff mit einer Tragfähigkeit von 1.350 t freigegeben. In den letzten Jahren liefen an der „Neuen Fahrt" erneut Arbeiten zur Verbreiterung des Kanalbettes.

8 *Wallburg Haskenau*

Heute noch an teils mächtigen Erdwällen erkennbar und als Denkmal unter Schutz gestellt, lag die Wallburg Haskenau einst hervorragend geschützt im Mündungswinkel von Werse und alter Ems. Es handelt sich um eine komplexe, in mehreren Phasen entstandene Befestigungsanlage, in deren Nordwestecke sich ein gewaltiger Hü-

Der Turmhügel der Wallburg Haskenau auf einem um 1940 entstandenen Foto.

gel von 38 m Durchmesser und einer erhaltenen Höhe von 5–6 m befindet. Vorgelagert sind ein innerer und ein äußerer Befestigungswall sowie ein kleinerer Annexwall im Süden der Anlage. Der äußere Befestigungsring gehörte vermutlich zu einer frühmittelalterlichen Siedlung der Karolingerzeit, die von einem Spitzgraben mit innenseitig stehender Palisade umgeben war. Später wurde er durch einen doppelten Außenwall mit zugehörigem Graben erweitert. Der innere Wall mit Spitzgraben sowie der aufgeschüttete Hügel sind wahrscheinlich zeitgleich errichtet worden.

Auf der Erhebung befand sich ursprünglich ein Gebäude aus Stein bzw. mit Steinfundament, das als Wohnsitz diente. In der Vorburg innerhalb des Walles lagen die Wirtschaftsgebäude. Die Burganlage, eine sog. Motte, wurde im 11. oder frühen 12. Jh. erbaut. Funde deuten auf eine Hauptnutzungsphase im 13. Jh. hin. In dieser Zeit wurde auch der kleine Annexwall im Süden errichtet, der die jüngste Ausbaustufe darstellt. Zwar wird die „Hasekenauw" erstmals 1611 in einer Güteraufzählung genannt, sie kann aber mit dem bereits 1226 als Rittersitz in Urkunden genannten „Sconowe" gleichgesetzt werden, was mit den archäologischen Ergebnissen übereinstimmt. Jüngere Funde legen eine zumindest zeitweilige Nutzung bis ins 16. Jh. nahe.

Die rustikalen Absperrungen sollen Mountainbiker daran hindern, das Bodendenkmal weiter zu beeinträchtigen.

9 *Havichhorster Mühle mit Nepomukstatue*

Havichhorster Mühle.

Die im Jahre 1318 erstmals urkundlich erwähnte Havichhorster Mühle gehört zu dem bereits 1032 erwähnten bischöflichen Besitz Gut Havichhorst, welches sich auf der westlichen Seite der Werse befindet. Der sehenswerte Gutshof, der heute Tagungszentrum ist, lohnt durchaus einen Abstecher. 1534 gingen Gut und Kornmühle in den Besitz des Domkapitels über, wurden dann aber 1803 während der Säkularisation vom preußischen Staat eingezogen und an einen Pächter verkauft.

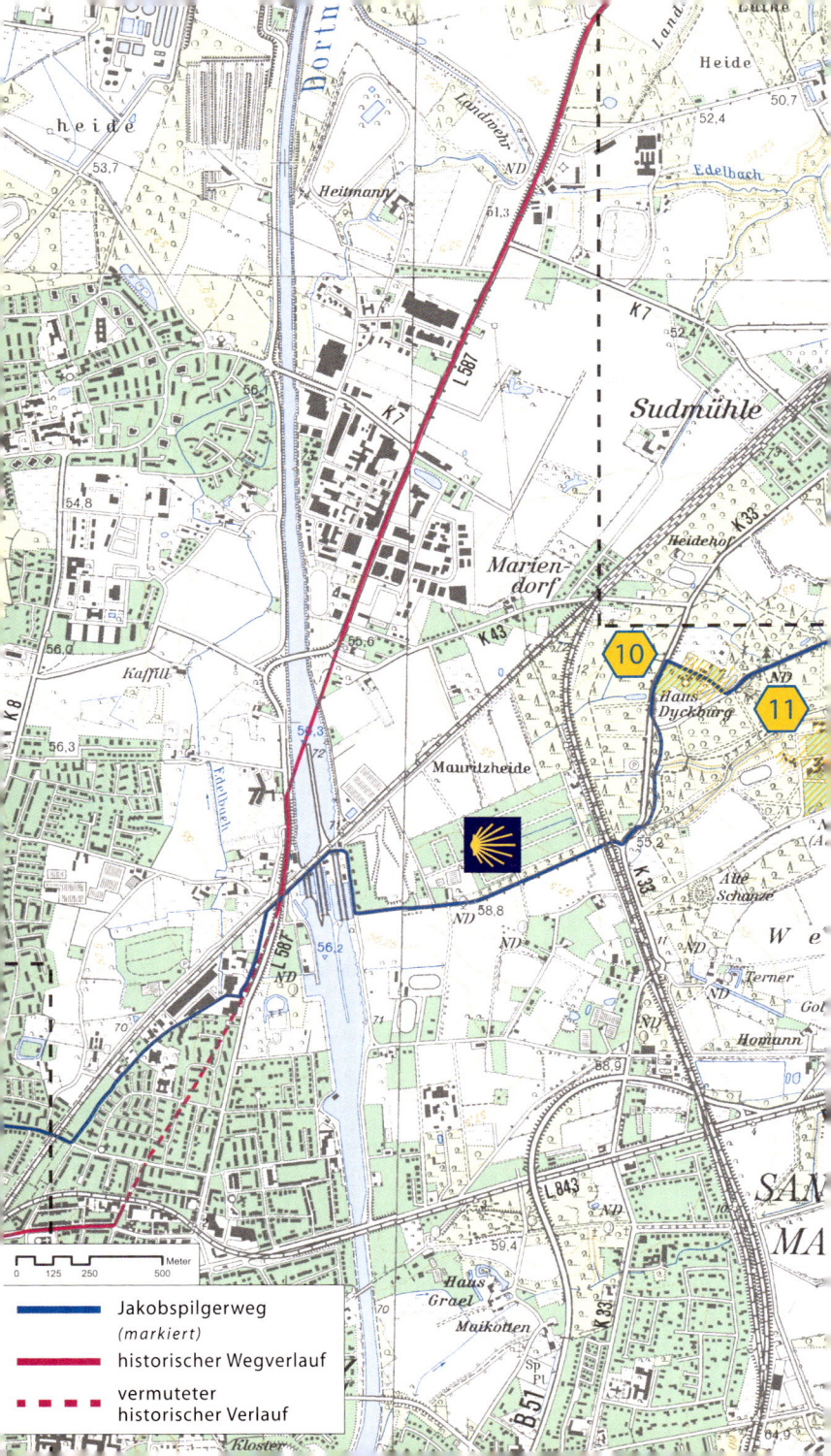

Jakobspilgerweg
(markiert)

historischer Wegverlauf

**vermuteter
historischer Verlauf**

Mühlenkolk
unterhalb
des Stau-
wehrs.

Seit 1988 betreiben die Stadtwerke Münster an der Mühle ein Wasserkraftwerk mit einer jährlichen Leistung von 240.000 kWh Strom. An dem imposanten Stauwehr wacht eine Statue des Brückenheiligen Nepomuk über die Werse.

Hl. Nepomuk

Johannes von Pomuk (*ne Pomuk*) wurde um 1350 bei Pilsen geboren. Er studierte Theologie und Jura. Ab 1390 war er Generalvikar der Diözese Prag. Durch sein energisches Auftreten geriet er immer stärker in Konflikt mit Wenzel IV., Kaiser des Heiligen Römischen Reiches Deutscher Nation. Am 20. März 1393 wurde Johannes Nepomuk nach schwerer Folter von der Prager Karlsbrücke in die Moldau gestürzt. Die Hintergründe für diese Eskalation sind nicht vollständig geklärt. Neben Auseinandersetzungen um die Vorherrschaft von Kirche oder Staat waren scheinbar noch andere Gründe dafür entscheidend. So soll Johannes Nepomuk ermordet worden sein, weil er sich als Beicht-

Nepomukstatue an der Werse
bei der Havichhorster Mühle.

vater von Königin Johanna geweigert habe, das Beichtgeheimnis zu brechen. 1693 wurde auf der Karlsbrücke in Prag sein Standbild errichtet. Seither wird er als Brückenheiliger verehrt, der u. a. vor Überschwemmungen schützen soll. In ganz Europa findet man an Brücken Nepomukstatuen.

Links:
Esskastanie
am öst-
lichen
Ausgang
von Haus
Dyckburg.

Rechts:
Wirtschafts-
gebäude
des Landsit-
zes Dyck-
burg.

10 *Haus Dyckburg*

1722 erwarb der münstersche Dompropst Friedrich Christian Graf von Plettenberg-Marhülsen vor den Toren der Stadt eine schon im 16. Jh. Dyckburg genannte Wasserburg und beauftragte den westfälischen Barockbaumeister Johann Conrad Schlaun (→ S. 106) mit dem Neubau eines repräsentativen Landsitzes. Verwirklicht wurden nur die beiden Wirtschaftsgebäude und eine der „Santa Casa" (Heiliges Haus) im italienischen Wallfahrtsort Loreto nachempfundene Kapelle (1740). An Letztere wurden später eine Kirche (1894) und eine Grabkapelle (1914) angebaut. Das geplante Herrenhaus kam nie zur Ausführung. Ende des 19. Jh. wurde der Wassergraben bis auf einen kleinen Abschnitt im südöstlichen Bereich zugeschüttet. Die Fläche hinter dem südlichen Wirtschaftsgebäude ist bis heute ein Nutzgarten. Im Osten des Pfarrhauses, unmittelbar an der Zufahrt zu Haus Dyckburg, befindet sich seit einigen Jahren ein „Sinnesgarten", in den ein etwa hundert Meter langer Kreuzweg mit 14 Stationen eingebunden wurde. Der Pfad entlang der Kreuzwegstationen besteht aus verschiedenen Materialien. In der Mitte des Kreuzweges befindet sich eine Feuerstelle, in der das Feuer nur während der Liturgie der Osternacht brennt. Vier Beete bilden den Innenraum, die den vier Elementen nachempfunden sind: Das „Feuerbeet" ist mit roten Blumen und Bäumen bepflanzt, das „Wasserbeet" hat einen kleinen Brunnen, im „Windbeet" sind mehrere Windräder aufgestellt, und im „Erdbeet" sind verschiedene Früchte der Erde versammelt.

11 *Gymnasium St. Mauritz, ehemaliges „Vorsehungskloster"*

Vorsehungs-
kloster in
St. Mauritz
bei Münster.

Am Ende des 19. Jh. wurde für den Orden der „Schwestern von der Göttlichen Vorsehung" etwa fünf Kilometer nordöstlich der Altstadt von Münster eine neugotische Klosteranlage errichtet. Von Anfang an diente diese in Münster als „Vorsehungskloster" bekannte Anlage auch pädagogischen Zwecken. Seit 1971 wird es als privates Gymnasium St. Mauritz in Trägerschaft des Bistums Münster genutzt. Das mächtige, dreigeschossige Klostergebäude wurde 1896 – 97 in der Grundrissform eines doppelten Kreuzes nach Plänen des Münsteraner Architekten Franz Wucherpfennig errichtet. Die Südseite des Hauptgebäudes ist als Schaufassade gestaltet und wird besonders durch die symmetrische Grundkonzeption und einen in der Mittelachse gelegenen Kapellenvorbau mit Spitzbogenportal und Dachreiter betont. Das Erscheinungsbild der alten Park-

anlage wird durch zahlreiche große Lebensbäume, Zypressen und Eiben geprägt. Unmittelbar am Haus steht eine prächtige alte Magnolie.

Detail ober-
halb des
Eingangs-
bereiches.

In einem modernen Gebäudekomplex westlich des ehemaligen Klosters wohnen noch Ordensschwestern, die bis heute die im Norden liegenden ausgedehnten Nutzgärten bewirtschaften.

MÜNSTER → RINKERODE

Wegbeschreibung und Hinweise   17 km

Startpunkt: St. Lamberti, Münster.
Fuß- und Radstrecke: Identisch.
Schwierigkeitsgrad: Leicht.

Nach Besichtigung der Sehenswürdigkeiten **(1 – 8)** rund um den Münsteraner Dom verläuft der Jakobsweg nach Süden in Richtung **Ludgerikirche (9)** und gleichnamigem Kreisverkehr. Dieser liegt bereits südlich der Promenade und damit außerhalb der historischen Stadtmauern. Zunächst über die „Hammer Straße" (B 54), dann über Nebenstraßen führt der Weg in das Geistviertel mit dem imposanten **Wasserturm (10)** und dem ehemaligen Schützenhof-Bunker. Hier steht die Heilig-Geist-Kirche aus dem Jahr 1928/29. Die beschnittenen alten Eschen in der

„Elsässer Straße" dürften noch aus der Entstehungszeit dieser in der ersten Hälfte des 20. Jh. erbauten Siedlung stammen. Wer sich eine besonders malerisch gewachsene Baumreihe aus etwa 80 Jahre alten Zerreichen (*Quercus cerris*) ansehen möchte, sollte der querenden „Saarbrücker Straße" etwa 300 m nach Westen folgen.

In Münster fährt selbst die Polizei mit dem Rad.

   Über die dichte Wohnbebauung des Ortsteiles Berg Fidel erreicht der Weg schließlich den Stadtteil **Hiltrup**. Das „olle Dourp" lag an der alten **Kirche St. Clemens (11)**, während sich das aktuelle Zentrum an der **neuen Clemenskirche (12)** entwickelte. Hinter den beiden Armen des Dortmund-Ems-Kanals befindet sich die noch deutlich sichtbare **Landwehr** zwischen den Kirchspielen Hiltrup, Rinkerode und Amelsbüren. Am **Hiltruper See (13)** vorbei gelangt der Weg in die **Hohe Ward (14)**, ein wichtiges Wassergewinnungsgebiet der Stadt Münster, bevor er nach Süden schwenkt und parallel zur Bahn verläuft. Durch die abwechslungsreiche Landschaft mit ihren alten Eichen-Hainbuchen-Wäldern, Wiesen und Äckern sowie den dazwischen eingestreut liegenden Bauernhöfen wird es aber auch hier bis Rinkerode nicht langweilig.

Links: Der Prinzipalmarkt mit der Kirche St. Lamberti in Münster.

TIPP: Wer nicht an der Bahn entlang wandern möchte, dem bietet sich eine schöne Alternative: Östlich der Bahnlinie folgt man dem Waldweg weiter nach Osten bis zum querenden X 15, dem man in südliche Richtung bis Rinkerode folgt.

Pilger- und Wegespuren ...

Pilgerweg

Einer der wenigen überlieferten Pilger aus Westfalen war ein Bettler, der im 12. Jh. in Münster unschuldig des Diebstahls bezichtigt wurde. Nach Anrufung des hl. Liudger entging er der Strafe, ins Wasser geworfen zu werden – was sicherlich den Tod bedeutet hätte. Zum Dank für seine Errettung pilgerte er nach Santiago de Compostela.

Der durch den weitreichenden Handel hervorgerufene Wohlstand Münsters förderte fromme und gemeinnützige Stiftungen, darunter auch mehrere Armenhäuser und Hospitäler, die durchreisenden Pilgern eine Unterkunft boten. Mitte des 12. Jh. wurde auf einer Aainsel das Magdalenenhospital gegründet, das 1176 eine Maria Magdalena und dem hl. Georg geweihte Kapelle erhielt (1827/28 abgerissen). Von den 13 Armenhäusern, die bis ins 16. Jh. hinein in Münster errichtet wurden, nahm das im Osten vor dem Mauritztor gelegene Marienhospital zumindest zeitweise wohl auch Pilger auf. Spätestens seit dem 14. Jh. übernahm ein Gasthaus in der Nähe der Martinikirche an der Hörsterstraße (Ecke Stiftsherrenstraße) – und damit direkt an der von Norden kom-

Der Dom und die Jakobikirche (rechts) auf einem Gemälde von Herman Pieter Schouten (1747–1822).

menden alten Fernstra-
ße gelegen – die Auf-
gabe, mittellose Frem-
de für eine begrenzte
Zahl von Nächten un-
terzubringen. 1398 er-
scheint es erstmals als
„der pelegrimen hus up
der Horsterstrate".

Muschel
an St. Lam-
berti in
Münster,
gestiftet von
Pilgern nach
der Rück-
kehr aus
Santiago.

Im Zuge der Einrich-
tung von Pfarrbezirken und zugehöriger Kirchen im Laufe des
12. Jh. wurde neben dem Dom eine kleine Kirche errichtet, die das
Patrozinium des hl. Jakobus d. Ä. erhielt (erstmals erwähnt 1207).
Sie diente den Laien-Bewohnern der Domimmunität als Pfarrkirche. Das Patrozinium zeigt die frühe Verehrung des Apostels in
Münster, kann aber nach bisherigem Forschungsstand nicht mit
der Santiago-Pilgerfahrt in Verbindung gebracht werden. Ähnli-
ches gilt für einige Altarstiftungen in den Kirchen St. Ludgeri (1327),
St. Martini (1333), St. Marien/Überwasser (1485) und St. Lamberti
(1607) in Münster.

Die Fernstraße folgte aus Münster heraus dem trockenen Rücken des Kiessandzuges (→ S. 114). Südlich von Hiltrup mehren sich
die Hinweise auf die alte Straße, die darauf hindeuten, dass der

Alte Eschen-
reihe in der
„Elsässer
Straße".

Verlauf ungefähr der heutigen B 54 ent-
sprach. Zwischen den beiden Kanalar-
men, hinter der Emmerbachbrücke,
steht noch heute ein Fachwerkhaus aus
dem Jahr 1712, das im Volksmund das
„Dicke Weib" genannt wird. Hier wurde
nicht nur der Emmerbach mittels Brücke
überquert, sondern ein wenig weiter
südlich war auch der Durchlass durch
die Landwehr. Das Dicke Weib kann bis
in das Jahr 1223 als „tugurium ante pon-
tem" (= Behausung vor der Brücke) zurückverfolgt werden und war nicht nur
Gasthaus (1563: „thom dicken wyve"),
sondern die Betreiber hatten auch den
Schließdienst am Schlagbaum inne.

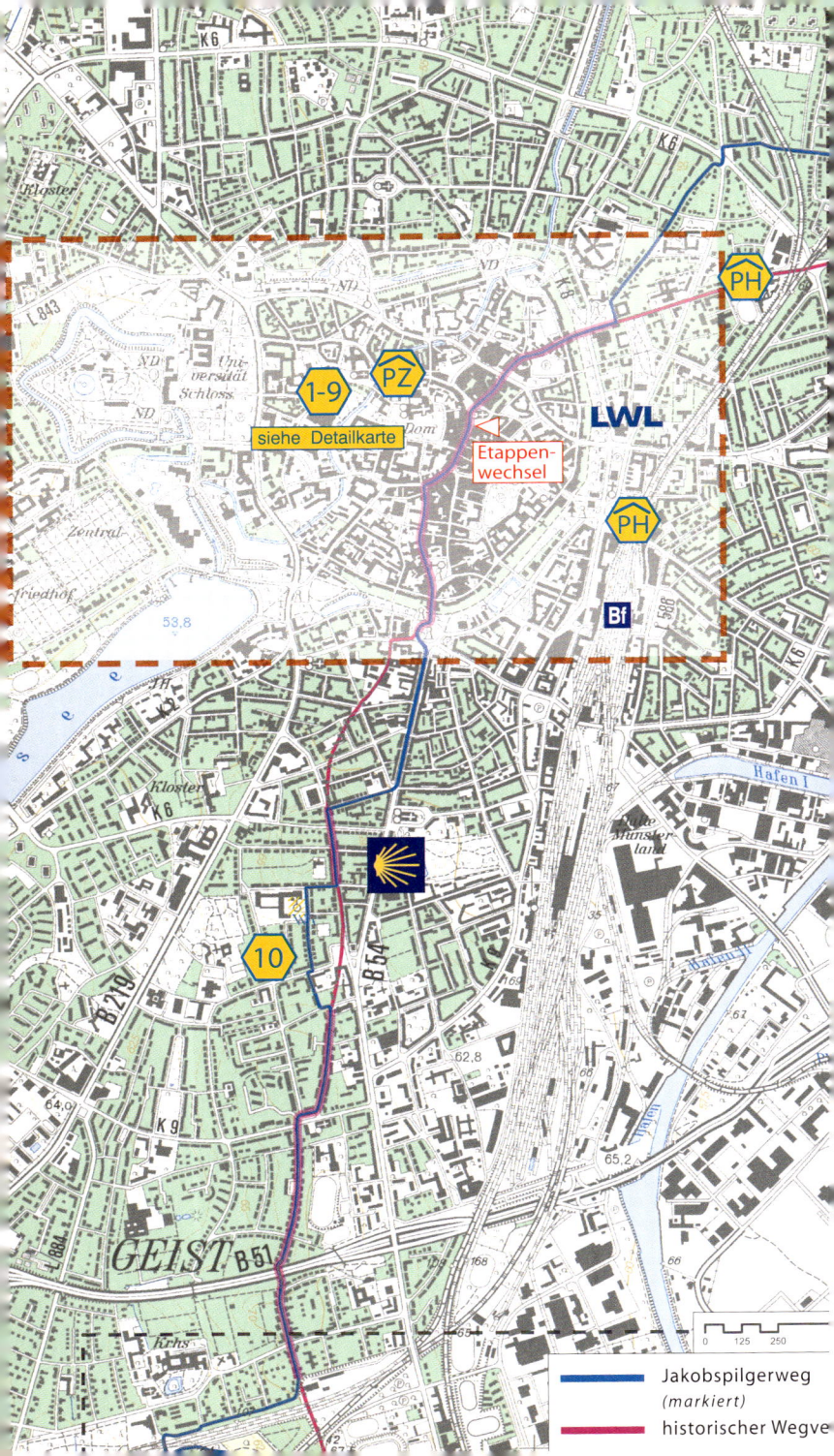

Jakobspilgerweg
(markiert)

historischer Wegve...

„Heimat der Wolken! So möchte ich dich, Mimigarda, benennen! Dich, die Krone westfälischen Landes, ich bitte, verzeih mir; denn ich will dich nicht schmähen. Sechs Jahren sind's nun, daß ich hier bin, aber ich sah dich nicht anders als triefend von ständigem Regen."

(Gedicht des päpstlichen Gesandten Fabio Chigi, der sich während der Verhandlungen zum Westfälischen Frieden von 1644 bis 1649 in Münster aufhielt.)

Münster

Die frühesten Siedlungsspuren in der Innenstadt Münsters stammen aus der vorrömischen Eisenzeit (ca. 750 – 30 v. Chr.) und der römischen Kaiserzeit (ca. 30 v. Chr. – 4. Jh. n. Chr.). Danach finden sich erst wieder mit dem Bau eines Klosters in „Mimigernaford" durch den friesischen Missionar Liudger nach 792/93 Spuren der Besiedlung. Die verbreitete Meinung, das namengebende Kloster („monasterium") sei innerhalb einer älteren sächsischen Siedlung errichtet worden, konnte jüngst archäologisch widerlegt werden. Erst die Klostergründung und anschließende Erhebung Münsters zum Bischofssitz im Jahr 805 mit Liudger als erstem Bischof gab den Ausschlag für die Bildung einer Siedlung um die Domburg, die wahrscheinlich bald von einer Befestigung umgeben war. Für das 10. Jh. ist auch die bischöfliche Münzprägung überliefert. Im 12. Jh. teilte Bischof Hermann II. das Areal in mehrere Pfarrbezirke mit neuen Kirchen ein (z. B. St. Ludgeri, St. Martini). Zwischen 1173 und 1178 erhielt Münster Stadtrechte. Am Ende des 12. Jh. hatte es schließlich die Ausmaße des heutigen, von der Promenade begrenzten Innenstadtringes erreicht. Dieser von Bäumen gesäumte Fahrrad- und Fußweg verläuft auf dem Wall der mittelalterlichen Stadtmauer. Die „civitas Monasteriensis" wurde nach dem Brand von 1197 zusätzlich zu Wall und Graben von einer Stadtmauer mit zehn Toren und sechs Türmen umgeben, vor denen der Buddenturm heute noch erhalten ist. Im 14. Jh. wurde die Stadt zum Schutz gegen die aufkommenden Feuerwaffen von einem 4 km langen Außenwall mit vorgelagertem Graben und halbrunden Bollwerken befestigt und im 15./16. Jh. u. a. durch den Vorbau von Bastionen verstärkt.

Münster auf einem Plan von Everhard Alerdinck (1636).

MONASTERIUM WESTPHALIAE METROPOLIS.

Von der Frühzeit Münsters an hat der Handel hier eine wichtige Rolle gespielt und der Stadt schnell zu großem Wohlstand verholfen. Ab 1358 war sie Mitglied der Hanse und nahm dort vor allem seit dem 15. Jh. eine bedeutende Position ein. Selbst einschneidende Ereignisse wie die Besetzung durch die Wiedertäufer (→ S. 103), der Dreißigjährige Krieg oder die Pest konnten ihre Bedeutung nur temporär schmälern.

Während des Siebenjährigen Krieges (1756–63) war die Stadt abwechselnd von Franzosen und Preußen besetzt. Nach vorübergehender französischer Herrschaft (1806–13) fiel Münster 1815 den Preußen zu. Im Zweiten Weltkrieg wurde die Innenstadt stark zerstört, danach aber unter weitgehender Bewahrung des historischen Stadtbildes wieder aufgebaut.

1 *Dom St. Paulus*

Die Ursprünge des von Liudger gegründeten Klosters und des Domes liegen noch weitgehend im Dunkeln. Eine in jüngster Zeit durchgeführte Neuauswertung der archäologischen Spuren er-

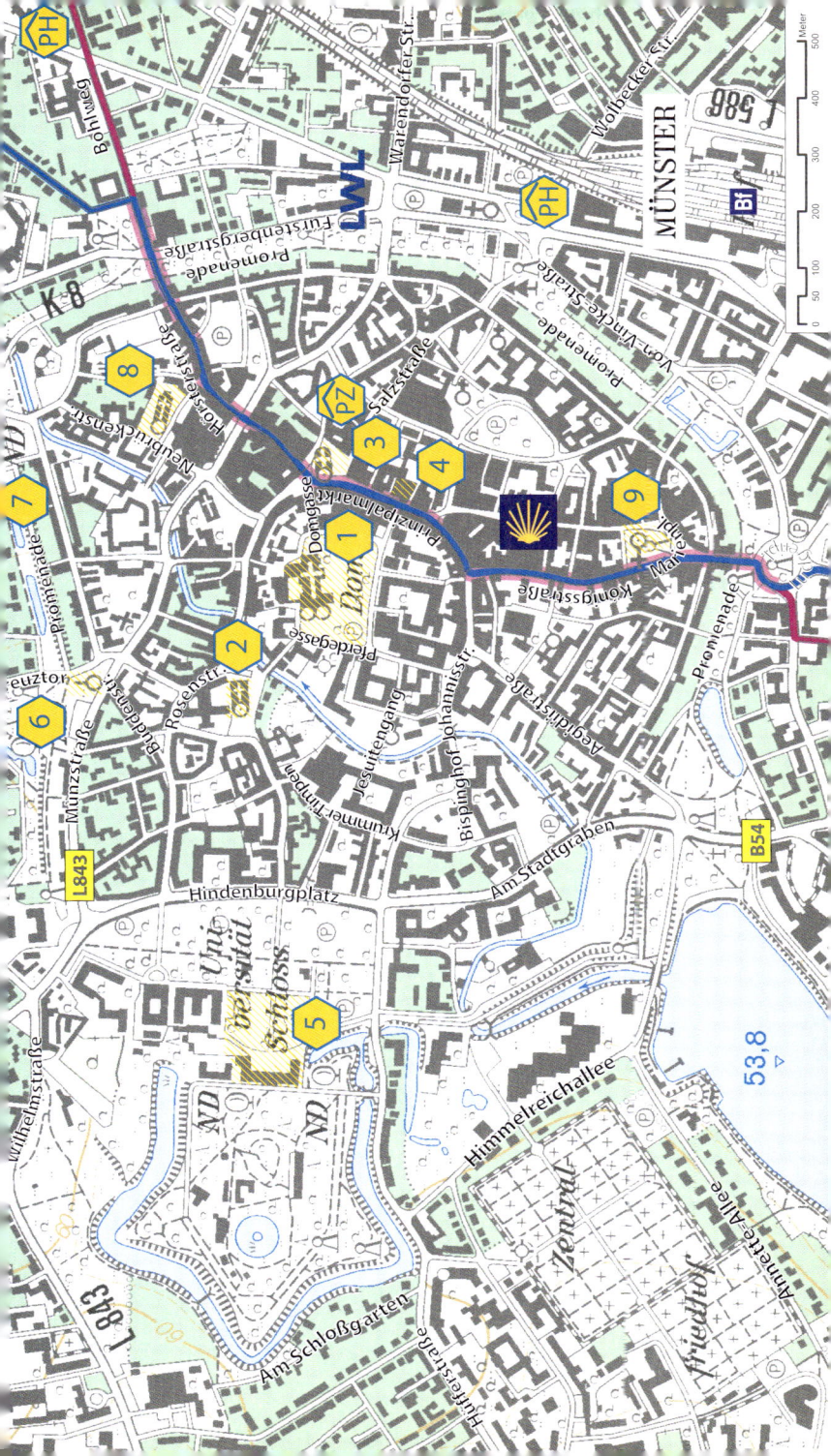

Der St. Paulus-Dom in Münster.

brachte dennoch erstaunliche Ergebnisse: Früheste Funde des Christentums auf dem Domhügel sind die Baumsarggräber eines Friedhofes aus der Zeit um 800, zu denen sicherlich eine Kirche gehörte, die unter dem heutigen Dom zu vermuten ist. Nördlich konnte zudem ein vermutlich dem Kloster angeschlossener Saalbau aus der ersten Hälfte des 9. Jh. ausgegraben werden. 1377 wurde diese „vetus ecclesia sancti pauli" (= alte Kirche des hl. Paulus) genannte Kirche abgerissen, um Platz für den heute noch erhaltenen Kreuzgang zu schaffen. Früheste, sicherer datierte Bauzeugnisse der Bischofskirche, der „major ecclesia sancti pauli" (große Kirche des hl. Paulus), stammen von der dreischiffigen Basilika des 11. Jh. Einige Um- und Neubauten (z. B. Westwerk) sind vermutlich mit den Stadtbränden 1121 und 1197 in Verbindung zu bringen. 1225 begannen die Bauarbeiten für den heutigen Dom, eine gewölbte Basilika mit doppeltem Querschiff und südlich vorgesetzter Paradiesvorhalle im Stil der Gotik. Teile des älteren Baus wurden weiterverwendet, was sich in erhaltenen romanischen Stilelementen wie den Türmen zeigt. Vor allem im 14. Jh., aber auch in nachfolgenden Zeiten gab es weitere Anbauten. Im Zweiten Weltkrieg wurde der Dom schwer beschädigt, der Wiederaufbau in den 1950er Jahren hielt sich weitgehend an die historischen Vorgaben. Auffallendste Veränderung ist das Westwerk, das ohne das hochgotische Portal errichtet wurde.

Ein Großteil der ursprünglichen Innenausstattung fiel dem Bildersturm unter den Wiedertäufern 1534 zum Opfer (→ S. 103). Aus dem 13. Jh. stammen noch die rechts und links des Portals der Paradiesvorhalle aufgestellten überlebensgroßen Figuren der zwölf Apostel, anderer Heiliger und Stifter sowie das Triumphkreuz am Hochchor. 1542 wurde die große astronomische Uhr im Umgang des Chores angebracht, deren Kalender bis in das Jahr 2071 reicht. In den Kapellen befinden sich die Grabmäler von Fürstbischof Christoph Bernard von Galen (1606–78) sowie von seinem Nachfahren Bischof Clemens August von Galen (1878–1946), der 2005 wegen seines Widerstandes gegen das Nazi-Regime selig gesprochen wurde. An der Nordseite des Bauwerkes liegt die Domkammer, in der neben anderen Kostbarkeiten auch das Kopfreliquiar des hl. Paulus aus dem 11. Jh. aufbewahrt wird.

2 Liebfrauen-Überwasser (St. Marien)

Bischof Hermann I. (1032–42) gründete am Westufer der Münsterschen Aa („trans aquas") ein adeliges Damenstift mit 1040 geweihter Marienkirche und stattete es mit Landbesitz aus. Bisher ist davon ausgegangen worden, dass dieses Ereignis den Beginn der Siedlungstätigkeit links der Aa darstellte. Nun deuten jedoch archäologische Ausgrabungen im Umfeld des Gotteshauses auf einen früheren Ursprung hin. Die noch nicht abschließend ausgewerteten Grabungen ergaben Spuren eines bäuerlichen Hofareals sowie eines älteren Kirchenbaus aus der Zeit vor dem Stiftsbau.

Jakobus-figur aus der Domschatz-kammer, 14. Jh.

Das heutige Gotteshaus basiert auf einer nach 1340 errichteten dreischiffigen Hallenkirche im hochgotischen Stil. Kleinräumige archäologische Untersuchungen brachten Hinweise auf zwei nicht näher datierbare Vorgängerbauten zum Vorschein.

Im 16. Jh. wurde die Turmhaube des im Volksmund Überwasserkirche genann-

Die Überwasserkirche mit ihrem markanten Turm.

ten Gotteshauses von den Wiedertäufern abgerissen und die dadurch entstandene Plattform als Standort für Kanonen benutzt. Auch die gotischen Steinfiguren der Maria und der Apostel wurden vom Westportal entfernt und in die Stadtbefestigung eingefügt (heute: LWL-Landesmuseum für Kunst- und Kulturgeschichte). Der wiederaufgebaute Turm fiel 1704 einem Sturm zum Opfer und wurde anschließend in seinem Zustand belassen. Heute gilt er als ein Wahrzeichen der Stadt Münster. 1773 wurde das Stift aufgelöst, seine Einkünfte gingen an das Priesterseminar der neu gegründeten Universität über.

3 St. Lamberti

Bereits für das 9. Jh. wird an dieser Stelle eine Kapelle für die hier siedelnden Kaufleute vermutet, von der bisher allerdings keine Spuren entdeckt werden konnten. Der ersten steinernen Pfarrkirche aus dem 11. Jh. folgten zwei weitere Bauten, bis 1375 mit der Errichtung der heutigen gotischen Hallenkirche begonnen wurde. Damit wurde nach dem Bau des Rathauses, um 1370, ein weiterer städtebaulicher Akzent im Bereich des Prinzipalmarktes gesetzt. Der durchbrochen gearbeitete Sandsteinturm ahmt den spätmittelalterlichen Stil des Hauptgebäudes nach, stammt allerdings erst aus dem 19. Jh., als der gesamte Turm wegen Einsturzgefahr abgerissen werden musste.

Kirchturm von St. Lamberti mit Käfigen über der Uhr.

Das älteste erhaltene Kunstwerk in der Lambertikirche ist die zwischen den beiden Chorräumen stehende gotische Madonna aus der Zeit um 1380. Die Apostelfiguren, unter denen sich auch Jakobus d. Ä. befindet, wurden um 1600 zusammen mit der Christusfigur und der Muttergottes aufgestellt.

Die drei am Turm der Kirche hängenden Käfige stammen aus dem Jahr 1535 (die Originale befinden sich im Stadtmuseum) und sollten ursprünglich wohl zum Transport von Gefangenen dienen. In ihnen wurden 1536 nach ihrer Folterung und Hinrichtung die Körper der drei Anführer der sog. Wiedertäufer aufgehängt.

Wiedertäufer

Bei den Täufern handelte es sich um eine radikale Abspaltung der Bewegung um den schweizerischen Reformator Zwingli. Als Grundlage ihrer christlichen Glaubensrichtung erkannten sie nur die Erwachsenentaufe an. Da sich die Anhänger nach der Säuglingstaufe erneut taufen ließen, wurden sie oft spöttisch „Wiedertäufer" genannt.

In diesen Käfigen wurden die drei hingerichteten Anführer der Wiedertäufer am Turm der Lambertikirche aufgehängt.

Innerstädtische Auseinandersetzungen boten den vor allem aus den Niederlanden zugezogenen Täufern in den 1530er Jahren in Münster einen fruchtbaren Boden für ihre Ideen. 1531 hatten sich die münsterschen Gilden den evangelischen Lehren des Predigers Bernhard Rothmann angeschlossen, der zunehmend in den Einfluss der Täufer geriet. Nachdem diese 1534 die Mehrheit im Rat erlangten, übernahmen sie die Macht und erklärten Münster zum „Neuen Jerusalem". Hier sollte das in der Bibel prophezeite tausendjährige Friedensreich entstehen, in dem Christus erscheinen und mit seinen wiedergetauften Gläubigen das Weltgericht erwarten würde.

Als der münstersche Bischof Franz von Waldeck die Stadt belagerte, beriefen sich die eigentlich pazifistischen Täufer auf das Recht zur Notwehr, vertrieben die nicht wiedergetauften Mitbürger aus der Stadt und führten die Gütergemeinschaft sowie eine neue Wirtschaftsordnung mit Abschaffung des Geldverkehrs ein. Jan van Leiden ließ sich zum König krönen und übernahm die Regierung unter Unterdrückung jeglicher Opposition. In den Kirchen und Klöstern kam es zum Bildersturm, bei dem zahlreiche Kirchenschätze unwiederbringlich zerstört wurden. 16 Monate lang widerstand die Stadt der Belagerung, bevor sie 1535 gewaltsam in die Hände des Bischofs fiel. Jan van Leiden und seine beiden engsten Vertrauten, Bernd Knipperdolling und Bernd Krechting, wurden gefoltert und öffentlich hingerichtet. Ihre Leichen hängte man in drei Käfigen am Turm der Lambertikirche auf. Geschockt durch die schlimmen Ereignisse wandten sich die zurückgekehrten Bewohner vom evangelischen Glauben ab und wieder den gewohnten katholischen Traditionen zu. Noch heute ist Münster eine stark katholisch geprägte Stadt.

Seit 1950 gibt es wieder einen Türmer in St. Lamberti, der aus seinem Dienstzimmer hoch über der Stadt abends halbstündlich das Kupferhorn bläst (21 – 24 Uhr, außer dienstags).

4 Prinzipalmarkt/ Rathaus

Im Jahre 1121 kam es bei der Einnahme der Domburg durch Herzog Lothar von Sachsen zu einem verheerenden Brand, bei dem der gesamte Immunitätsbezirk nebst Markt in Flammen aufging. Beim Wiederaufbau entstand als neue Hauptstraße der Prinzipalmarkt in Form einer lang gestreckten Platzanlage, die sich eng an den östlichen Abschnitt der Immunitätsmauer der Domburg anlehnte. Hier ließen sich die zu Wohlstand gelangten Kaufleute nieder. Die noch heute kleinteilige Parzellierung, die vor allem auf der Westseite deutlich erkennbar ist, führte zu einer sehr schmalen und giebelständigen Bebauung.

Das Rathaus mit dem historischen Friedenssaal (rechts) und das Stadtweinhaus.

An der Stelle des heutigen Rathauses diente im 12. Jh. als erster Versammlungsort ein Fachwerkgebäude, das wohl um 1200 durch einen zweigeschossigen Steinbau ersetzt und zu Beginn des 14. Jh. erweitert wurde, um auch der Bürgerversammlung Raum zu bieten. Ende des 14. Jh. wurde es schließlich um den repräsentativen Vorbau mit gotischem Giebel und eine von Rundpfeilern getragene Bogenhalle erweitert. Auch die benachbarten Kaufleute stockten ih-

Giebelhäuser an der Westseite des Prinzipalmarktes.

re Häuser auf und schoben die oberen Etagen auf zwei oder drei gemauerten sog. Gurtbögen über die Straße vor: die Geburtsstunde der heute das Stadtbild beherrschenden Arkaden.

Der im Innern des Rathauses befindliche Friedenssaal, die ursprüngliche Ratskammer, war 1648 Schauplatz der Friedensverhandlungen zur Beendigung des Dreißigjährigen Krieges.

Die hölzerne Renaissancevertäfelung der Wand stammt aus der Zeit um 1577. Die Porträtgalerie der Gesandten des Westfälischen Friedens (→ S. 50) wurde 1649 angekauft.

Wandvertäfelung im Friedenssaal des Rathauses.

5 *Schloss*

Nach der Kapitulation der Stadt Münster im Streit um ihre Eigenständigkeit mit Fürstbischof Christoph Bernhard von Galen 1661 ließ dieser eine Zitadelle errichten, für deren Bau Abschnitte der Stadtbefestigung geschleift wurden. Auf dem Gebiet dieser sog. Paulsburg entstand nach dem Siebenjährigen Krieg, als sämtliche Verteidigungsanlagen Münsters dem Erdboden gleichgemacht waren, das Schloss als Residenz der Fürstbischöfe.

Erbaut wurde es in den Jahren 1767–87 nach dem Entwurf von Johann Conrad Schlaun (→ S. 106). Charakteristisch für die 91 m lange barocke Dreiflügelanlage ist die Kombination aus rotem Backstein und hellem Sandstein. 1945 erlitt das Schloss schwere Schäden und wurde 1947–52 zumindest äußerlich nach den alten Plä-

Das fürstbischöfliche Schloss, heute Sitz der Universität.

Johann Conrad Schlaun

Berühmter Architekt West-
falens: Johann Conrad
Schlaun (1695–1773).

Der 1695 bei Warburg im Kreis Höxter geborene Johann Conrad Schlaun war der bedeutendste Baumeister des Barock in Westfalen. Nach militärischer Grundausbildung wurde er 1715 Artillerieleutnant und Landesingenieur. Sein erstes Bauwerk ist die Kapuzinerkirche in Brakel. Dem 1719 neu gewählten Fürstbischof Clemens August I. von Bayern (1700–61) empfahl sich Schlaun u. a. mit einer Stadtansicht von Paderborn und dem Entwurf eines Feuerwerks. 1720 wechselte er nach Münster und wurde dort zum Landmesser ernannt und militärisch im Laufe der Zeit mehrfach befördert. Der Fürstbischof genehmigte ihm eine dreijährige Bildungsreise nach Würzburg zu Balthasar Neumann sowie nach Wien, Rom und Paris, deren Einflüsse sich in seinen Arbeiten wiederfinden. Für einige Zeit folgte Schlaun dem zum Kölner Kurfürsten aufgestiegenen Clemens August, kehrte dann aber nach Münster zurück. Als er 1773 in seiner Wahlheimat verstarb und in der Überwasserkirche begraben wurde, hatte er die Stadt und das Münsterland durch die von ihm entworfenen Bauten entscheidend geprägt. Der für ihn typische Stil, einheimische Bautraditionen mit internationalen Stiltendenzen des Hochbarock zu kombinieren, findet sich u. a. am fürstbischöflichen Schloss, am Erbdrostenhof, an der Clemenskirche und am Haus Dyckburg wieder. Außerhalb Münsters gehört Schloss Nordkirchen zu seinen am meisten bewunderten Werken.

nen wieder aufgebaut. Heute ist es das Hauptgebäude und Wahrzeichen der Westfälischen Wilhelms-Universität.

Im Schlossgarten befindet sich der vom Institut für Botanik betreute Botanische Garten, und vor dem Schloss wird dreimal im Jahr die münstersche Kirmes, der Send, veranstaltet. Dieser geht zurück auf die seit dem 9. Jh. zweimal jährlich abgehaltene Versammlung der Geistlichen und der führenden Vertreter des Bistums (Synode). Vermutlich ab dem 11. Jh. wurde ein Jahrmarkt angegliedert, bei dem jeder seine Waren frei anbieten durfte. Die Landbevölkerung der Umgebung strömte zu diesen Sendmärkten, um preiswert einzukaufen. Es galt ein besonderer Marktfriede, dessen Bruch bis 1578 mit dem Tode bestraft wurde.

6 *Buddenturm*

Der Buddenturm ist eines der letzten erhaltenen Bauwerke der mittelalterlichen
Stadtmauer Münsters. Vor 1150 wurde er
zunächst als 20 m hoher Wehrturm errichtet und hatte dann im Laufe der Zeit
verschiedene weitere Funktionen. Unter
der Herrschaft der Wiedertäufer im 16. Jh.
diente er als Gefängnis und ab 1598 als
Pulverturm. Nach dem Abriss der Stadtmauer gegen Ende des 18. Jh. blieb er
stehen und wurde später zu einem Wasserturm mit einem 500 m^3 fassenden
Wassertank umgebaut, der sich hinter einem neu gemauerten Zinnenkranz be-

fand. Nach 1945 wurde der Buddenturm restauriert und wieder mit
der ursprünglichen Form des Kegeldachs versehen. Im Rahmen
der Skulptur-Projekte 1987 wurde der am Turm erhaltene Rest der
Stadtmauer von der Künstlerin Susana Solano in eine massive
Stahlkonstruktion eingefasst.

Relikt der
Stadtmauer:
der Bud-
denturm.

7 *Promenade*

Die mittelalterliche Stadt Münster war seit dem 13. Jh. durch ein
starkes Befestigungssystem gesichert, das bis zur Niederlegung im
18. Jh. mehrfach um- und ausgebaut wurde. Der äußere Befestigungsring bestand aus einem Wassergraben, einem mächtigen
Erdwall mit kleinen Wachhäusern und Türmen sowie mehreren
stark ausgebauten Bastionen. Massive Türme, stark gesicherte
Stadttore und eine hohe Mauer mit breitem Wassergraben bildeten

Die Prome-
nade: ein
grüner Gür-
tel um die
Altstadt.

das innere Befestigungssystem.
Zehn Tore ermöglichten die meiste
Zeit den Zugang in die Stadt. Die gesamte mittelalterliche Befestigung
hatte einen Umfang von fast 5 km.
Das mitten durch die Stadt fließen-
de Flüsschen Aa wurde in die Wassergräben der Befestigung geleitet,

und 10 Wehranlagen, sog. „Wasserbären", hatten die Aufgabe, den Wasserstand zu regulieren.

Kurz nach Ende des Siebenjährigen Krieges begann auf Anregung des fürstbischöflichen Ministers Franz von Fürstenberg ab 1764 die Beseitigung der mächtigen Festungsbauwerke. Das Abbruchmaterial der mittelalterlichen Stadtmauer wurde u. a. beim Bau des Schlosses verwendet. Auf dem inneren Befesti- gungsring legte man Häuser und Gärten an, auf dem äußeren Ring mit Wall und Graben entstand eine öffentliche Promenade, die nach Plänen von Johann Conrad Schlaun (→ S. 106) mit der Anpflanzung einer vierreihigen, geschlossenen Lindenallee auf den Wällen einen grünen Ring um die Stadt bildet.

Paradies für Radler – die Promenade.

Kapitelskreuz aus der Martinikirche.

8 *St. Martini*

Im nordöstlichen Bereich der sich ausweitenden Stadt Münster ließ Bischof Hermann II. im 12. Jh. die 1187 erstmals erwähnte Pfarrkirche St. Martini errichten und verband sie mit einem Kollegiatstift. Als das Stift 1811 aufgelöst wurde, blieb die Kirche in ihrer Funktion als Pfarrkirche bestehen. Der romanische Gründungsbau war eine dreischiffige Basilika ohne Querschiff. Der heutige Bau geht wesentlich auf den in der zweiten Hälfte des 14. Jh. entstandenen gotischen Nachfolgebau, eine dreischiffige Hallenkirche, mit einzelnen Veränderungen aus dem 15. Jh. zurück. Während der Reformation war die Kirche evangelisch.

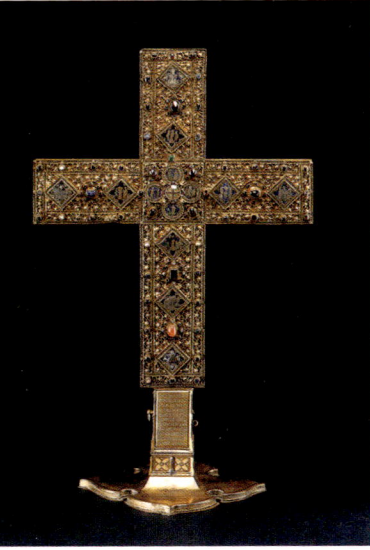

Als wichtigstes Kunstwerk der Martinikirche gilt das Kapitels-kreuz aus dem 14. Jh., ein Meisterwerk der hochgotischen Gold-schmiedekunst. Auf dem Grundmotiv der Weinlaubranken wurden wertvolle Edelsteine sowie rautenförmige und runde Emailplatten angebracht, die Szenen aus dem Lebens- und Leidensweg Christi darstellen. Auf der unteren Raute befindet sich ein Bild des Kir-chenpatrons, wie er den Mantel teilt.

9 *St. Ludgeri*

Die 1173 im Zuge der Stadterwei-terungen erstmals nachgewiese-ne Ludgerikirche wurde wohl zu-nächst als Holzkirche errichtet. Be-reits kurze Zeit später (1180 – 1220) entstand der spätromanische, drei-schiffige Bruchsteinbau, der in sei-nen Grundzügen bis heute erhal-ten ist. Nach einem Brand 1383 wurden einige Veränderungen vor-genommen, die sich noch heute durch gotische Stilelemente abhe-ben. Die beiden Westtürme wur-den nach ihrer Zerstörung erst 1876 wieder aufgebaut. Während der Reformation war die Kirche zeit-weilig evangelisch. Auf dem Tym-

panon, dem Bogenfeld, des Westportals thront der Kirchenpatron Ludgerus (auch: Liudger) zwischen der hl. Heriburg und dem Sän-ger und Dichter Bernlef.

Die Kirche St. Ludgeri.

Das von Bischof Ludwig von Wippra (1169 – 73) gestiftete wun-dertätige Kreuz mit Reliquien des hl. Liudger ist leider nicht erhal-ten, aber in der Vierung befindet sich ein Altar, in den ebenfalls ei-ne Reliquie des Heiligen eingelassen ist. An den beiden östlichen, in Richtung Chor gelegenen Pfeilern der Vierung sind Holzskulp-turen von Christus als *Salvator mundi* von 1420 sowie des hl. Liud-ger von 1760 angebracht. Die vier Glocken von 1464 und 1507 ha-ben die Kriege überstanden und bilden eines der ältesten ge-schlossenen Glockengeläute Westfalens.

Hl. Liudger (Ludgerus)

Liudger, vermutlich um 746/47 im friesischen Utrecht geboren, wurde 777 zum Priester geweiht und wirkte anschließend als Missionsleiter für das damalige Friesland. Nach Gastaufenthalten in Rom und Montecassino übernahm er 793 im Auftrag Karls des Großen die Missionierung der Sachsen und wählte Mimigernaford/Münster als Ausgangspunkt, an dem er ein

Darstellung der Bischofsweihe Liudgers in der *Vita St. Liudgeri.*

Kloster errichten ließ. Durch umfangreiche Schenkungen, Kauf und Tausch konnte er 799 auf seinem Erbgut Essen-Werden ebenfalls ein Kloster gründen.

805 wurde Liudger zum ersten Bischof von Münster ernannt. Als er 809 im nahegelegenen Billerbeck verstarb, wurde er zunächst in Münster aufgebahrt und anschließend in Essen-Werden beerdigt, wie er es zu Lebzeiten verfügt hatte. Sein Verwandter und zweiter Nachfolger in Münster, Altfried, schrieb eine Vita über Liudger, die noch heute eine der wichtigsten Quellen zu Leben und Wirken des friesischen Missionars ist.

10 *Wasserturm*

In Münsters Geistviertel erhebt sich der 1901−03 im neoromanischen Stil erbaute Wasserturm, der ein Fassungsvermögen von 2.400 m^3 besitzt. Mit seiner markanten Fassade und dem grünen Kupferdach ist der Turm das Wahrzeichen des Viertels. Den Zweiten Weltkrieg überstand das Bauwerk ohne größere Schäden, weil es durch eine Anbauattrappe als Kirche getarnt war, die es vor Luftangriffen schützte. Noch heute ist der Turm in Betrieb und dient der Trinkwasserspeicherung sowie dem Druckausgleich. Für die Öffentlichkeit ist er nicht zugänglich.

Der Wasserturm im südlichen Stadtviertel „Geist" in Münster.

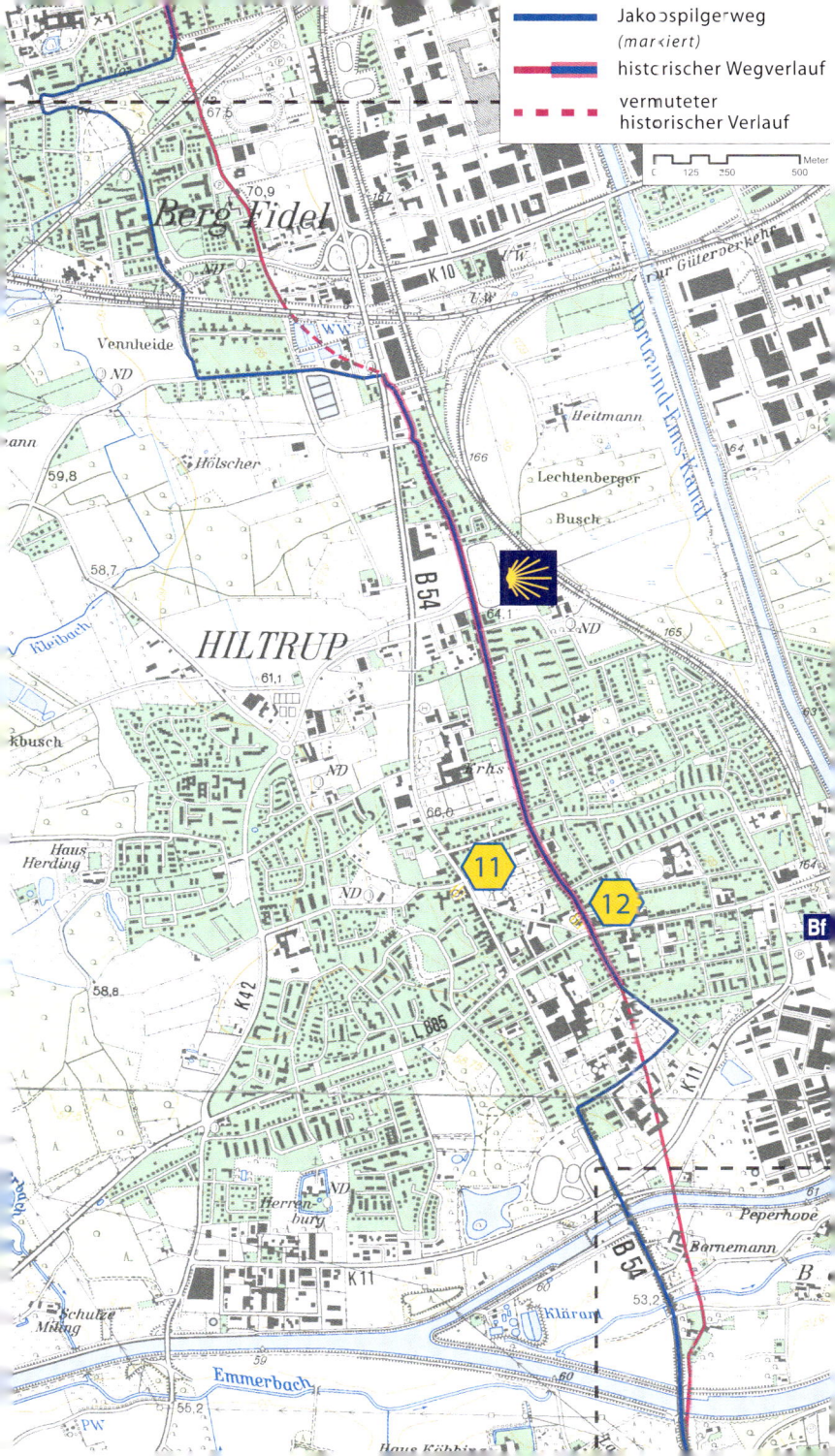

Kreuz an der Hohen Geest

Das schlichte, von zwei alten, als Naturdenkmale geschützten Eichen umgebene Kreuz an der Hohen Geest in Hiltrup, die den Verlauf der ehemaligen Fernhandelsstraße in den Ortskern anzeigt, besteht vermutlich seit dem 17. Jh. Bis in die 1960er Jahre war es Ziel der Karfreitagsprozession, und bis in die 1970er Jahre zog auch an Fronleichnam eine Prozession dorthin, um am Kreuz zu singen und zu beten. 1994 wurde es von den Hiltruper Heimatfreunden restauriert und neu aufgestellt.

11 Alt-St. Clemens

Im etwa 6,5 km südlich von Münster gelegenen Vorort Hiltrup – der Name bedeutet so viel wie „Hügeldorf" – liegen zwei dem hl. Clemens geweihte Kirchen. Die alte Clemenskirche datiert baugeschichtlich in die erste Hälfte des 12. Jh. Als „ecclesia in Hiltorpe" wird sie 1233 erstmals genannt und wurde wohl spätestens 1242 Pfarrkirche der selbstständigen „parochia Hilthorpe". Ursprünglich bestand die Kirche aus einem zweijochigen gewölbten Saalbau und dem Turm mit 1,5 m dicken Mauern. 1518 wurde die halbrunde Apsis im Osten durch einen spätgotischen Chor ersetzt. Rechts vom Eingangsportal führt eine kleine Treppe in eine Kapelle, die für den Stifter der Kirche angelegt worden war und zum Kirchenschiff hin offen ist. Eine solche romanische Patronatsloge stellt in Westfalen eine Besonderheit dar und ist auch aus Corvey und Freckenhorst bekannt.

Die alte Kirche St. Clemens in Hiltrup.

Während der Täuferherrschaft und des Dreißigjährigen Krieges wurde die Kirche mehrfach geplündert, sodass von der ursprünglichen Ausstattung nur wenig erhalten ist, wie der romanische Taufstein aus der Zeit um 1120. Aus spätgotischer Zeit stammt die Sakramentsnische in der Nordwand, in der eine Monstranz aus dem 18. Jh. steht. An der Südwand befindet sich ein spätbarocker Bildstock mit einer Darstellung des hl. Clemens.

12 *St. Clemens*

Die große, im neoromanischen Stil errichtete zweite Kirche St. Clemens wurde 1913 eingeweiht, als der kleine romanische Vorgängerbau durch das Anwachsen der Industriesiedlung Hiltrup schließlich zu wenig Raum für die Gläubigen bot. Das Gotteshaus befindet sich direkt an der Kreuzung der Marktallee, der Hauptstraße Hiltrups, und der von Norden kommenden alten Fernstraße. Eine Besonderheit der dreischiffigen Basilika mit Querhaus bildet der nach Norden ausgerichtete Chor, der von zwei quadratischen Türmen flankiert wird.

Clemenskirche in Hiltrup.

Die Figuren und Reliefs im Innern der Kirche sind alten Altären entnommen, so stammen auch die Apostel vom ehemaligen Hauptaltar. Die Reliquien – möglicherweise vom hl. Clemens – wurden aus der alten in die neue Kirche übernommen. In der Anfangszeit war der Innenraum mit reicher Ausmalung versehen, die aber bei der Renovierung 1967 entfernt wurde, um eine hellere Atmosphäre zu schaffen.

13 *Hiltruper See*

Das heutige Naherholungsgebiet Hiltruper See ist durch den Sandabbau für die Eisenbahnlinie zu Beginn des 20. Jh. entstanden. 1914 legte der Fabrikant Steiner dann hier einen See an, in dem er bis 1925 Forellen züchtete. Gleichzeitig erbaute er ein Clubhaus und bot Mitgliedern die Möglichkeit, im See zu baden. 1935 richtete die Gemeinde Hiltrup ein öffentliches Seebad ein. In den 1950er Jahren fand etwas südlicher erneut Sandabbau statt, sodass ein zweiter See entstand. 1971/72 wurden beide Gewässer miteinander verbunden.

Der Hiltruper See bei Abenddämmerung.

Bereits in den 1960er Jahren wurde das Baden nicht nur wegen der vielen Unfälle, sondern auch wegen der Gefährdung der Trinkwasserversorgung verboten und nördlich ein modernes Freibad errichtet.

14 *Hohe Ward*

Das Wasserschutzgebiet Hohe Ward liegt auf dem von Norden kommenden, maximal einen Kilometer breiten Kiessandzug, auf dem auch die Stadt Münster errichtet wurde. Dieser knickt in Hiltrup in südöstliche Richtung ab und ist wahrscheinlich durch das Abtauen des Eises der Saale-Kaltzeit vor mehr als 200.000 Jahren entstanden. In der Abflussrinne der Schmelzwässer lagerten sich Sande und Kiese ab, deren Mächtigkeit stellenweise bis zu 40 m betragen kann. Die auf den anstehenden, weitgehend wasserundurchlässigen Mergel- und Kreideböden abgela-

Die Sandwege der Hohen Ward.

gerten Schichten bilden einen idealen Speicher, der für die Wasserversorgung Münsters genutzt wird. Das hier gewonnene Wasser wird auf seinem Weg durch die grob bis fein gekörnten Sande und Kiese auf natürliche Weise gefiltert und schließlich durch weitere Filtervorgänge zu Trinkwasser aufbereitet. Zusätzlich wird in der Hohen Ward aber auch Oberflächenwasser aus dem Dortmund-Ems-Kanal gewonnen, das mit Aktivkohlefiltern im Anreicherungsbecken gereinigt wird und sich dann, nach dem selbstfilternden Weg durch den Kiessandrücken, mit dem Grundwasser vermengt. Das 1906 errichtete Wasserwerk im Schutzgebiet der Hohen Ward ist bis heute in Betrieb und bietet Besichtigungen für Gruppen nach telefonischer Rücksprache (0251/6943601) an.

Der trockene Untergrund der Hohen Ward wurde schon in der Vorgeschichte bevorzugt für die Anlage von heute meist nicht mehr erhaltenen Gräbern genutzt, die sich hier wie Perlen an einer Schnur aufreihten. Auch zweigte hier eine nach Südosten führende Fernstraße von der Straße nach Köln ab, worauf ein ehemaliger Gerichts- und Galgenplatz hindeutet. An dem Freistuhl in der „Honwarde" trafen sich 1241 der Bischof von Münster und die Äbtissin von Freckenhorst sowie 1359 die Schöffen von Osnabrück, Köln, Münster und Soest. Die Hinrichtungsstätte wurde bis ins 18. Jh. genutzt.

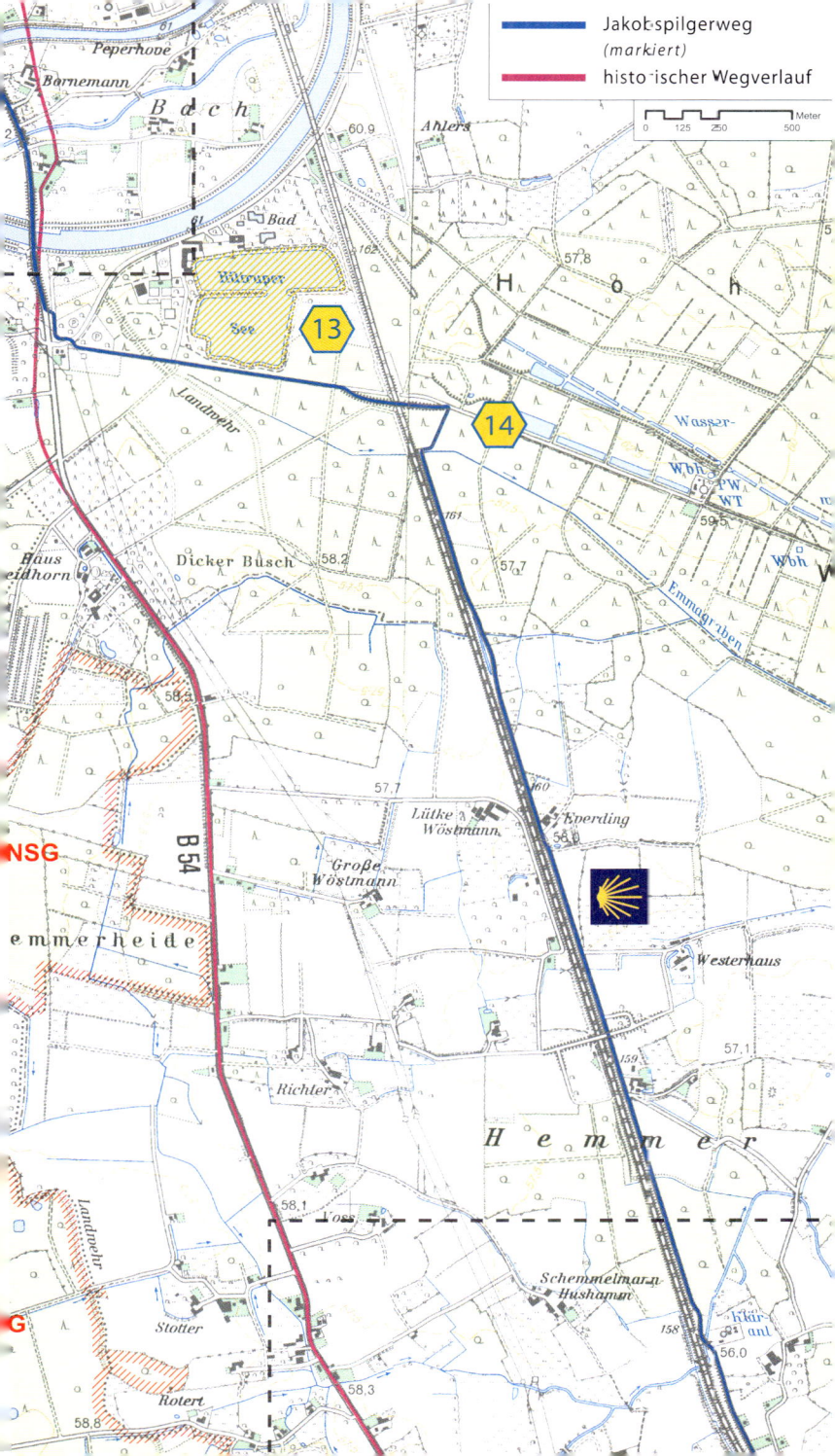

Wegbeschreibung und Hinweise · 15,5 km

Startpunkt: St. Pankratius, Rinkerode.
Schwierigkeitsgrad für Fußgänger und Radfahrer: Leicht.
Fuß- und Radstrecke: Identisch.

Von der katholischen **Pfarr-kirche St. Pankratius (1)** aus geht es weiter südwärts. Vorbei an einem **Bildstock (2)** aus dem 19. Jh. führt der Jakobsweg über mindestens ebenso alte Wege, die teils mit jungen Obstbäumen bestückt sind. Die **Eichen-Hainbuchen-Wälder** und **Einzelhofstellen** im weiteren Verlauf sind typisch für das Münsterland. In dieser relativ kleinteiligen Landschaft mit Wald, Acker und Grünland sieht man häufig Weidetiere.

Oben: Sauen, die sich genüsslich den „Bauch vollschlagen".

Unten: Eichen-Hainbuchen-Wald im Münsterland.

Ein Stück weit verläuft der Weg der Jakobspilger parallel zur teilweise noch gut erkennbaren **Landwehr** (→ S. 123), bevor er nach Südosten abknickt und über ein Teilstück der alten **Chaussee (5)** verläuft. Nach einiger Zeit gelangt man zu einer wenig veränderten landwirtschaftlichen **Hofstelle (6)**, an der sich noch einige typische Gestaltungsdetails erhalten haben. Vor dem Erreichen der Ortschaft Herbern über die „Münsterstraße" lohnt sich ein Abstecher zu **Haus Itlingen (7)**.

Links: Typisch für das Münsterland: Kruzifix zwischen vier Linden.

Pilger- und Wegespuren ...

Pilgerweg

Ein Priester der Ludgeri-Pfarre in Münster zeichnete zwischen 1168 und 1173 zur Verehrung der Ludgeri-Reliquien auch die wundersame Heilung eines Bauern aus „Rinkerrode" auf, der wegen seines verkrüppelten Beines nach Münster geritten war, um dort für seine Gesundheit zu bitten. Nach zwei Tagen inständigen Betens kehrte er nach Hause zurück und war bei seiner Ankunft gesundet. Daraufhin pilgerte er – diesmal zu Fuß – erneut zur Ludgerikirche, um Dank zu sagen.

Die Fernstraße, die ursprünglich das Dorf Rinkerode wohl nicht berührte, führte weiter im Verlauf der heutigen B 54 auf Herbern zu. Die Hof- und Flurnamen Silkenböhmer, Billermann an'n Baum und **Schönefelderbaum (5)** weisen auf die Durchlässe der offensichtlich mehrfach verlegten Landwehr hin. Auch an dem an der B 54 gelegenen Krug Kreuzkamp scheint sich ein solcher befunden zu haben. Auf ein besonders eindrucksvolles Teilstück der Kirchspielslandwehr zwischen Drensteinfurt und Rinkerode treffen Pilger in der Bauernschaft Eickenbeck kurz vor dem Erreichen und Überqueren der B 58. Die von Westen kommende zweiwallige Landwehr knickt dort ab, wo sie auf den Pilgerweg trifft, und verläuft dann parallel zu diesem nach Süden.

Im 17. Jh. muss der Weg zwischen Münster und Werne nördlich von Herbern in einem katastrophalen Zustand gewesen sein, denn 1627 wird berichtet, dass die „Kölnische Straße" hier in so schlechtem Zustand sei, dass „dieselbe kaum zu fuß und noch weniger mit dem pferd oder wagen, ohne gefahr zulaufen, beides stecken zu lassen, kann passirt werden". Noch 1653 war diese Strecke derart vertieft, „daß kein Pferd oder Oxse, will geschweigen, daß ein reisender Mann durch passieren kann".

Teilstück der Landwehr zwischen Herbern und Rinkerode.

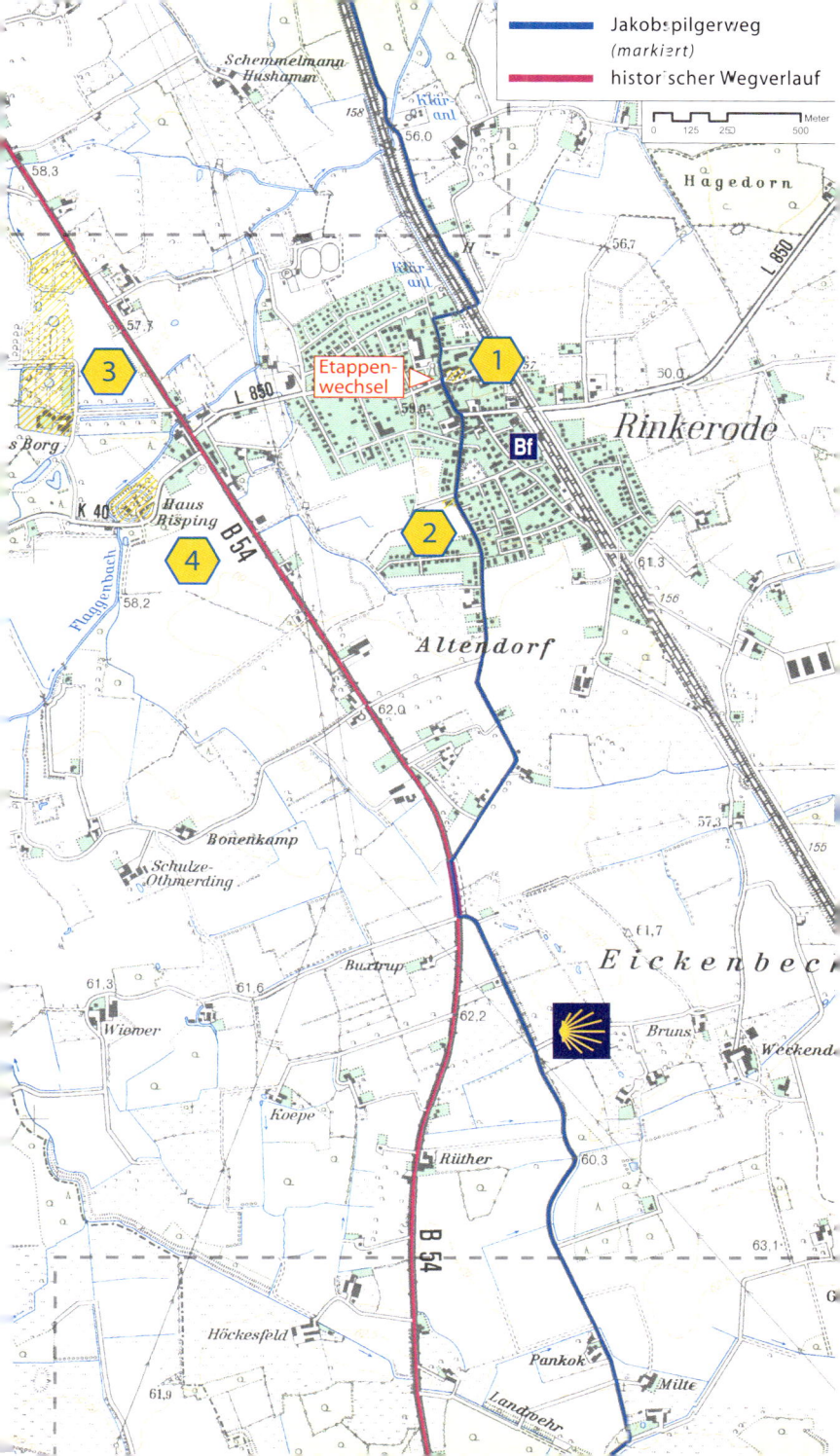

Jakobspilgerweg
(markiert)

historischer Wegverlauf

Meter
0   125   250   500

Schemmelmann
Hushamm

158

Klär
anl
56.0

Hagedorn

56.7

L 850

58,3

57,7

L 850

Klär
anl

59,0

50,0

Etappen-
wechsel

3

1

s Borg

Bf

Rinkerode

K 40

Haus
Risping

B 54

2

4

Flaggenbach

58,2

61.3

156

Altendorf

62,0

Bonenkamp

57,3

Schulze-
Othmerding

155

61,7

Eickenbec

Burtrup

62,2

Bruns

Weekend

61.3

Wiemer

61.6

Koepe

Rüther

60.3

63,1

B 54

Höckesfeld

61,9

Pankok

Milte

Landwehr

Rinkerode

Blick von
Nordosten
auf die
Kirche
St. Pankra-
tius von
Rinkerode.

Die Heberegister des Klosters Werden deuten an, dass gegen Ende des 9. Jh. in der Umgebung des heutigen Rinkerode bereits einzelne Höfe bestanden. Der Ort selbst wird allerdings erst um 1170 in Verbindung mit der Erzählung eines Wunders genannt (→ S. 118). Das heute knapp 4.000 Einwohner umfassende Rinkerode bildete sich um den Hof des Domkapitels, den Pröbstinghof (heute Pfarrzentrum), und den Hof des Bischofs, den Bispinghof (Haus Bisping, heute in Privatbesitz). Verwalter beider Höfe waren vermutlich die Herren von Rinkerode, adelige Ritter, die ihren Sitz auf Haus Borg (heute Privatbesitz) hatten. Haus Bisping (→ S. 122) und Haus Borg (→ S. 121) liegen beide in unmittelbarer Nähe der historischen Fernstraße von Münster nach Dortmund.

1 *St. Pankratius*

Die heutige Kirche von Gottfried Laurenz Pictorius stammt aus den Jahren 1721–24, nachdem der Vorgängerbau wegen Baufälligkeit abgerissen wurde. Über den Ursprung und das Aussehen des ersten Gotteshauses in Rinkerode (1240 wurde die Ansiedlung zum Kirchspielsort ernannt), das wohl auf dem Grund des Pröbstinghofes stand, gibt es keine näheren Informationen. Bei dem heutigen Gebäude handelt es sich um eine barocke Saalkirche aus roten Backsteinen mit Sandsteingliederung.

Der Hochaltar im Innern zeigt die Muttergottes und die Himmelfahrt Christi. An den Seiten stehen rechts und links die Statuen der Patrone Pankratius und Josef. Das Chronogramm über dem Triumphbogen am Chor stammt vermutlich aus der Vorgängerkirche und zeigt den Kirchenpatron in spätmittelalterlicher Rüstung mit Schwert. Steinfiguren der zwölf Apostel aus der Zeit um 1724 schmücken die Seitenwände. Ob der romanische Taufstein aus der ersten Rinkeroder Kirche übernommen oder später erworben wurde, ist leider nicht bekannt. Er bildet

aber eines der wertvollsten Ausstattungsobjekte der Kirche. Die Ausmalung stammt von der Renovierung im Jahre 1988, lediglich über der Orgelbühne ist ein Teil der ursprünglichen Zwickelmalereien erhalten.

Jakobusfigur in St. Pankratius.

2 *Bildstock*

Der neobarocke Bildstock an der nach ihm benannten Straße in Rinkerode stammt wahrscheinlich aus der Zeit um 1880. Der Eigentümer des Doppelbildstockes ist nicht mehr bekannt. Auf dem Backsteinsockel befand sich früher vermutlich eine Inschrift. Das von einem Kreuz bekrönte Bildwerk stellt auf der Vorderseite die Beweinung Christi und auf der Rückseite den hl. Josef mit Kind dar.

Bildstock aus dem 19. Jh. in Rinkerode.

3 *Haus Borg*

Auf Haus Borg hatten die Herren von Rinkerode ihren Sitz, von denen Gerwin von Rinkerode 1209 als erster namentlich bekannt ist. 1466 ging der Hof in den Besitz der Freiherren von Kerckerinck über. 1988, nach über 500 Jahren im Familienbesitz, übernahm die Unternehmerfamilie Dreier aus Dortmund das Haus und führte um-

Vorplatz von Haus Borg.

fangreiche Restaurierungs- und Renovierungsmaßnahmen durch.

Das Herrenhaus ist auf drei Inseln mit Burg, Vorburg und Garten angelegt. Die aus Backstein errichteten Gebäude stammen aus verschiedenen Bauphasen zwischen dem 15. und dem 20. Jh. Besonders sehenswert ist der 1719 im Osten an das Herrenhaus angebaute, nach dem Architekten Gottfried Laurenz Pictorius benannte „Pictoriusbau". Ebenfalls auf der Hauptinsel befindet sich das Brauhaus mit Rundturm aus dem 16. Jh. Auf der Vorburg stehen das eingeschossige Torhaus aus der zweiten Hälfte des 16. Jh. sowie ein Wirtschaftsgebäude aus dem 17. Jh. Die Anlage ist nicht öffentlich zugänglich.

Blick auf das Torhaus von Haus Bisping.

4 Haus Bisping

Das Wasserschloss westlich von Rinkerode liegt etwa 500 m südöstlich von Haus Borg. Heute sind nur noch Teile der Gräfte und das Torhaus von 1651 erhalten. Der Bau aus rotem Ziegelstein mit Fensterlaibungen aus Baumberger Sandstein ist typisch für die barocke Architektur des Münsterlandes. Es handelt sich um einen ehemaligen bischöflichen Hof, der urkundlich erstmals 1364 erwähnt wird. Im 16. Jh. ist das Schloss Sitz der Familie von Galen geworden. Haus Bisping ist auch Geburtsort und Stammsitz des Fürstbischofs Christoph Bernhard von Galen (1606–78). Die Anlage ist nicht öffentlich zugänglich.

Landwehr

Landwehren sind mit dornigem, undurchdringlichem Gebüsch bewachsene Wall- und Grabensysteme, die ab dem frühen 14. Jh. vielerorts um das wirtschaftliche Umfeld von Städten, Ämtern und Kirchspielen herum angelegt wurden. Den Auftrag bzw. die Erlaubnis zum Bau einer Landwehr erteilte im Mittelalter der jeweilige Landesherr, meist ein Bischof oder ein Graf. Diese defensiven Befestigungsanlagen verhinderten ein unbefugtes Eindringen auch von Fußgängern. Durchlass gab es an

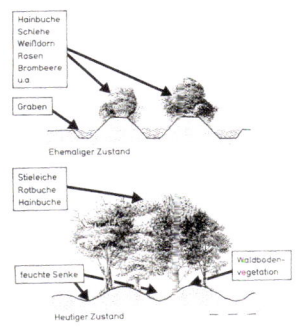

Schematische Darstellung im Profil von Zustand und Bewuchs der Landwehrwälle im Mittelalter.

dafür vorgesehenen Stellen, die von sog. Schlagbäumen (vergleichbar mit heutigen arretierbaren Schranken) verschlossen und von zuständigen sog. Bäumern oder Schlingmännern bewacht wurden. An solchen Stellen führten die öffentlichen Wege durch die Landwehren. Besonders wichtige Fernstraßen wurden oft zusätzlich durch einen Wachturm (Warte oder Wartturm) gesichert, von dem aus der Bäumer das Herannahen von Feinden früh sehen und schnell durch Horn- oder Feuerzeichen melden konnte. Wegen der guten Kontrollierbarkeit des Verkehrs eigneten sich Schlagbäume hervorragend als Einnahmestellen für Zölle und Wegegeld.

5 Chaussee und Chausseehaus

Die ehemals auf Drensteinfurt zuführende Bundesstraße 58 ist noch an ihrer Überbreite im Verhältnis zu ihrer heutigen Funktion und Urkataster von 1841.

den Resten der weißen Mittellinie zu erkennen. Die aktuelle B 58 verläuft rund 200 m weiter südlich. Am westlichen Ende dieser alten Straße ist im Urkataster von 1841 ein „Chausseehaus" („Ch. H.") eingezeichnet. In der preußischen Neuaufnahme steht dort „Kr. Schwar-

Chausseehäuser

Der zu Beginn des 19. Jh. einsetzende Kunststraßen- bzw. Chausseebau sollte reibungslosen Verkehr zu jeder Jahreszeit gewährleisten. Typisch ist die geradlinige Wegführung als direkt möglichste Verbindung zwischen zwei Orten. Reglements bestimmten Bauweise und Maße der Chausseen. Ein solches Unternehmen kostete den preußischen Staat erhebliche Summen, sodass die Einnahme von Wegegeld üblich war. Zu diesem Zweck standen vielerorts kleine Häuser dicht an der Fahrbahn, die dem Chausseewärter, bei dem die Kosten zu entrichten waren und der den Zustand der Straßen kontrollierte, als Wohn- und Dienstgebäude diente. Ein Schlagbaum bzw. eine „Barriere" verhinderte das Passieren ohne die verlangte Bezahlung. Ähnlich dem Mautsystem im heutigen Frankreich musste an jedem Chausseehäuschen entsprechend der zurückgelegten Strecke gezahlt werden. Für eine Meile wurde dabei üblicherweise ein Silbergroschen verlangt. 1874 wurden die staatlichen Chausseegebühren in Preußen abgeschafft, und die Häuser verloren ihre Funktion.

teholtkamp" (= Krug, Gaststätte), aus dem heute das Hotel Restaurant „Schwatte Holtkamp" (für Nicht-Westfalen: Schwatte = Schwarz) geworden ist. Etwas nördlich des Chausseehauses lag an der B 54 der Schönefelderbaum, der Durchlass durch dieselbe Landwehr, an der auch der Pilgerweg ein Stück entlang führt.

6 *Landwirtschaftliche Hofstelle*

Struktur-elemente in Kreuzform aus Ton-röhren zur Belüftung der Scheune.

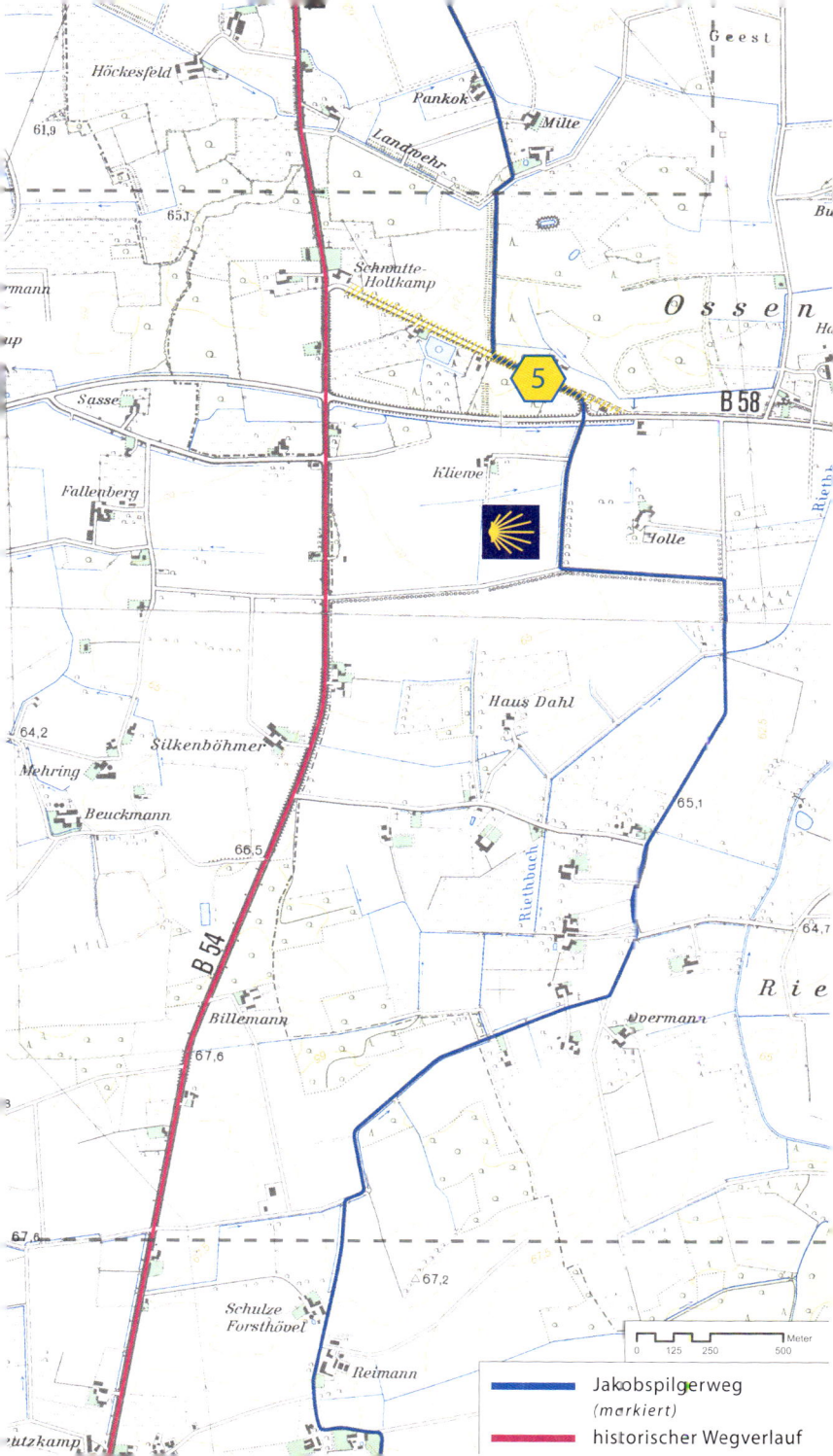

Höckesfeld

Geest

Pankok

Milte

Landwehr

61,9

65,1

Schwatte-Holtkamp

Ossen

5

B 58

Sasse

Klieve

Rieth

Fallenberg

Tolle

Haus Dahl

64,2

65,1

Silkenböhmer

Mehring

Beuckmann

66,5

Riethbuch

64,7

B 54

Rie

Obermann

Billemann

67,6

67,6

67,2

Schulze
Forsthövel

Reimann

	Meter
0	125 250 500

Jakobspilgerweg
(markiert)

historischer Wegverlauf

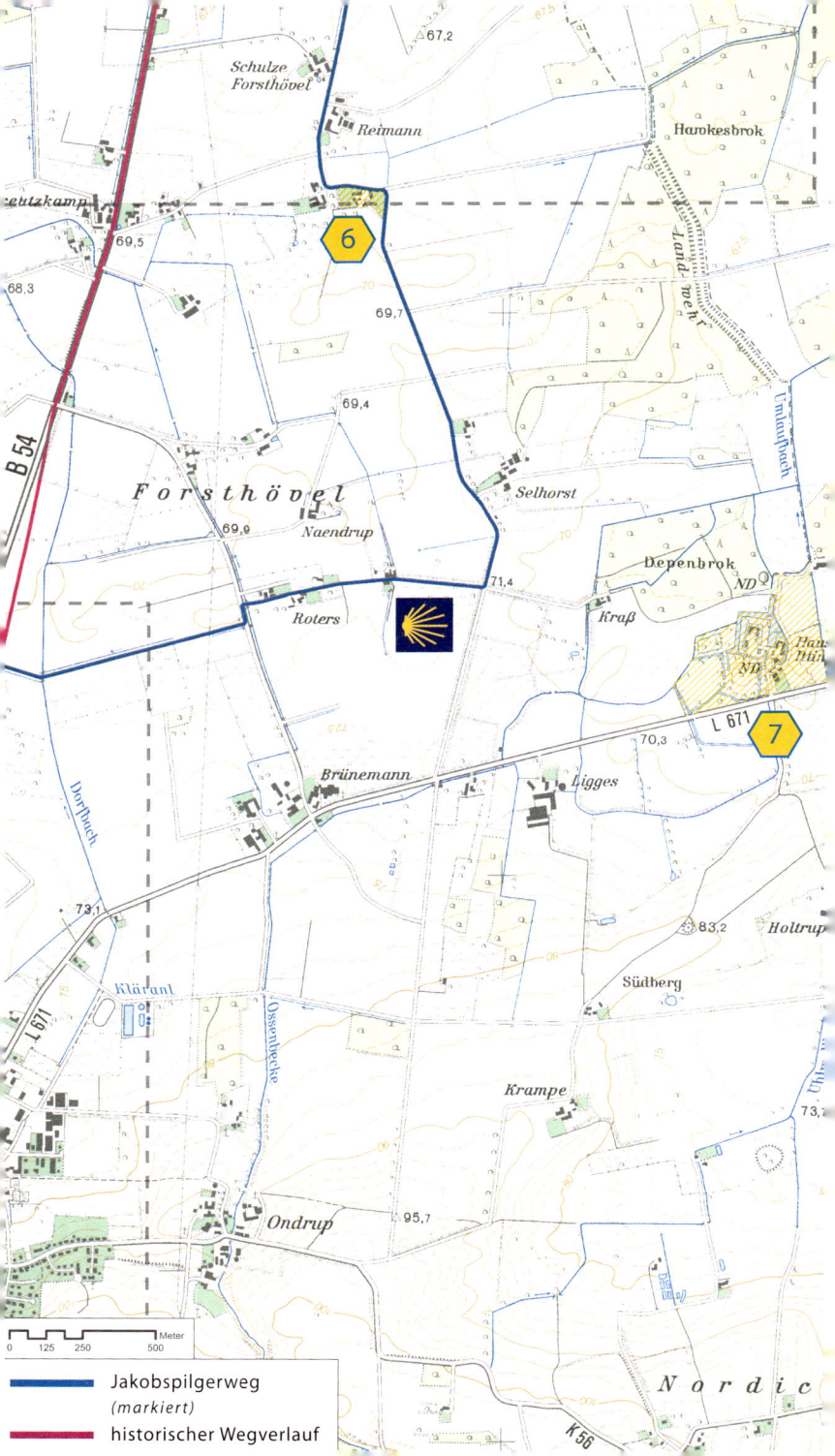

Schulze
Forsthövel

Reimann

Hawkesbrok

eutzkamp

69,5

68,3

6

69,7

Land wehr

Umlaufbach

69,4

Forsthövel

Selhorst

Depenbrok

ND

69,9

Naendrup

70

Kraß

71,4

Haus
Hün

ND

Roters

L 671

70,3

7

B 54

Dorfbach

Brünemann

Ligges

73,1

83,2

Holtrup

Kläranl.

L 671

Ossenbecke

Südberg

Krampe

73,7

Ondrup

95,7

0   125   250   500   Meter

N o r d i c

K 56

Auf diesem kleinen Münsterländer Bauernhof haben sich noch viele früher typische Gestaltungselemente erhalten. Dazu gehört die Ausmauerung der Gefache mit Ziegelsteinen, aber auch die weitgehend unbefestigte Hoffläche oder die hofnahe beweidete Streuobstwiese.

7 *Haus Itlingen*

Das Freigut „Ethelinc" taucht erstmals in einem Güterverzeichnis von 1300 auf. Im 16. Jh. gelangte es durch Heirat von den Herren von Herbern in den Besitz der heutigen Eigentümer, der Familie von Nagel. Die malerische Dreiflügelanlage ist von einer Gräfte umgeben. Mitteltrakt und linker Seitenflügel wurden auf 1692 datiert und teilweise dem Baumeister Peter Pictorius d. Ä. zugeschrieben. Vermutlich ist das Gebäude im Kern noch älter. Um 1755 veränderte der berühmte Barockbaumeister Johann Conrad Schlaun (→ S 106) die Anlage. Im Innern des Schlosses ist vor allem Schlauns Stuckdecke im Rittersaal als Meisterwerk der damaligen Baukunst hervorzuheben. In den auf einer separaten Insel befindlichen Wirtschaftsgebäuden ist heute das Gestüt des Grafen Philipp von Staufenberg untergebracht.

Eine Außenbesichtigung der Burganlage ist möglich, aber es wird gebeten, die Koppeln und das Gestüt nicht zu betreten.

Haus Itlingen – ein lohnenswerter Abstecher.

HERBERN → WERNE

Wegbeschreibung und Hinweise — 12 km

Startpunkt: St. Benedikt, Herbern.
Fuß- und Radstrecke: Identisch.
Schwierigkeitsgrad: Leicht.

Schon kurz nach dem Beginn der Etappe an der **Kirche St. Benedikt (1)** läuft der Wanderer auf das **Heimathaus Herbern** an der „Altenhammstraße" zu. Nach Querung der BAB 1 erreicht der Weg das **Wasserschloss Westerwinkel (2)**, dessen ehemalige Parkflächen heute vom gleichnamigen Golfclub genutzt werden.

Am Knickpunkt des Weges durch den Park steht eine **Madonna** mit Kind. Ein Stück weiter findet sich ein Bildstock des **hl. Hubertus**, Schutzpatron der Jäger, von 1885, der daran erinnert, dass der nun folgende Wald früher einmal als **Tiergarten** genutzt wurde. Nach Überqueren der B 54 steuert der Pilgerweg direkt auf den gemütlichen Rastplatz an den **Hornequellen** zu.

Diese liegen nur etwa 400 m von einer alten **Femelinde (3)** und nur rund 1 km von der Stelle entfernt, an der im Jahr 1835 **der letzte Wolf (4)** in Westfalen erschossen wurde. (Beide Standorte liegen an der stark befahrenen B 54!) Nach einigen weiteren Kilometern durch die nun stärker mit Wäldern durchsetzte Landschaft erreicht der Weg schließlich über die „Alte Münsterstraße" den historischen Ortskern von **Werne**.

Madonnenfigur im Schlosspark von Westerwinkel.

Pilger- und Wegespuren ...

Nachweisbare Spuren, die Pilger in Herbern hinterlassen haben, stammen bisher nur aus jüngster Zeit. Einen ersten Impuls gab eine vorsichtige Anfrage der Altertumskommission für Westfalen an die 1812 gegründete Jakobi-Schützenbruderschaft in Herbern. Das Thema „Wege der Jakobspilger in Westfalen" stieß seitens der Bruderschaft auf großes Interesse und viel ehrenamtliches En-

Links:
Toreinfahrt
zu Schloss
Westerwinkel.

Im ehemaligen Landschaftspark von Schloss Westerwinkel wird heute Golf gespielt.

St. Benedikt in Herbern, im Hintergrund die Stempelstelle für Pilger.

gagement. So entstand in der Dorfkirche aus einem alten Mantelstock eine kleine Stempelstation mit liebevoll kreiertem Stempel, einem Verzeichnis der Unterbringungsmöglichkeiten im Ort und einem Gästebuch, in dem sich schon vor der offiziellen Ausschilderung und Eröffnung des Weges zahlreiche Pilger verewigt haben. Als ausgesprochen pilgerfreundlicher Ort am Jakobsweg weist sich das Dorf inzwischen auch am Ortseingang aus, wo dank einer Initiative des Heimatvereins Herbern eine große gelbe Muschel auf blauem Grund den Besucher empfängt.

In Herbern selbst waren bis 1774 noch alle Wege ungepflastert. Erst zu diesem Zeitpunkt wurden erste Steinwege angelegt. Zuvor waren sie in so schlechtem Zustand, dass „man ohne Stiefeln nicht zum Kirchhof, kein Einwohner zur Kirche, kein Kind an die Schule, kein Nachbar zum anderen [hat] kommen können, ohne bis über die Schuhe durch Koth und Wasser platschen zu müssen". Südlich von Herbern befindet sich an der B 54, die hier weiter den Verlauf der historischen Straße aufnimmt, in einer Kurve auf einer Wiese ein großer Baum. Dabei handelt es sich um eine Femelinde (3), die hier die Stelle eines ehemaligen Freistuhles kennzeichnet.

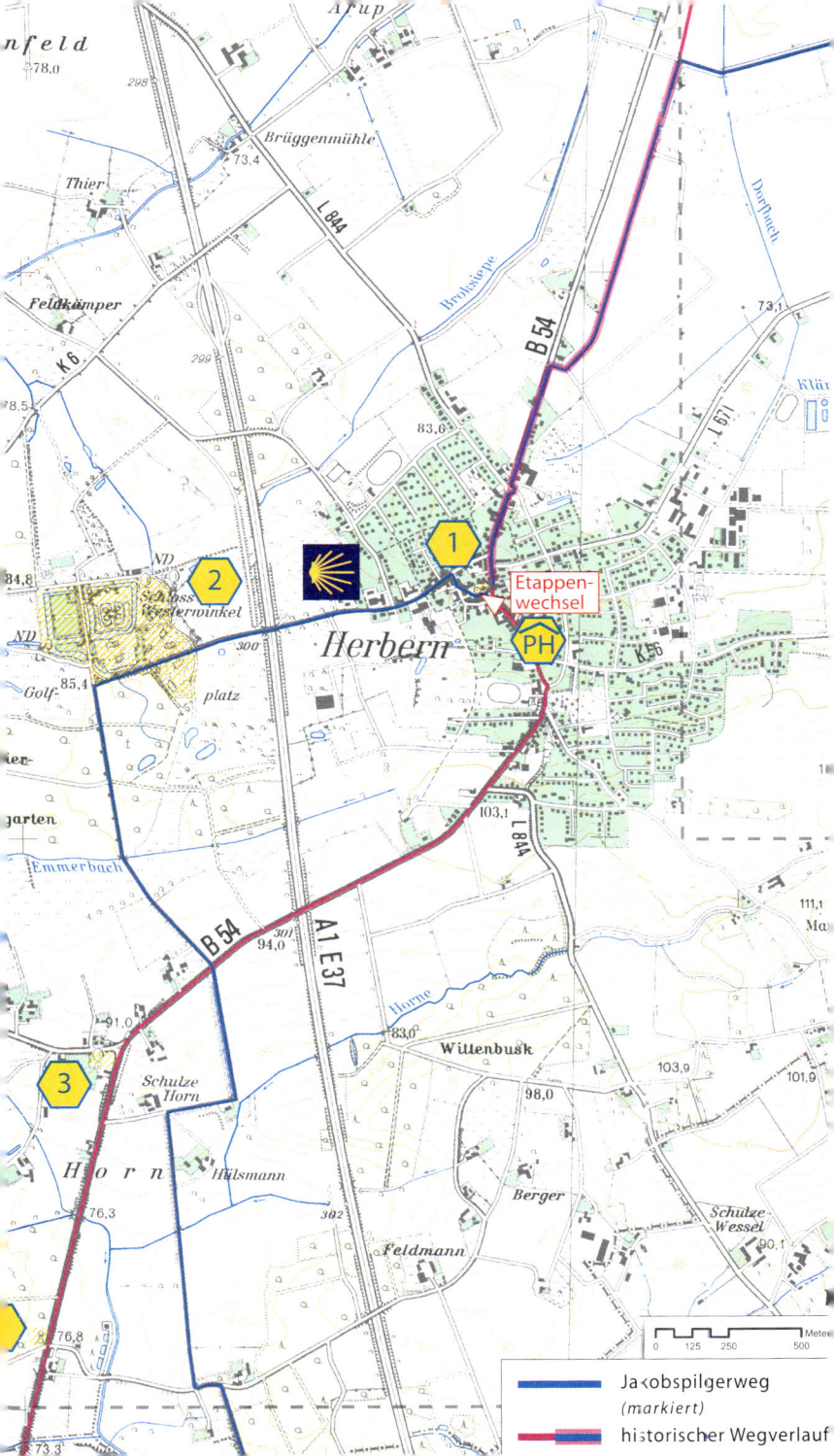

Jakobspilgerweg
(markiert)

historischer Wegverlauf

1 St. Benedikt, Herbern

Kirche
St. Benedikt.

Der Patron der Stadtkirche in Herbern, der hl. Benedikt (480 – 547), ist bekannt durch die Gründung des Klosters Montecassino sowie die Aufstellung von Ordensregeln, die zur Grundlage aller Benediktinerklöster und darüber hinaus für das abendländische Mönchtum wurden. Die Gründung der Pfarrei Herbern erfolgte spätestens 1150. Bei Renovierungen aufgetauchte Bauteile deuten auf einen romanischen Vorgängerbau der heutigen Kirche, die aus dem 17. Jh. stammt. Die alte Kirche war im Dreißigjährigen Krieg und nach den katastrophalen Auswirkungen der Pest offensichtlich verfallen, sodass 1666 eine neue, nachgotische Hallenkirche errichtet wurde. Der Bau des Turmes mit der charakteristischen Haube, die die Herberner Kirche schon von weitem erkennen lässt, war 1708 abgeschlossen. An der nördlichen (linken) Chorwand hängt das Epitaph des Grafen Hermann von Merveldt zu Westerwinkel (s. Punkt 2) und seiner Frau Ursula von Deipenbrock aus dem Jahr 1599. Im südlichen (rechten) Seitenschiff direkt neben dem Eingang befindet sich die Statue des hl. Benedikt, die aus dem Benediktinerkloster Meschede stammt. Direkt daneben hat die Jakobibruderschaft (1812 gegründet) 2007 eine Stempelstation für Pilger aufgestellt (Abb. S. 130).

2 Schloss Westerwinkel

Von Osten aus Herbern kommend, fällt der erste Blick auf die breite Gräfte und das dahinter gelegene Schloss Westerwinkel. Erstmals urkundlich erwähnt wird der Adelssitz im Jahr 1225, bauliche Reste aus dieser Zeit sind jedoch nicht erhalten. 1663 begann Dietrich Hermann von Merveldt, dessen Familie seit 1555 durchgehend Besitzer der Anlage ist, mit der Errichtung des heute noch bestehenden frühbarocken Schlosses, das den vormals wehrhaften

Bau durch eine repräsentative Anlage ersetzte. Der gestreckte und eher strenge Vierflügelbau mit seinen vier Pavillontürmen ist eines der letzten Beispiele dieses Bautyps in Westfalen. Den Innenhof prägt das barocke Hausportal mit der Freitreppe im Westflügel. Im Norden liegt die Vorburg, ein zum Schloss hin offener

Wirtschaftshof aus mehreren Gebäuden, die der heutige Besucher über eine Brücke betritt. Auf einer eigenen Insel im Westen des Schlosses liegt ein ummauerter (nicht zugänglicher), ehemals barocker Garten mit zweigeschossigem Pavillon („La Solitude") der 1718 aus Backstein erbaut wurde. Im 19. Jh. erfolgte die Umgestaltung des Parks in einen englischen Landschaftsgarten, bei der neben einheimischen Bäumen auch exotische Gehölze gepflanzt wurden. Seit 1995 wird die Parkanlage als Golfplatz genutzt.

Schloss Westerwinkel mit den vier Pavillontürmen.

3 *Femelinde*

Gerichtsverhandlungen fanden im Mittelalter allgemein unter freiem Himmel statt, in der Regel an den großen Hauptstraßen. Dadurch waren diese Plätze, die sog. Freistühle, für jeden gut erreichbar, es war grundsätzlich eine Öffentlichkeit hergestellt, und die Verhandlungen fanden auf neutralem Boden statt. Im 15. Jh. gewannen in Westfalen die sog. Femegerichte immer mehr an Bedeutung. Diese befassten sich mit besonders schweren Straftaten und waren nicht mehr öffentlich. Die Teilnahme war nur noch einem begrenzten Personenkreis erlaubt, wodurch sie den Ruf des Geheimen und Geheimnisvollen erlangten. Auch das Sonderrecht, Urteile sofort zu vollstrecken, machte die Femegerichte berüchtigt.

Die Femelinde in der Bauernschaft Horn.

Solche Gerichtsstellen befanden sich oft in der Nähe auffallend großer und alter Bäume, den Gerichts- oder Femelinden. Eine solche ist südlich von Schloss Westerwinkel in der Nähe der B 54 erhalten. Hier tagte bereits 1220 das Freigericht. 1392 wurde an dieser Linde das erste westfälische Landfriedensbündnis zwischen dem Bischof von Münster und den Grafen von Kleve und Mark verhandelt. Die Linde selbst weist einen teils weggefaulten alten Stamm mit daraus erwachsenen relativ jungen Stämmen auf. Dies deutet darauf hin, dass sie tatsächlich mehrere hundert Jahre alt ist.

4 *Der letzte Wolf*

Während für den Dreißigjährigen Krieg in Westfalen noch eine regelrechte Wolfsplage überliefert ist, waren diese Tiere zu Beginn des 19. Jh. in Westfalen bereits fast ausgerottet. In einem an der heutigen B 54 gelegenen Waldstück wurde 1835 vom Herberner Wirt Joseph Hennemann bei einer Treibjagd der letzte Wolf Westfalens erlegt. Dieser hatte zuvor in der Umgebung eine größere Anzahl an Schafen und auch Fohlen gerissen. Die Gaststätte „Zum letzten Wolf" und ein Denkmal des Heimatvereins Herbern erinnern vor Ort an dieses Ereignis. Das heutige Hotel „Wolfsjäger" in Herbern befindet sich dort, wo einst das Gasthaus des Joseph Hennemann stand. Der letzte Wolf Westfalens ist ausgestopft im LWL-Naturkundemuseum in Münster ausgestellt.

Hier in der Nähe starb der letzte Wolf Westfalens.

Strontianit

Eine geologische Besonderheit des Raumes Herbern sind die hier auftretenden Strontianit-Gänge, die vor allem im 19. Jh. und während des Zweiten Weltkrieges bergmännisch abgebaut wurden. Die weißlichen Minerale dienten zunächst hauptsächlich zur Aufbereitung von Melasse, später dann als Bestandteil für rote Leuchtspurmunition und zur Stahlaufbereitung.

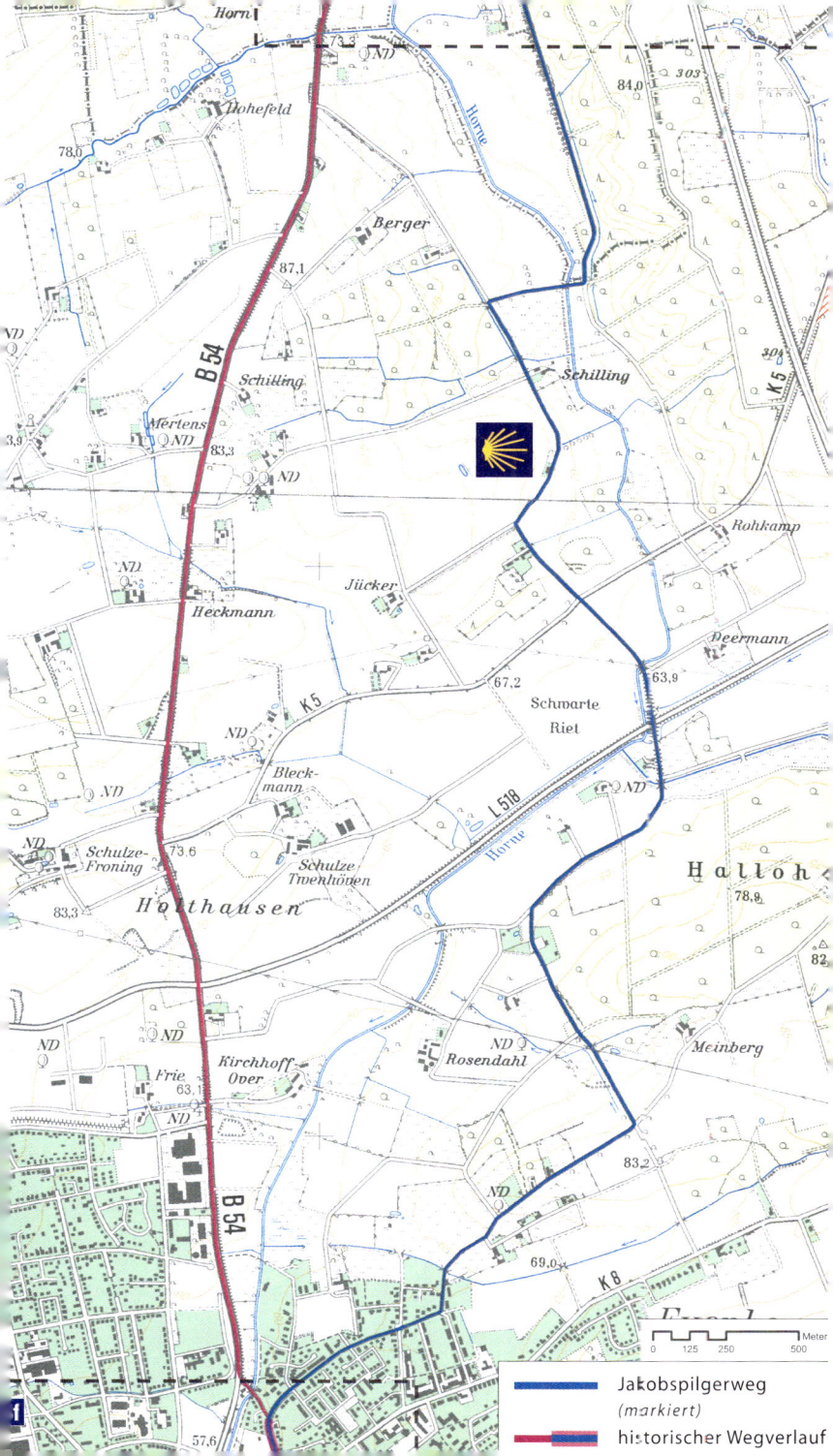

Horn

Hohefeld

78,0

Berger

ND

84,0 303

Horne

B 54

87,1

Schilling

Schilling

K 5

ND

3,9

Mertens ND 83,3

ND

309

ND

Rohkamp

ND

Jücker

Deermann

63,9

Heckmann

K 5

67,2

Schwarte
Riet

ND

ND

Bleck-
mann

L 518

ND

ND

Horne

ND

Schulze-
Froning 73,6

Schulze-
Twenhöven

H a l l o h

78,9

83,3

H o l t h a u s e n

82

ND

Meinberg

ND

Frie
63,1

Kirchhoff-
Over

ND
Rosendahl

ND

83,2

B 54

ND

69,0

K 8

Jakobspilgerweg
(markiert)

historischer Wegverlauf

57,6

Meter
0 125 250 500

1

WERNE → LÜNEN

Wegbeschreibung und Hinweise   26 km

Startpunkt: St. Christophorus, Werne.

Schwierigkeitsgrad: Leicht, keine nennenswerten An- oder Abstiege (>10%).

Radstrecke: Fast identisch. Dort, wo der Fußweg die Kreisstraße K 19 nach Norden verlässt, folgt der Radweg der Kreisstraße, auch über die nächste Kreuzung hinaus nach Westen bis kurz vor Schloss Cappenberg, wo er wieder auf den Fußweg trifft.

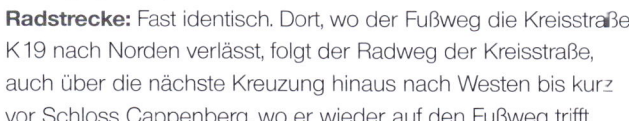

Beim Verlassen Wernes **(1–6)** über die „Steinstraße" passieren Pilger die historische **Mühle** (heute: Restaurant) am Hornebach. Westlich der B 54 liegt der **Steintorpark**, ein zu einer öffentlichen Grünfläche umgestalteter ehemaliger Friedhof. Der Weg führt nun über die „Cappenberger Straße", die mit einer Baumreihe aus geschnittenen Platanen bestanden ist, aus der Stadt.

Nach einigen Kilometern wird **Schloss Cappenberg (7)** erreicht. Die reiche Vegetation (Buchen, Ahorn, Eschen) weist darauf hin, dass das Schloss und seine Umgebung auf Kalkgestein stehen. Entlang der Straße durch den Cappenberger Forst kommt man an der **Steins-Buche** vorbei, die in Erinnerung an den Freiherrn vom Stein hier gepflanzt wurde. Kurz danach führt der Weg nach Osten zum **Cappenberger See (8)** mit der gleichnamigen Jugendherberge. Durch die Vororte gelangt man schließlich nach rund 3 km in das Stadtzentrum von Lünen.

Steintorpark.

Links: Marktplatz von Werne.

Pilger- und Wegespuren ...

Das Hospital zum Heiligen Geist in Werne sorgte spätestens seit 1451 für die Unterbringung von Pilgern. Einen lebendigen Jakobuskult bezeugt die Stiftung eines dem Apostel geweihten Altares in der Stadtkirche aus dem Jahr 1468. Heute erinnert ein Fenster

Pilgerweg

aus dem Jahr 1938 über dem Kircheneingang an die Verehrung des Jakobus. Vom regen Reiseverkehr durch die Stadt zeugt auch der Pfarrpatron Christophorus (→ S.142), der u.a. Schutzheiliger der Reisenden ist.

Der Name der heutigen „Steinstraße" in Werne (1339: „stenwech") verweist auf die sehr früh in diesem Bereich gepflasterte Straße, was im Mittelalter sogar innerhalb der Städte nicht selbstverständlich war. In einer Quelle aus dem Jahr 1610 wird beklagt, dass der Weg wegen starker Beschädigungen nicht mehr zu gebrauchen war. Obwohl Werne seit dem 13. Jh. einen eigenen Lippeübergang, die Christophorusbrücke, besaß, führte die Fernstraße nach Dortmund an der Lippe entlang weiter nach Westen, um in Lünen den Fluss zu überqueren. Das Siechenhaus lag am westlichen Ausgang der Straße aus der Stadt, wo noch heute eine dem Pestheiligen Rochus geweihte Kapelle von 1886 an diese Einrichtung erinnert. Hier befand sich auch die in den Unruhezeiten um 1623 in diesem Bereich erweiterte Landwehr mit ihrem Durchlass. Das Personal des Siechenhauses hatte den Schließdienst am Schlagbaum inne. An der Straße nach Lünen, die hier weiter der heutigen B 54 folgt, lagen in der Bauerschaft Lenklar der Richtplatz („Galgenbach") und in der Bauerschaft Langern der Freistuhl (1378) von Werne.

Glasfenster in der Christophorus-Kirche. Links der hl. Jakobus

Die an der B 54 in Langern gelegene Antoniuskapelle aus dem 15. Jh. diente früheren Reisenden als Ruhepunkt. Obwohl es der kürzeste Weg ist, wird aber nicht jeder Pilger direkt von Werne nach Lünen gegangen sein. Das nördlich der historischen Straße gelegene Stift Cappenberg mit angegliedertem Hospital dürfte einen attraktiven Anziehungspunkt für Pilger als Übernachtungsmöglichkeit gebildet haben. Mehrere Jakobus-Bildnisse in der Stiftskirche zeugen von der Verehrung des Heiligen.

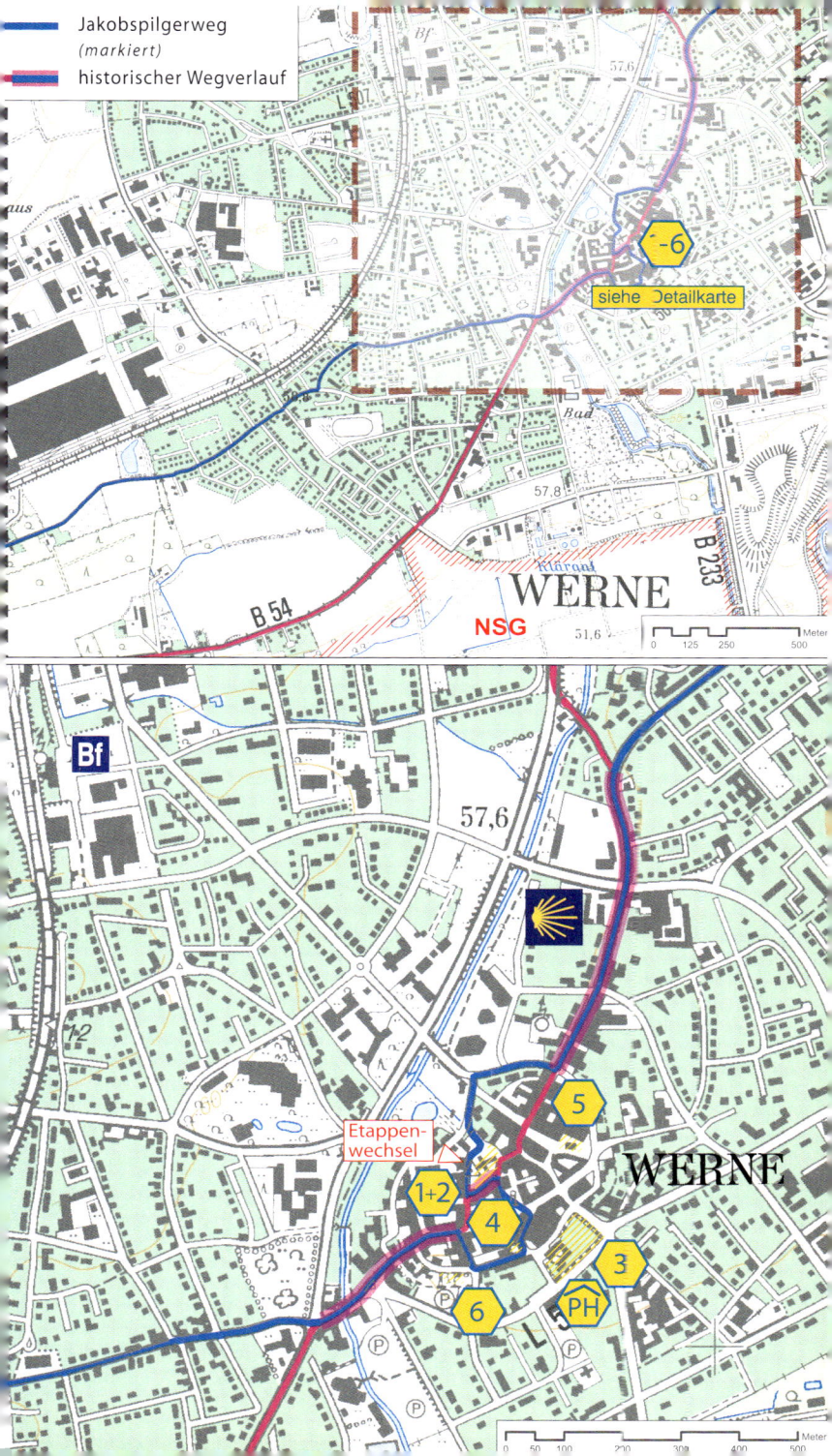

Jakobspilgerweg
(markiert)
historischer Wegverlauf

Der Kirch-
platz von
Werne mit
den sog.
Wärmehäus-
chen.

Werne

Im 9. Jh. besaßen der Bischof von Münster und das Kloster Werden je einen Haupthof in Werne. Aus dieser Zeit stammt auch die
erste urkundliche Erwähnung (834) als „werina". Um den auf dem
bischöflichen Haupthof gelegenen frühen Kirchenbau herum sie-
delten sich – begünstigt durch die Lage an der Lippe und an der
von Münster kommenden Fernstraße – im 9. bis 12. Jh. Handwerker und Händler an. Spätestens seit 1192/95 wurde in Werne Zoll
erhoben.

Von Anfang an kam dem Ort wegen seiner Lage auch politisch
eine große Bedeutung zu, bildete er doch einen strategischen Vor-
posten des Bistums Münster an der Grenze zur Grafschaft Mark.
Diese Situation verstärkte sich, als Lünen (→ S. 158) an die Grafen
von der Mark verloren ging und auf das südliche Ufer der Lippe
verlegt wurde. So verwundert es nicht, dass bereits 1302 der Kirchhof befestigt und 1383 der gesamte Ort neben Wall und Graben
auch mit einer Palisade umgeben wurde. Diese Maßnahmen waren jedoch nicht ausreichend, um Graf Adolf von der Mark davon
abzuhalten, das inzwischen mit eingeschränkten Stadtrechten aus-
gestattete Werne niederzubrennen. 1405 erfolgte daher die Befestigung mit einer Stadtmauer mit vier Toren und neun Türmen, die

1585 gegen Schusswaffen noch durch einen vorgelagerten Wall verstärkt wurde. Wirtschaftlich blühte die Stadt auf, sodass sie 1470 in die Hanse eintreten konnte. Während des Dreißigjährigen Krieges wurde Werne mehrfach besetzt, geplündert und gebrandschatzt. In der Zeit der Industrialisierung geriet die Steinkohle ins Blickfeld. Stieß man bei ersten Bohrungen 1873/74 „nur" auf eine Solequelle, wurde 1899–1975 mit der Zeche Werne in mehreren Schächten Steinkohle abgebaut.

Sole

1873/74 wurde in Werne bei Bohrungen nach Kohle eine Solequelle entdeckt. In etwa 530 m Tiefe stießen die Bergleute auf Wasser, das auffallend warm war und einen salzigen Geschmack aufwies. Diese Entdeckung wurde genutzt, um ein einfaches Thermalbad einzurichten und Werne damit zur Badestadt zu machen. Besonders bei Haut- und Rheumaerkrankungen zeigte das Wasser heilsame Wirkung. 1905 versiegte die Quelle, wurde aber 1935 neu erschlossen. Heute stammt die im Freibad verwendete 6%ige Natursole nicht mehr aus Werne selbst, was der Entspannung aber keinen Abbruch tut.

1 St. Christophorus

Die Christophorus-Kirche in Werne.

Dort, wo heute die Christophorus-Kirche steht, befand sich vermutlich seit dem 8. Jh. ein Friedhof mit hölzerner Kapelle. Zwischen 1022 und 1032 wird die Kirche erstmals urkundlich erwähnt, und für das Jahr 1139 ist bekannt, dass sie dem neu gegründeten Stift Cappenberg angegliedert wurde. 1154 erhielt Werne einen steinernen Kirchenbau im romanischen Stil mit drei Schiffen und halbrundem Ostchor. In den dreißiger oder vierziger Jahren des 13. Jh. erfolgte ein Umbau zur dreischiffigen Hallenkirche mit gerade geschlossenem Chor. Im Jahr 1400 fiel die Kirche einem Brand zum Opfer. Der 50 Jahre später errichtete Neubau einer gotischen

Hallenkirche mit jeweils drei Schiffen und Jochen sowie Westturm entspricht weitgehend dem heutigen Gotteshaus.

Sehenswert sind im Innern vor allem der achteckige spätgotische Taufstein und die 3 m hohe Figur des Kirchenpatrons Christophorus aus den 1840er Jahren. Im nördlichen Seitenschiff sind noch Reste der Erstausmalung erhalten, die einen Engel mit Schriftband zeigen. In einem Grab fanden Archäologen ein kostbares Messgewand aus dem frühen 14. Jh., das heute im gegenüberge- legenen Karl-Pollender-Museum zu besichtigen ist.

Hl. Christophorus

Als Schutzpatron aller Reisenden gehörte der hl. Christophorus im Mittelalter zu den 14 Nothelfern, die bei vielfältigen Sorgen ange- rufen werden. Der Legende nach war er ein Riese, der nur dem mächtigsten aller Könige dienen wollte. Während seiner Suche nach diesem Herrscher über- nahm Christophorus die Aufga- be, Menschen auf seinem Rük- ken über einen reißenden Fluss zu bringen. Eines Tages trug er Christus selbst in Gestalt eines Kindes über das Wasser, erhielt

Die gotische Hallenkirche von Werne (15. Jh.) mit dem Kirchenpatron St. Christophorus.

durch ihn die Taufe und erkannte ihn als seinen Herrn an. Der Festtag des hl. Christophorus ist am 25. Juli, also am gleichen Tag, an dem auch des hl. Jakobus d. Ä. gedacht wird.

In Werne ist Christophorus nicht nur Kirchenheiliger, sondern auch Brü- ckenpatron. Die 3 m hohe vollplastische Figur aus dem 19. Jh. in der Wer- ner Stadtkirche zeigt das weitaus beliebteste Motiv: Der bärtige Riese mit einem Baumstamm als Wanderstab und dem Jesuskind auf der Schulter. Christus hat die rechte Hand segnend erhoben und hält in der Linken die Weltkugel mit Kreuz als Zeichen seiner Weltherrschaft.

2 Kirchplatz

Die kleinen Fachwerkbauten, die sich um Wernes Kirchplatz schmiegen, sind die sog. Wärmehäuschen. Diese ehemaligen Speichergebäude wurden vor dem Kirchgang von den Bauern der Umgebung als Platz zum Aufwärmen genutzt. Das älteste der erhaltenen Häuschen stammt aus dem Jahr 1447 (Nr. 21). Es gehört zu den ältesten Kleinfachwerkbauten Westfalens. Die meisten der Häuschen wurden 1586 bei einem Stadtbrand zerstört.

3 Kapuzinerkloster

Die ersten Kapuzinerbrüder ließen sich im Jahre 1659 in Werne nieder. Sie bekamen ein Grundstück an der Stadtmauer für den Bau des Klosters zur Verfügung gestellt, in das nach der Fertigstellung 1673 elf Brüder einzogen. Kurze Zeit später (1677–80) wurde auch die St. Petrus und Paulus geweihte Klosterkirche errichtet. In ihrem Innern fallen besonders die drei aufwendigen Rokoko-Altäre ins Auge. Neben der Seelsorge und der Vermittlung des christlichen Glaubens engagierten sich die Kapuzinerbrüder auch in der Krankenpflege. Davon zeugt das auf der Klostermauer errichtete Pesthäuschen mit Fachwerkobergeschoss, in dem früher die Brüder wohnten, die die Pestkranken in Werne und Umgebung pflegten. Da sie mit den Aussätzigen in Kontakt gekom-

Das Pesthäuschen im Kapuzinerkloster Werne.

men waren, sollten sie niemanden anstecken. Die heute im Kloster lebenden Kapuzinerbrüder nutzen das Häuschen für die Jugendarbeit und als Unterkunft für Pilger. 1834 wurde das Kloster aufgelöst und in den Gebäuden verschiedene Schulen untergebracht. 1851 konnte der Ordensbetrieb jedoch wieder aufgenommen werden. Eine erneute Schließung 1875 wurde durch den Grafen von Merveldt zu Westerwinkel verhindert, der die Gebäude übernahm und weiterhin Gottesdienste abhalten ließ. Mit der offiziellen Erlaubnis des preußischen Kultusministeriums wurde das Kloster ab 1887 Bildungsstätte für die Studenten des Ordens, wovon noch heute eine etwa 20.000 Bücher umfassende Bibliothek zeugt, in der einige Exemplare 400 Jahre alt sind. Im Kreuzgang befindet sich das alte Pilgerkreuz, das seit 1677 bei der jährlichen Wallfahrt nach Werl getragen wird.

4 Rathaus mit Markt

Das aus den Jahren 1512−14 stammende alte Rathaus steht auf dem historischen Marktplatz in Werne. Der zweigeschossige Giebelbau, der zu den sog. münsterschen Bogenhäusern gezählt wird, gehört zu den ältesten erhaltenen Bauwerken Wernes. Die Ratskammer befindet sich im Obergeschoss und wird auch heute noch vom Stadtrat genutzt. Die gotischen Laubengänge im Erdgeschoss

Der Marktplatz mit dem Rathaus im Vorder- und der Christophorus-Kirche im Hintergrund.

wurden als Ort für öffentliche Bekanntmachungen, für Pranger und Ratswaage sowie als Wachstube genutzt. Ab 1816 diente das Gebäude als Sitz von Land- und Stadtgericht sowie als Gefängnis.

Das alte Steinhaus.

5 Altes Steinhaus

Das Alte Steinhaus in Werne ist das erste ohne Fachwerk errichtete Wohngebäude in der Stadt. Es wurde im 13. Jh. erbaut und gehörte zunächst dem Drosten (Verwalter) der Abtei Werden an der Ruhr. Diese besaß in Werne eine Reihe von Höfen, die der Droste verwaltete. Nach 1400 hatte das Haus verschiedene Besitzer: einen Ritter von Lembeck, Rötger von Diepenbrock und bis 1806 die Herren von Merveldt zu Westerwinkel.

Seit 1983 ist hier die Stadtbücherei von Werne untergebracht.

6 Jüdischer Friedhof

Der an der alten Stadtmauer befindliche Friedhof war seit dem 17. Jh. Begräbnisplatz der jüdischen Gemeinde Werne. Der älteste erhaltene Grabstein stammt von 1702/03. Seit 1554 lebten ununterbrochen jüdische Familien in der Stadt. Aber erst im 19. Jh. erhielten sie schrittweise die Gleichberechtigung mit ihren christlichen Mitbürgern. Wie einer dort angebrachten Mahntafel zu entnehmen ist, wurden die letzten der sieben jüdischen Familien 1943 aus Werne deportiert und in den Konzentrationslagern ermordet. Nur eine Person überlebte die Deportation, wenige konnten rechtzeitig emigrieren. Der Friedhof ist verschlossen; der Schlüssel kann im Stadtmuseum (Kirchhof 13) entliehen werden.

Jüdischer Friedhof an der ehemaligen Stadtmauer.

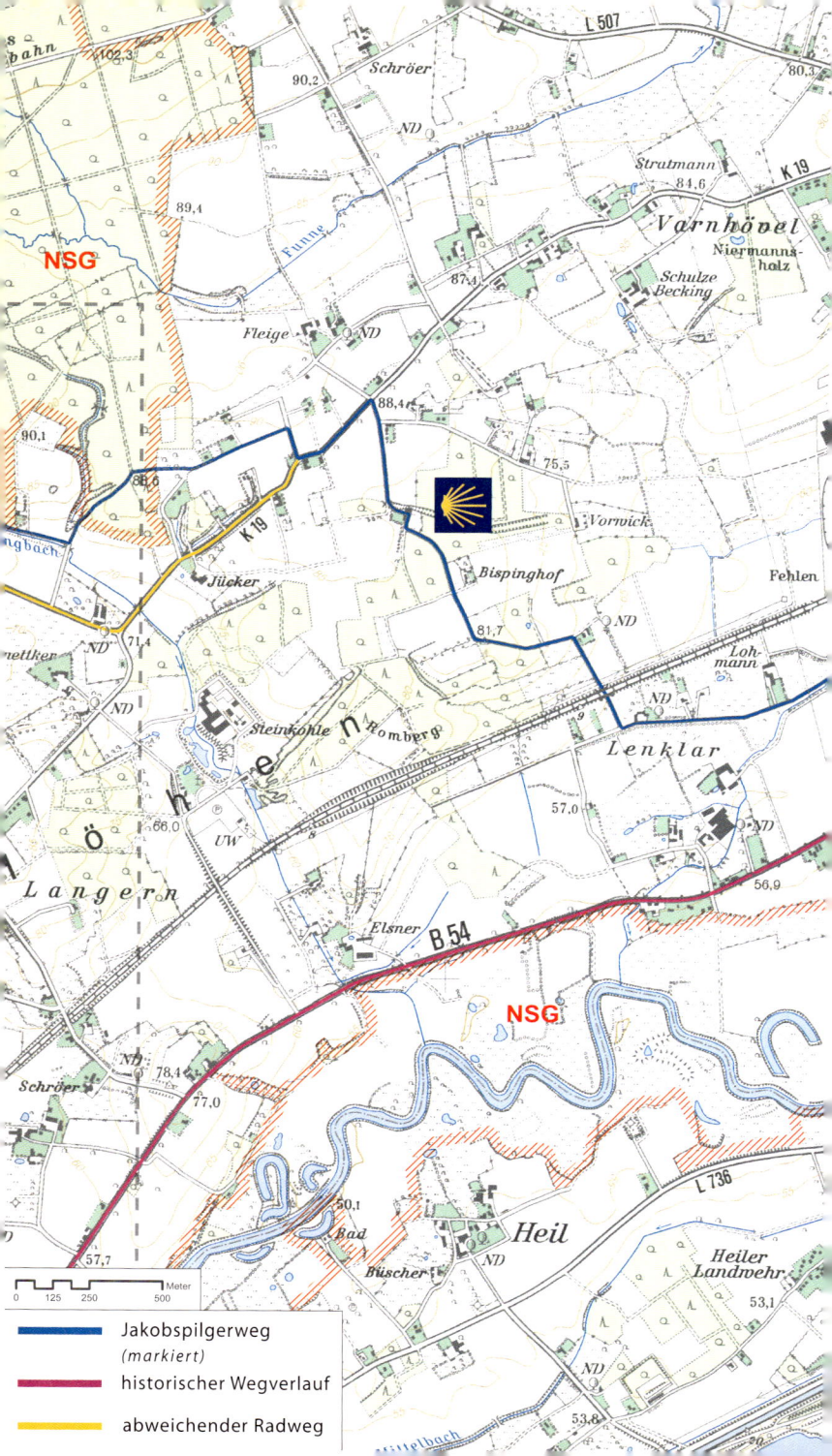

Jakobspilgerweg
(markiert)

historischer Wegverlauf

abweichender Radweg

Unbequemer Staatsmann: Freiherr vom und zum Stein

Der Staatsminister Heinrich Friedrich Karl Reichsfreiherr vom und
zum Stein (1757–1831) gilt als un-
entwegter „Reformer" in einer be-
wegten Zeit. 1757 in Nassau an der
Lahn geboren, machte der junge
Stein in preußischen Diensten Kar-
riere. Zunächst war er als Direktor
der Kleve-Märkischen Bergämter
in Wetter an der Ruhr zuständig für
den Betrieb der Kohlebergwerke
entlang des Flusses (vgl. Etappe 9).
1802 betraute ihn der preußische

Porträt des Freiherrn vom Stein.

König mit der Säkularisation der geistlichen Territorien Westfalens. Im Jahre 1804 wurde er Finanz- und Wirtschaftsminister in Berlin. Dort initiierte er
jene Reformen, welche die Voraussetzungen für eine moderne Bürger-
gesellschaft in Deutschland bildeten. An die Stelle bürokratischer Zwänge
und des Obrigkeitsstaates setzte er die kommunale Selbstverwaltung.
Stein galt als unbequem und machte sich Feinde, so ließ ihn Kaiser Napoleon steckbrieflich durch halb Europa verfolgen. Nach der politischen
Neuordnung zog er sich 1815 nach Westfalen zurück, das ihm viel bedeu-
tete. Hier wirkte er an der Durchsetzung des Prinzips der landschaftlichen
Selbstverwaltung mit, das der Landschaftsverband Westfalen-Lippe (LWL)
noch heute verkörpert. Als Mitbegründer des Westfälischen Provinzial-
landtages (heute: Westfalenparlament) gilt er als einer der Gründungs-
väter des LWL.

Nachdem er sich auf Schloss Cappenberg niedergelassen hatte, gab
Stein der Anlage mit umfangreichen Umbau- und Instandsetzungsarbei-
ten ihre heutige Gestalt. Er starb hier 1831, wurde aber auf seinen Besit-
zungen in Nassau begraben.

Auf Schloss Cappenberg lagert im sog. Steinarchiv nicht nur sein schriftlicher Nachlass, sondern hier ist ihm auch eine Dauerausstellung gewid-
met.

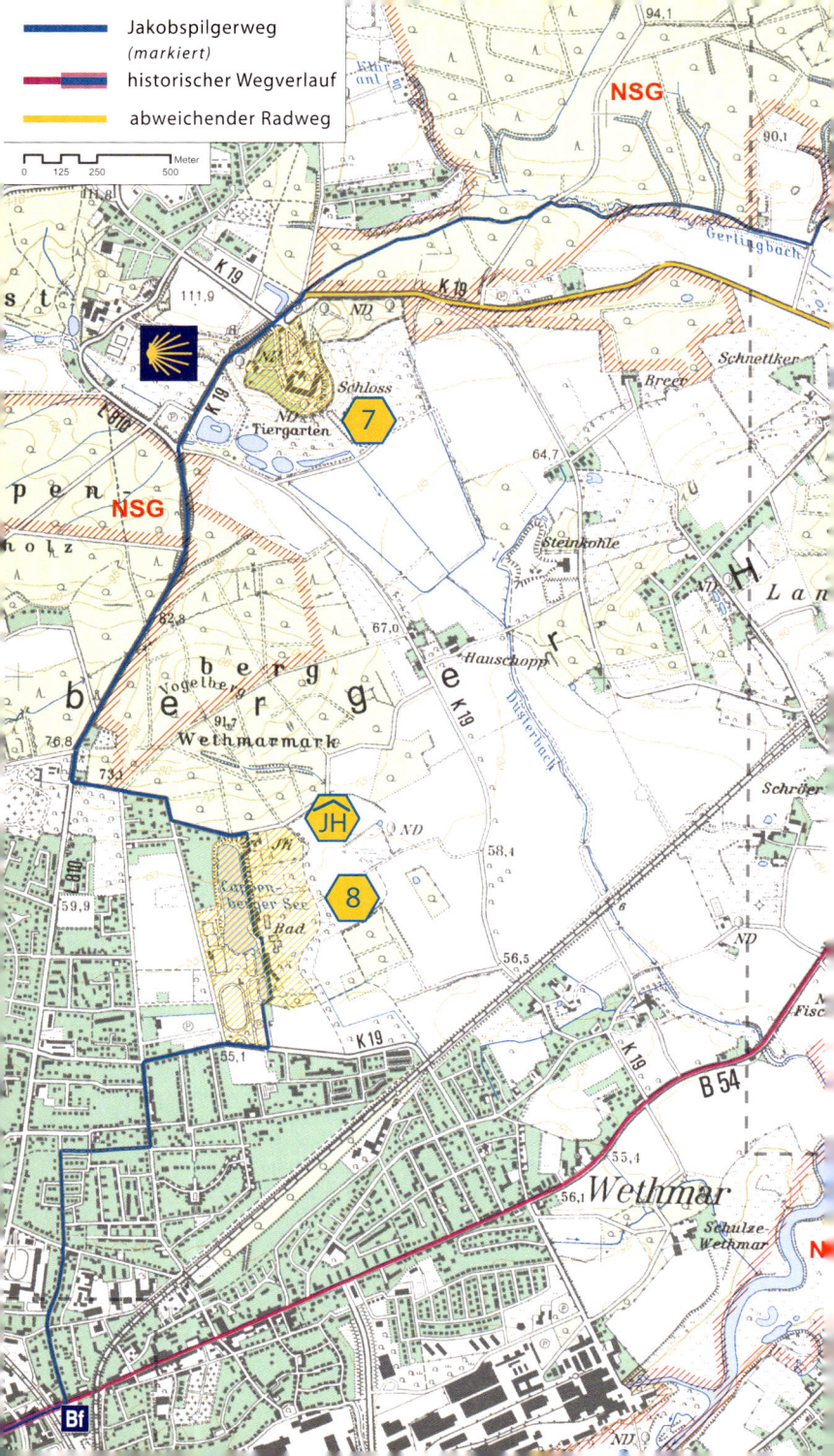

Jakobspilgerweg
(markiert)

historischer Wegverlauf

abweichender Radweg

0 125 250 500 Meter

NSG

NSG

Schloss

7

Tiergarten

ND

Steinkohle

H Lan

berg e r

Vogelberg

Wethmarmark

Hauschopp

Düsterbuck

K 19

JH

ND

8

Cappen-
berger See

Bad

Schröer

ND

Fisc

K 19

K 19

B 54

Wethmar

Schulze-
Wethmar

N

Bf

ND

Gerlingbach

Schnettker

Brecc

94,1

90,1

90,1

111,9

82,8

67,0

76,8

73,3

91,7

59,9

58,4

56,5

55,1

56,1

55,4

64,7

K 19

7 *Schloss Cappenberg*

Auf einem Bergsporn nördlich der Lippe errichteten die Grafen von Cappenberg vermutlich bereits im 10. Jh. eine strategisch äußerst günstig gelegene Burg. Die mit den Staufern verwandten Grafen gehörten zu den reichsten und mächtigsten Adelsgeschlechtern Westfalens. In der Zeit des Investiturstreites waren die Brüder Gottfried und Otto von Cappenberg an der Seite des Bischofs von Münster und Herzog Lothars von Sachsen an der Zerstörung der Bischofsstadt sowie des Domes im Jahr 1121 beteiligt. Als Buße legte Gottfried seinen Grafentitel ab und schenkte die Burg dem von Norbert von Xanten gegründeten Prämonstratenserorden, in den er und seine Familie auch selbst eintraten. Der Orden erhielt so seine erste Niederlassung östlich des Rheins.

In der 1149 vollendeten Stiftskirche werden die Gebeine Gottfrieds in einem aus gotischer Zeit stammenden steinernen Reliquienschrein aufbewahrt. Zur außerordentlich reichen Ausstattung des Gotteshauses zählen auch das Chorgestühl, das Triumphkreuz sowie der Flügelaltar des „Meisters von Cappenberg" (= Jan Baegert, Wesel, um 1530). Zu den berühmtesten Kunstschätzer Cap-

Jakobusfigur aus der Stiftskirche von Cappenberg.

Schlosshof mit ehemaliger Stiftskirche (rechtes Gebäude).

Der Cappenberger Barbarossa-Kopf

Kaum ein Adelsgeschlecht beein-flusste die europäische Geschichte des Mittelalters so wie die Staufer, die im 12. und 13. Jh. die Herrscher über das „Heilige Römische Reich Deutscher Nation" stellten. Eindrucks-volles Zeugnis dieser Epoche ist der sog. Barbarossa-Kopf aus der Stifts-kirche St. Johannnes Evangelist in Cappenberg. Die um 1160 gefertigte Bildnisbüste Friedrichs I. von Stau-fen (auch bekannt als Friedrich Bar-barossa = „Rotbart") gelangte um das Jahr 1160 gemeinsam mit einer Taufschale als Geschenk des Kai-sers an seinen Taufpaten Otto von

Die vergoldete Büste des Kaisers Friedrich I. (Barbarossa).

Cappenberg in das damalige Prämonstratenserstift, wo sie noch heute zu besichtigen ist. Beide Geschenke sollten die persönliche Verbundenheit des Kaisers zu seinem Patenonkel ausdrücken. Die Büste wurde später auf dem im 14. Jh. errichteten Grabmal Gottfrieds von Cappenberg, dem Bruder Ottos, aufgestellt (auf einer dafür vorgesehenen kreuzförmigen Unterlage in der rechten Hand des als Heiligen verehrten ehemaligen Grafen).

Die aus Bronze gegossene, 31,4 cm hohe, vergoldete Büste gilt als ältes-tes und einziges Porträt eines deutschen Kaisers des Mittelalters. Obwohl sie laut Testament Ottos „nach dem Antlitz des Kaisers geformt" sein soll, handelt es sich auch hier wohl um ein Idealbildnis, das an antike Herr-scherbildnisse Roms anknüpft. Die Stirnbinde, einst silbern, verweist auf die imperiale Würde und Macht der römischen Kaiser. Der Anspruch Bar-barossas auf das Imperium wird symbolisiert durch einen von Engeln ge-tragenen Sockel, dessen Mauerkranz die Stadt Rom darstellt. Die lateini-sche Inschrift, die besagt, dass sich im Kopf einst Reliquien des Kirchpa-trons befanden, ließ Otto von Cappenberg anbringen.

penbergs gehört die vergoldete Büste mit den Gesichts-
zügen Kaiser Friedrich Bar-
barossas, dessen Patenonkel
Otto von Cappenberg war,
aus der Zeit um 1160.

Abgesehen von der noch
weitgehend in ihrer romanischen Substanz erhaltenen
Kirche lassen die umstehen-
den, schlichten Barockbau-
ten keinen Eindruck von der mittelalterlichen Anlage mehr zu.
Nach der Säkularisation erwarb der **Freiherr vom und zum Stein**
(→ S.147) das Gelände als Altersruhesitz und gestaltete vor allem
das Außengelände nach eigenen Vorstellungen. Die Großzügigkeit
dieser über die Jahrhunderte gewachsenen Parkanlage ist bis
heute erhalten geblieben. Der nah gelegene Wildpark ist Nachfolger des „Tiergartens", den die Pröpste hier unterhielten. Die „Wälder bei Cappenberg" sind wegen ihrer Naturnähe inzwischen
großflächig geschützt (→ S.153).

Heute leben auf Schloss Cappenberg die Nachfahren des Freiherrn, die Grafen von Kanitz. Im unbewohnten Teil des Schlosses

Balkon mit
Schlossan-
sicht.

Landschafts-
park Schloss
Cappenberg
mit histori-
schem
Fischteich.

befinden sich das Freiherr-vom-Stein-Archiv und mehrere Ausstellungsräume des LWL-Museums für Kunst- und Kulturgeschichte (Dauerausstellung über Freiherr vom und zum Stein) sowie des Kreises Unna (Wechselausstellungen). Die ehemalige Stiftskirche (St. Johannes Evangelist) ist katholische Pfarrkirche und im Eingangsbereich täglich geöffnet.

8 *Cappenberger See*

Großflächige Ausbaggerungen eiszeitlicher Sandmassen haben hier das Landschaftsbild seit der zweiten Hälfte des 19. Jh. erheblich verändert. Als Schüttmaterial für den Damm der Eisenbahnlinie nach Werne (eröffnet 1928) benötigt wurde, fand man dieses in Wethmar nördlich von Lünen. Das dabei entstandene Loch füllte sich mit Wasser und erhielt den Namen „Cappenberger See", der schon bald als Natur-Badeanstalt genutzt wurde. Er bildete die Keimzelle für die heutigen Sport- und Freizeiteinrichtungen mit Freibad und Wasserspielplatz, Minigolfplatz oder die kleinere Ausgabe Pit-Pat. Auf dem See kann man außerdem Ruder- und Tretboot fahren.

Cappenberger See mit Ausflugslokal.

Naturschutzgebiet „Wälder bei Cappenberg"

Das Naturschutzgebiet um Cappenberg umfasst eines der größten zusammenhängenden Laubwaldgebiete innerhalb des Kernmünsterlandes. Seine Größe, Struktur, weitgehende Naturnähe und vor allem seine vegetationskundliche Ausprägung haben das Land Nordrhein-Westfalen dazu bewogen, einen Großteil der Wälder (mehr als 670 ha) als Flora-Fauna-Habitat (FFH)-Gebiet an die Europäische Union zu melden.

Geschützt werden hier Stieleichen-Hainbuchen-Wälder, Buchenwälder in ihren standörtlich verschiedenen

Üppiger Laubwald auf Kalkgestein am Schloss Cappenberg.

Ausprägungen (Hainsimsen- und Waldmeister-Buchenwälder), Erlen-Eschen-Auwälder, Bachläufe und Bacheinschnitte sowie Quellbereiche. Aber auch die Tierwelt ist schützenswert: In den Wäldern leben u. a. Mittelspechte, Wespenbussarde und Schwarzspechte. Darüber hinaus sind noch Pirol und Waldschnepfe zu nennen, außerdem Tag- und Nachtfalter sowie verschiedene Fledermausarten.

Die Wälder bei Cappenberg werden nach dem Prinzip der naturnahen Waldwirtschaft genutzt. Auf die herkömmliche Kahlschlagwirtschaft wird dabei verzichtet und schonenderen Verfahren (Femelhieb, Einzelstammnutzung) der Vorzug gegeben. Dies führt zur Ausbildung eines stufigen und strukturreichen Walces, ohne dass der Waldcharakter verloren geht. Zahlreiche Altbaumbestände (einige haben ein Alter von mehr als 180 Jahren erreicht) blieben erhalten. Die Bewirtschaftung unterscheidet sich deutlich von der der umliegenden Waldgebiete, sodass die unterschiedliche Nutzung und ihre Auswirkungen gut nachvollzogen werden können. Zudem ist die waldbauliche und historische Entwicklung der Waldflächen sehr gut dokumentiert. Somit sind auch wissenschaftliche und landeskulturelle Aspekte maßgebend für die Ausweisung dieses Naturschutzgebietes.

LÜNEN → DORTMUND

Wegbeschreibung und Hinweise   16 km

Startpunkt: St. Georg, Lünen.
Fuß- und Radstrecke: Identisch.
Schwierigkeitsgrad für Fußgänger und Radfahrer: Leicht.

Mit der Überquerung der Lippe verlässt der Weg der Jakobspilger end-
gültig das Münsterland und verläuft
nun durch das Ruhrgebiet. Als Grenz-
ort zwischen dem Fürstbistum Münster
und der Grafschaft Mark hatte **Lünen
(1 – 3)** früher große strategische Bedeutung und bildete später eine markante
konfessionelle Grenze. Südlich von Lü-

nen gelangt man zum alten **Schulzenhof Gahmen (4)**, der durch
die Siedlungstätigkeit zunehmend bedrängt wird. Die intakte historische Hofanlage und der alte Baumbestand beeindrucken bis
heute. Der **Datteln-Hamm-Kanal**, der kurz vor der Stadtgrenze Lünens gequert wird, gibt den Pilgern einen ersten Hinweis darauf, dass
sie sich nun in der größten zusammenhängenden Industrieregion
Europas befinden. Im Dammbereich stehen auch einige alte Ber-
gahorne.

> Brücke über den Datteln-Hamm-Kanal bei Lünen.

Kurz vor dem Erreichen der ehemaligen Landwehr steht etwa
250 m nördlich des Weges die sog. **Napoleonsbuche (5)** (Achtung:
frei laufende Hunde!). Über den Wulfskamp erreicht der Weg das
bereits zu Dortmund gehörende alte Kirchdorf **Brechten** mit der
evangelischen **Kirche St. Johann Baptist (6)**. Nach Querung der
Autobahn BAB 2, die hier schon 1935 gebaut wurde, gelangt man
durch das **Naturschutzgebiet Süggel (7)** in den zusammenhän-
gend bebauten Bereich der größten Stadt Westfalens. Im Weiteren
beweist Dortmund eindrücklich, dass es eine Stadt mit viel Grün ist:
Die Kleingartenanlagen „Zur Sonnenseite" oder „Gut Glück", moderne öffentliche Grünflächen, der Nordfriedhof sowie Platanen-
und Eschenalleen ermöglichen ein fast ungestörtes Erreichen des
Zentrums.

> Links: Die romanische Kirche von Dortmund-Brechten.

Pilger- und Wegespuren ...

Pilgerweg

Bereits um 1270 ist für Lünen ein wundertätiges **Marienbild** in der Kirche St. Marien belegt. Das in dieser Zeit entstandene **Gnadenbild** „Unserer lieben Frau von Alt-Lünen" war Anziehungspunkt für viele Pilger und Wallfahrer: Die Lünener Marienwallfahrt ist die älteste bezeugte des Bistums Münster.

Die Lage Lünens an der Stelle, an der die historische **Fernhandelsstraße** die Lippe überquerte, hat die wechselvolle Geschichte der Stadt stark beeinflusst. Bereits im 13. Jh. ist eine Brücke über die Lippe bezeugt, welche die Furt im Bereich des Pumpwerkes am Ende der „Gartenstraße" ersetzte. Im 14. Jh. wurde die Stadt auf das südliche Ufer des Flusses verlegt, was der Bedeutung Lünens keinen Abbruch getan hat. Der Handelsverkehr nutzte die nun etwas nach Osten verlegte Strecke weiterhin, und dank der Marienwallfahrt fiel auch die ehemalige Nordstadt nicht vollständig wüst.

1446 verlor ein Kölner Händler bei der Überquerung der **Lippe** während eines Unwetters 25 Decken Leder, die er in Münster gekauft hatte, und 1622 büßte ein Kaufmann auf dem Weg von Münster nach Köln in Lünen eine Ladung Butter und Käse ein. Die beiden zufällig überlieferten Begebenheiten bezeugen den Verlauf und die rege Nutzung der alten Fernhandelsstraße. Dies wird auch durch die Bezeichnung „Steinweg" für die Hauptdurchgangsstraße Lünens im Jahre 1504/05 unterstrichen, was auf eine Pflasterung schließen lässt.

Jakobus-figur auf dem Taufstein der Georgskirche in Lünen.

Die Stadtgebiete Lünens und Dortmunds, die im Mittelalter die Grenze zwischen der Grafschaft Mark und der freien Reichsstadt Dortmund bildeten, wurden einst von einer **Landwehr** (→ S. 123) getrennt, deren Reste noch heute am „Wulfskamp" in Höhe der Napoleonsbuche durch einen von Bäumen bestandenen Wall erkennbar sind.

In Brechten ist für das 14. Jh. ein öffentlicher Gerichtsplatz der Stadt Dortmund bezeugt.

Die Straße durchquerte die innere Stadtlandwehr am **Fredenbaum**, der ursprünglich durch einen Turm geschützt wurde. Der angrenzende Park und eine U-Bahn-Haltestelle sind heute nach diesem alten Schlagbaum benannt. Der Weg erreichte das Zentrum Dortmunds mit der Stadtkirche St. Reinoldi durch das „Burgtor" und die „Brückstraße".

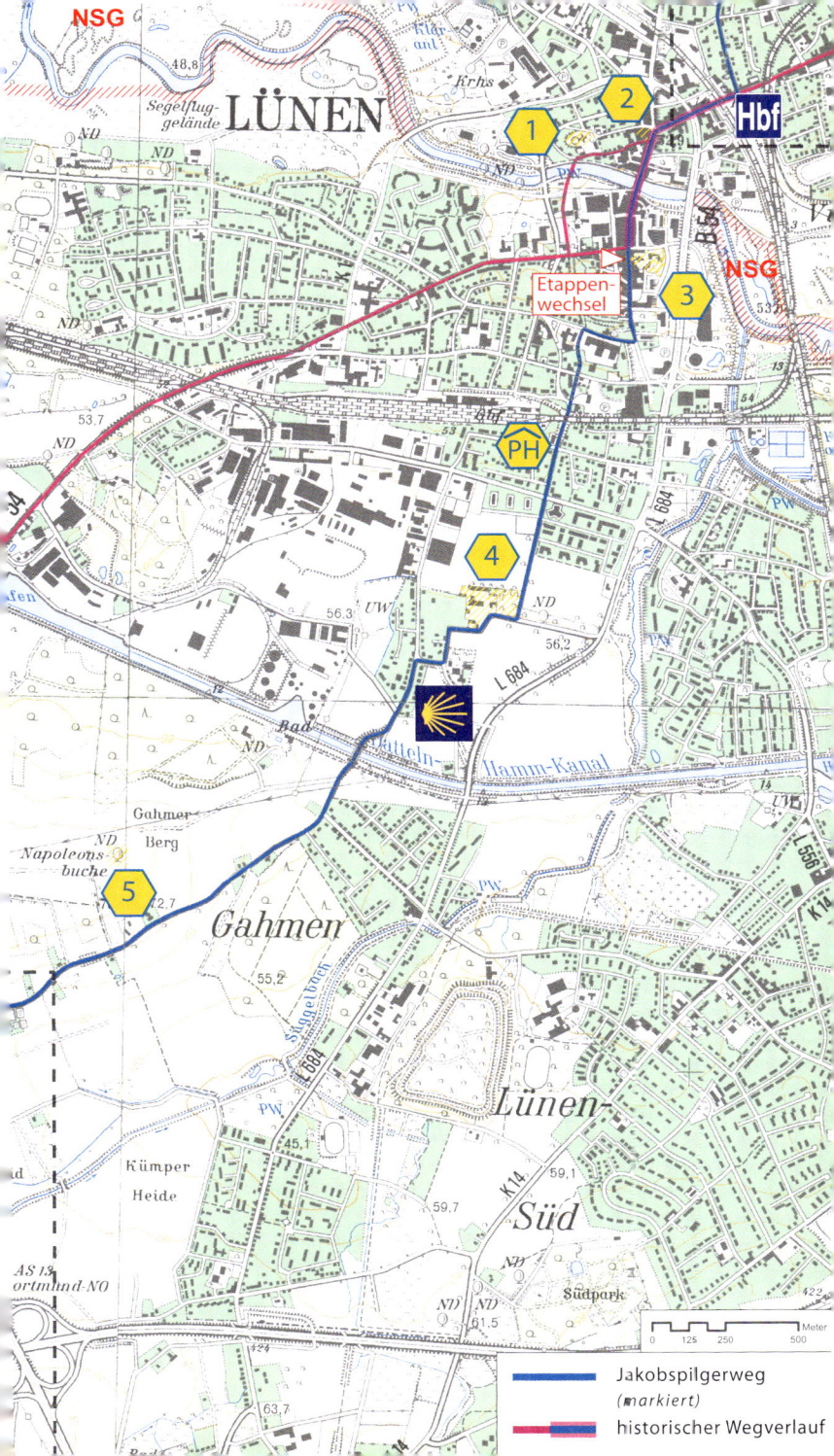

Lünen

Die Stadt Lünen befindet sich in verkehrstechnisch günstiger Lage an einer Lippefurt, über die die alte Handelsstraße von Münster nach Dortmund verlief. Bereits in den Heberegistern des Klosters Werden (um 890) tauchen vier Höfe aus der Umgebung Lünens auf, darunter „Nordliunon" und „Sudliunon". Im 11. Jh. stand auf dem hochwasserfreien nördlichen Lippeufer die Marienkirche. Bis zum 12. Jh. muss die Ansiedlung stark gewachsen sein, denn für 1195 sind ein Markt und ein Zoll bekannt. Die Stadtwerdung ist für das letzte Drittel des 13. Jh. anzunehmen. Aufgrund der Lage im Grenzbereich zwischen dem Bistum Münster, der Grafschaft Mark und dem Erzbistum Köln sowie der Nähe zur Reichsstadt Dortmund schützten die Münsteraner Fürstbischöfe Lünen bereits um 1216 – sehr zum Missfallen der Kölner – mit einer Befestigung. Diese bestand aus einer mächtigen Mauer und einem dreifachen Wall-Graben-System. Immer wieder aufflammende Grenzstreitigkeiten trugen zu einer wechselvollen Geschichte bei, die noch an Brisanz zunahm, als Graf Eberhard von der Mark wohl vor dem Jahr 1300 in den Besitz der Stadt gelangte. 1336 wurde Lünen durch Eberhards Enkel, den Grafen Adolf von der Mark, aus dem münsterschen Einflussbereich heraus auf das Südufer der Lippe verlegt. Nur wenige Häuser um die Marienkirche herum blieben bestehen.

Stadtmodell von Lünen um 1700.

Die flächenmäßig etwas kleinere Neustadt, die 1341 märkische Stadtrechte verliehen bekam, wurde ebenfalls stark befestigt und erhielt etwa 20 Jahre später auch eine eigene Pfarrkirche. Eine außergewöhnlich große Zahl von ansässigen Burgmannen, die im Verteidigungsfall bewaffnete

Männer stellten, trug zum Schutz der Stadt bei. Erst 1575 wurde der lange umstrittene Altstadtbereich nördlich der Lippe ebenfalls der Grafschaft Mark zugesprochen, die geistliche Verwaltung blieb aber beim Bischof von Münster.

Die Marienkirche vom südlichen Ufer der Lippe aus gesehen.

Die Verlegung Lünens auf das Südufer der Lippe hatte es mit sich gebracht, dass die neue Stadt – im Gegensatz zu meist langsam gewachsenen Ansiedlungen – planmäßig angelegt wurde. Dies ist auch heute noch im Stadtgrundriss erkennbar, auf dem der Kern der neuen Stadt als ein rechtwinkliges Straßensystem mit der Hauptkreuzung am Marktplatz und der Georgskirche sichtbar ist.

Metallschmelze in der NS-Zeit

Bereits vor dem Zweiten Weltkrieg gab es im Rahmen der Autarkiebestrebungen des NS-Staates zahlreiche Verordnungen zur Verwertung von Altmaterialien. Für die Rüstungsindustrie wurde die Sammlung von Altmetall immer wichtiger. Zu diesem Zweck wurde zusätzlich zur Metallsammlung bei Behörden auch zur „Metallspende des Deutschen Volkes zum Geburtstag des Führers im Kriegsjahr 1940", der sog. „Adolf-Hitler-Spende", aufgerufen. Der Oberpräsident von Westfalen bestimmte, dass sämtliche Metalle aus seinem Bezirk an die Hüttenwerke Kayser in Lünen gebracht werden sollten. Neben zahllosen Alltagsobjekten wie beispielsweise Aschenbechern sowie Ess- und Trinkgefäßen, Haushaltsgeräten, Geländern und Zierobjekten verschiedenster Art wurden hier auch viele Glocken aus westfälischen Kirchen gesammelt und durch Einschmelzen für immer vernichtet. Nur wenige Exemplare, deren historische Bedeutsamkeit zwingend glaubhaft gemacht werden konnte, entgingen diesem Schicksal.

Das Gnadenbild (13. Jh.) aus der Marienkirche in Lünen.

1 St. Marienkirche

Von der vermutlich 1018 erbauten ersten Marienkirche finden sich im Westen und Norden des heutigen Bauwerkes noch Reste der Kirchhofsmauer. Sie zeugen vom Wehrcharakter des damaligen Gotteshauses, das – auf dem höchsten Punkt des Geländes gelegen – den Flussübergang sicherte. Im 13. Jh. wurde die Kirche bei kriegerischen Auseinandersetzungen zwischen dem Erzbischof von Köln und dem Bischof von Münster zerstört. Der Nachfolgebau, eine frühgotische Hallenkirche mit drei Schiffen, konnte erst 1301 fertiggestellt werden. Nach der Verlegung der Stadt auf das Südufer der Lippe 1336 – 40 war die Altstadt um die Kirche nur noch dünn besiedelt. Ein wichtiger Grund, weshalb das Gotteshaus nicht dem Verfall preisgegeben oder abgerissen wurde, ist sicherlich die spätestens seit dem Beginn des 14. Jh. bekannte Wallfahrt zu „Unserer lieben Frau von Alt-Lünen", die einzige Marienwallfahrt im Bistum Münster, die sich bereits im Mittelalter nachweisen lässt. In dem 43 cm hohen, hohl gearbeiteten hölzernen Gnadenbild aus der Zeit um 1270, das eine thronende Muttergottes mit Jesuskind zeigt, befinden sich mehrere Reliquien. Ereignisse wie Reformation, Dreißigjähriger Krieg, Schließung durch die Preußen und die Machtübernahme des NS-Regimes setzten dem Wallfahrtsverkehr zwar jeweils ein vorläufiges Ende, er lebte aber immer wieder auf.

Der heutige Bau, eine neugotische Basilika mit vierjochigem Langhaus, stammt aus dem Ende des 19. Jh., als die alte Kirche für die stark angewachsene Gemeinde zu klein geworden war. Auf der Westseite des Vorplatzes sind in der Pflasterung die Umrisse des Vorgängerbaus kenntlich gemacht. Wenige Bau- und Ausstattungsteile aus der alten Kirche fanden in der neuen einen Platz, so das Triumphkreuz aus dem 14. Jh. und die beiden Madonnenstatuen aus dem 13. Jh.

2 *St. Georgskirche*

Nach der Verlegung Lünens 1336 auf das Südufer der Lippe durch den Grafen von der Mark brauchte die neue Stadt eine eigene Kirche. Zunächst wurde wohl um 1347 eine Kapelle erbaut, die zwischen dem heutigen Kirchenschiff und dem Markt stand. 1360 schließlich war die steinerne Kirche St. Georg fertiggestellt. Sie steht innerhalb der planmäßig angelegten Neustadt leicht zurückversetzt an der von Norden nach Süden führenden Hauptdurchgangsstraße („Lange Straße"). Zusammen mit dem Rathaus gehörte die Kirche zu den wenigen frühen Steinbauten Lünens. Es handelt sich um eine dreischiffige Hallenkirche mit annähernd quadratischem Grundriss und mit im Osten angeschlossenem 5/8-Chor. Im Westen wird das Kirchenschiff von einem quadratischen, dreigeschossigen Turm überragt. Seit der Einführung der Reformation ist die Kirche evangelisch.

Die heutige Ausstattung stammt vorwiegend aus dem 15. Jh. und ist bei dem großen Stadtbrand 1512 offensichtlich nicht zu Schaden

Die Kirche
St. Georg
in Lünen.

gekommen. Dazu gehören der spätgotische Flügelaltar aus dem Umkreis des Liesborner Meisters, das Triumphkreuz, das Sakramentshäuschen und der Taufstein, auf dem auch Jakobus d. Ä. dargestellt ist. Bei Renovierungsarbeiten konnten Reste von Gewölbemalereien aus dem 16. Jh. aufgedeckt werden, die den Sündenfall und das Jüngste Gericht zeigen.

3 *Persiluhr*

An der Gabelung von „Cappenberger Straße" und „Münsterstraße" steht eine Säule mit Uhr, die im Volksmund „Persiluhr" genannt wird. Als die Stadt Lünen im Jahre 1928 von Gas auf elektrischen Strom umstellte, wurde die zuvor vorhandene Gaslaterne an dieser Stelle durch eine moderne Bogenlampe mit Uhr ersetzt, die als Reklameträger diente. Das bekannte Werbemotiv für das Waschmittel Persil mit einer schlanken, weiß gekleideten Frau schmückte den unteren Bereich der Säule. Bis sie 1942 schwer beschädigt und beseitigt wurde, war der Platz „an der Persiluhr" ein beliebter Treffpunkt. 1983 schenkte die Firma Henkel der Stadt eine neue „Persiluhr", die in direkter Nähe zum ehemaligen Standort aufgestellt wurde.

Der Platz „an der Persiluhr" mit dem namengebenden Objekt um 1930 und heute.

Uferkastell Lünen-Beckinghausen

Bereits im Jahr 1905 wurde an der Lippe das etwa 54 ha große Legionslager Ober-
aden (Stadt Bergkamen) entdeckt, das archäologisch untersucht und durch die Be-
stimmung der Bauhölzer in das Jahr 11 v. Chr. datiert werden konnte. Damit gehört
es in die Zeit der Feldzüge des Drusus (12 – 9 v. Chr.). In etwa 2,5 km Entfernung vom
Legionslager wurde auf dem südlichen Hochufer der Lippe auch das etwa 1,6 ha
große sog. Uferkastell Beckinghausen (Stadt Lünen) entdeckt und ausgegraben. Befestigt war es mit einer Holz-Erde-Mauer mit drei vorgelagerten Spitzgräben. Im Innern
konnten die Gräben der Lagerstraßen, zwei Töpferöfen und die Spuren von drei Gebäuden dokumentiert werden.

Die Funde in Form von Keramik und Münzen deuten auf eine Zeitgleichheit mit
dem großen Legionslager hin. Vermutlich war hier eine Auxiliareinheit stationiert, die
vor allem für den Schutz der auf der Lippe transportierten Versorgungsgüter zuständig war.

4 *Hof Schulz Gahmen*

Die Bauernschaft Gahmen gelangte nach
der Christianisierung in den Besitz des Bischofs von Münster, der sie 1285 dem Stift
Cappenberg übertrug. Bis zur Auflösung
des Stiftes 1803 blieben der Schulzenhof
und die zugehörige Bauernschaft dessen
Eigentum. Noch heute befindet sich der
ehemalige Schulzenhof im Besitz der Familie Schulz Gahmen. 1904 wurde das alte Haupthaus im Stil der Zeit umgebaut
und erhielt seine weiß getünchte Jugend-
stilfassade. Die mächtige Rosskastanie in
der Mitte des Hofes stammt ebenfalls aus
dieser Zeit. Der ca. 18 m hohe Baum mit einem Stammdurchmesser von etwa 2,6 m

Hof Schulz
Gahmen.

konnte aufgrund seines freien Standortes besonders gut gedeihen.
Hinter der alten Begrenzungsmauer stehen verschiedene alte Baum-
exemplare, darunter auch eine Esskastanie und eine selten gewordene Ulme. (Der Hof befindet sich in Privatbesitz und kann nicht
besichtigt werden.)

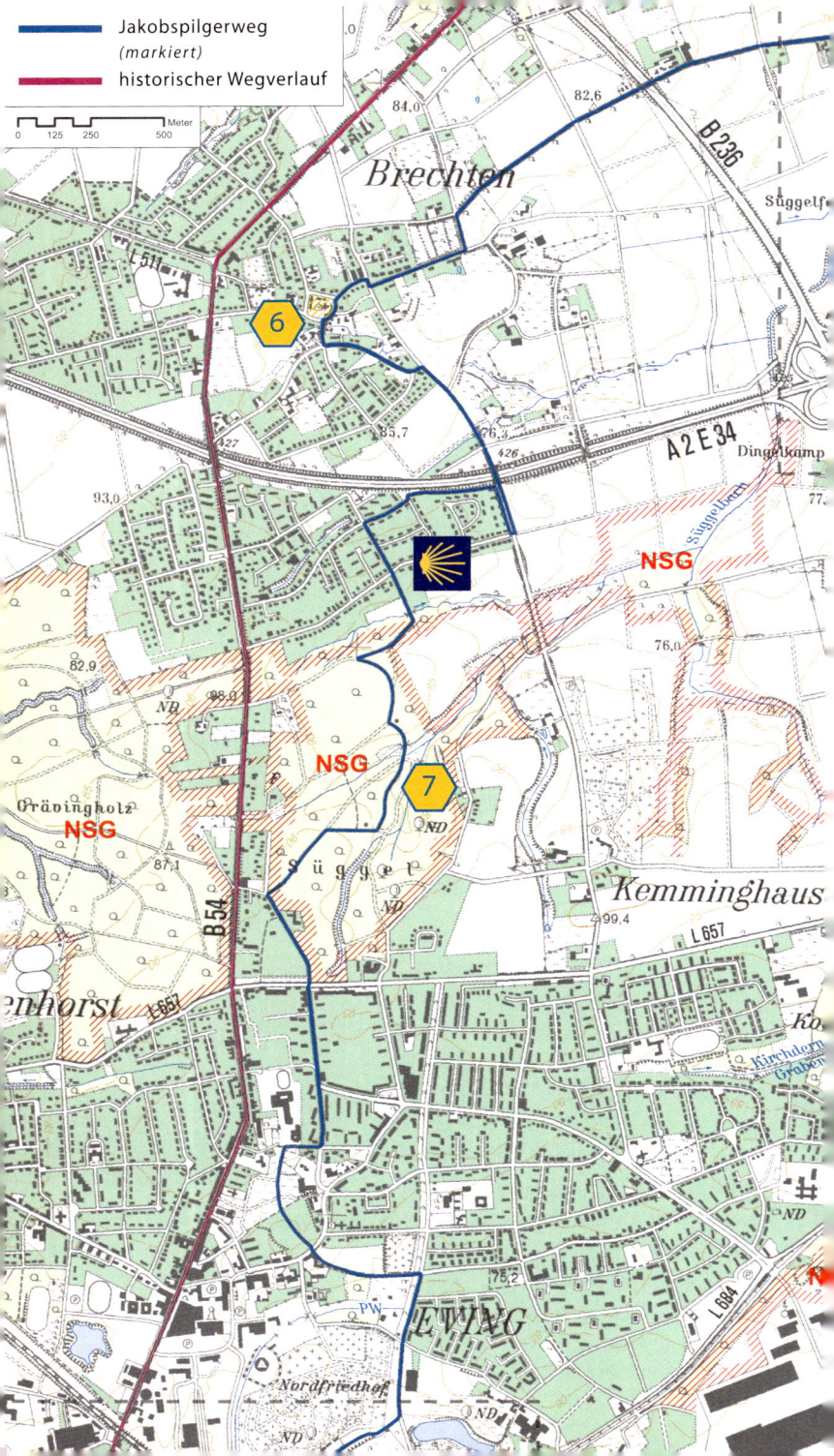

Jakobspilgerweg
(markiert)
historischer Wegverlauf

Meter
0   125   250   500

5 Napoleonsbuche

Auf dem Gahmener Berg nordwestlich des Pilgerwegs („Bergstraße") steht ein seltsames Naturdenkmal auf freiem Feld, die sog. Napoleonsbuche. Ursprünglich waren es vermutlich zwei Buchen, die in etwa drei Metern Höhe zu einem Baum verwachsen sind. Wegen der herabhängenden Zweige ist dies nur von Nahem zu erkennen (Achtung: frei laufender Hund!).

Ihren Namen soll die Buche wegen folgender Begebenheit erhalten haben, die sich hier angeblich zugetragen hat: Auf der fluchtartigen Rückkehr Napoleons vom verlorenen Russlandfeldzug im Jahr 1812 gelangte der Kaiser abends in Gahmen an. Erschöpft machte er Rast an der Zwillingsbuche und legte sich zwischen den beiden Stämmen zum Schlafen nieder. Am nächsten Morgen bestieg er ausgeruht sein Pferd und ritt durch die Lücke zwischen den beiden Bäumen weiter Richtung Frankreich.

Die „zweibeinige" Napoleonsbuche in Gahmen.

Brechten

Obwohl Brechten bereits seit 1928 zur Stadt Dortmund gehört, hat der Ort sich bis heute seine räumliche Eigenständigkeit bewahrt.

Brechten spiegelt auch ein typisches Stück „Ruhrgebiets-Geschichte" wider: Schon 1935 beginnt auf dortigem Gebiet der Bau der heutigen BAB 2, die nur etwa 550 m südlich der Kirche St. Johannes Baptist vorbeiführt. Im Jahre 1938 wird der Schacht 6 des Bergwerks „Fürst Hardenberg" abgeteuft, womit der Bergbau in Brechten beginnt. Er endet fünfzig Jahre später, am 30. August 1988, mit der Niederlegung des Schachtgerüstes von Schacht 6.

Die letzte Lore.

6 St. Johannes Baptist, Brechten

Die ev. Kirche St. Johannes Baptist in Dortmund-Brechten.

Über den Zeitpunkt der Errichtung und den Gründer der Kirche in Dortmunds Vorort Brechten ist aus den schriftlichen Quellen wenig bekannt. Die Glockenweihe von 1451 deutet daraufhin, dass der hl. Johannes der Täufer bereits damals Patron der Kirche war, was ein Siegel mit seiner Darstellung auf einer Urkunde von 1284 bestätigt. Der heutige zweijochige Hallenbau der Brechtener Kirche stammt aus der zweiten Hälfte des 13. Jh. Zumindest der Turm scheint im Kern aber bereits im 12. Jh. errichtet worden zu sein. Grabungen in den 1980er Jahren erbrachten Hinweise auf sogar zwei Vorgängerbauten, die zeitlich leider nicht näher eingeordnet werden konnten. Eindrucksvoll sind die erhaltenen Wandmalereien aus dem 13. Jh.: florale Elemente und über dem Altar eine Darstellung des Jüngsten Gerichtes. Eine Besonderheit der Kirchenausstattung bildet der reliefverzierte Taufstein aus dem 13. Jh.

Taufstein aus dem 13. Jh.

7 *Naturschutzgebiet Süggel*

Schon im Urkataster von 1839 stellt der „Süggel" einen in seinen Grenzen bis heute fast unveränderten Waldbereich östlich der Chaussee von Lünen nach Dortmund (heute: B 54) dar. Westlich davon befindet sich das „Grävingholz". Während der Süggel historisch einen genossenschaftlich organisierten Bauernwald darstellte, war das ebenfalls geschützte Grävingholz im Mittelalter Jagdgebiet der Dortmunder Grafen. Noch im 19. Jh. lagen beide weitab vor den Toren der rund 5,5 km entfernten Stadt Dortmund. Heute stellen sie wichtige Naherholungsgebiete dar. Die ausgedehnten, bis zu 150 Jahre alten Buchenbestände stehen seit 2005 unter Naturschutz. Ein besonderes Naturdenkmal ist die auf der Ostseite des Süggel stehende dickste Buche Dortmunds mit mehr als 6 m Stammumfang. Am Westrand befindet sich auf zehn Hektar Waldfläche ein Damwildgehege.

Waldweg im Naturschutzgebiet Süggel.

DORTMUND → HERDECKE

Wegbeschreibung und Hinweise   25 km

Startpunkt: St. Reinoldi, Dortmund.

Hinweis: Für Pilger, denen die Etappe zu lang ist, bietet sich an der Hohensyburg (siehe Anhang S. 235 und Karte S. 186) eine Unterkunftsmöglichkeit (auch mehrere Hotels).

Schwierigkeitsgrad für Fußgänger: Leicht bis schwer. Anstieg >10 % im Rombergholz, langer Aufstieg zur Hohensyburg und steiler Abstieg (z. T. > 20 %) hinunter zum Hengsteysee.

Radstrecke: Weicht in einigen Bereichen ab. **A)** Nach Überquerung der L 684 („Ardeystraße") kürzen Fahrradfahrer den Weg geradeaus über „Am Segen" ab. **B)** Hinter der Bahnlinie folgen Radfahrer nicht dem Fußweg durch den Rombergpark, sondern nach rechts der L 523 („Am Rombergpark"). Kurz vor der Bahnlinie schlängelt sich der Radweg entlang der Gleise nach Süden am Park vorbei, links über die „Mergelteichstraße" gelangt er wieder auf den ausgeschilderten Fußweg.

C) Zunächst folgen Radfahrer dem Fußweg zur Hohensyburg. Danach geht es zunächst auf dem Fußweg zurück bis zur Landstraße L 704, der sie bis zum Hengsteysee folgt (Achtung: Serpentinen! Autoverkehr!).

Schwierigkeitsgrad für Radfahrer: Wie Fußgänger, jedoch Abfahrt über die Landesstraße L 709 hinunter zum Hengsteysee mit teilweise 10 % Gefälle.

Die Etappe führt zunächst am denkmalgeschützten **Althoff-Warenhaus** von 1904 vorbei zum **Hansaplatz**. Auf diesem sollen von einem bestimmten Punkt aus alle vier **Hauptkirchen (1 – 4)** Dortmunds zu sehen sein. Vor Erreichen des Wallrings passiert der Wanderer den Platz der ehemaligen **Synagoge (5)**. Etwas östlich davon steht der **Adlerturm (6)**. Rund 1 km südlich liegt die **Nicolaikirche (7)**. Unmittelbar südlich der Bundesstraße 1 steht der **Steinerne Turm (8)**; hier beginnen auch die ausgedehnten Erholungs- und Sportanlagen des ehemaligen **Volksparks (9)**. Jenseits des alten **Brückenüberganges (10)** über die Emscher liegt das **Naturschutzgebiet** „Bolmke" mit Resten naturnaher Erlenbruchwälder und Buchen-

Links: Alte und neue Wege. Die Unterquerung der A 45 in der Bittermark.

wälder auf dem Mühlenberg. Nach Querung der für das Ruhrgebiet typischen, häufig aufwendig gepflegten Kleingartenanlagen führt der Weg zum ehemaligen Haus Brünninghausen bzw. zum **Botanischen Garten Rombergpark (11)**. An verschiedenen Stellen im Park kann man Spuren des **Bergbaus** entdecken, auf die mit **Tafeln** hingewiesen wird. Vor dem südlich angrenzenden Zoo biegt der Weg nach Osten ab und gelangt so in das ehemalige Dorf **Wellinghofen** mit seiner **evangelischen Pfarrkirche (12)**. Über meist ältere Wegeverbindungen erreicht man schließlich den **Dortmunder Stadtforst** (Naturschutzgebiet). Nicht nur die Hinweisschilder („Achtung Tagesbrüche!"), sondern auch die auffällig asphaltierten Waldstraßen mit befestigten Kreuzungsbereichen machen deutlich, dass der Bergbau hier einmal eine dominierende Stellung hatte. Das **Mahnmal „Bittermark" (13)** erinnert eindrucksvoll an die düsteren Zeiten der nationalsozialistischen Herrschaft in Deutschland.

Südlich der Autobahn Dortmund – Frankfurt (BAB 45) wird die B 54 am alten Gasthaus Dieckmann-Strasser auf alter Trasse (mind. seit 1840) gequert. Der Weg führt nun durch das waldbestandene Naturschutzgebiet **Fürstenbergholz**. Am Ende befindet sich die „Hohensyburgstraße", die auf die gleichnamige Burg zuführt.

Beim Anstieg sollte man den sog. **Donar-** oder **Petersbrunnen** nicht verpassen, der laut eingravierter Jahreszahl angeblich mindestens seit dem Jahr 799 bekannt ist. Er ist einer von mindestens drei Brunnen im Bereich der ursprünglich sächsischen Burganlage,

Blick ins Sauerland und auf den Zusammenfluss von Ruhr und Lenne.

Hengstey-
see und das
Naturschutz-
gebiet
Ruhrsteil-
hang.

der **Hohensyburg (15)**. Zunächst lohnt aber ein Besuch der Kirche **St. Peter (14)** und des daneben befindlichen Friedhofes.

Vorbei an den Ruinen der **Syburg** geht es hinüber zum **Vincketurm** und schließlich zum **Kaiser-Wilhelm-Denkmal**. An der Südostseite des Denkmals windet sich der Weg entlang der Klippen hinunter ins Ruhrtal. Die Ruhr wurde hier jedoch zugunsten des **Hengsteysees** (→ S.191) ab 1929 überstaut. Unten am Hang, aber auch anderswo, machen Tafeln auf die Geschichte des Bergbaus in der Region aufmerksam. Auf der Nordseite des Weges entlang des Hengsteysees begleitet die Pilger das **Naturschutzgebiet „Ruhrsteilhang Hohensyburg" (16)** mit seinen markanten geologischen Aufschlüssen. Drei **Kraftwerke (17)** nutzen die zum Hengsteysee aufgestauten Wassermassen für die Versorgung der Region mit Elektrizität.

Schließlich erreicht der Weg Herdecke mit der Stiftskirche im Zentrum.

Pilger- und Wegespuren ...

In Dortmund existierten am Westenhellweg, der Hauptdurchgangsstraße von Osten nach Westen, mindestens seit dem 13. Jh. das Heilig-Geist-Hospital (1269), das Arme und Kranke versorgte, sowie das Alte Gasthaus, das für die Unterbringung von Fremden zuständig war. 1358 wurde dann das sog. Neue Gasthaus für „arme elende pilgrime" gegründet. In unmittelbarer Nähe, auf dem Westentor, also dem westlichen Ausgang des Hellweges aus der Stadt, befand sich zudem eine kleine, dem hl. Jakobus geweihte Kapelle, die 1292 hierher transferiert wurde. Die Nähe von Pilgerherberge und Kapelle dürfte kein Zufall sein, zumal weiter östlich am Hellweg, in

Pilgerweg

Soest, dasselbe Phänomen zu beobachten ist. Von der Verehrung des hl. Jakobus in Dortmund zeugen außerdem ein für das Jahr 1425 in St. Reinoldi erwähnter Jakobusaltar sowie die vom Dominikanerkonvent unterhaltene St. Jakobus- und St. Annen-Bruderschaft (1516), von der jedoch nicht bekannt ist, ob sie eine direkte Verbindung zum Pilgerwesen besaß.

In Dortmund selbst war die aus dem 10. Jh. stammende Hauptkirche St. Reinoldus mit den Reliquien des Stadtpatrons bis ins 17. Jh. hinein Anziehungspunkt vieler Wallfahrer sowie durchreisender Fernpilger. Daneben fanden in Dortmund auch einige andere Wallfahrten statt, u. a. eine zu der aus dem 8. Jh. stammenden Kirche St. Peter auf der Hohensyburg und den dort befindlichen Reliquien, zu denen auch das Haupt der hl. Barbara gehört. Auf dem Weg von Dortmund auf die Hohensyburg war die aus dem 9. Jh. stammende Kirche in Wellinghofen eine wichtige Station. Aus dem 13. Jh. ist bekannt, dass sich in der Dortmunder Innenstadt ein Brand verheerend ausbreiten konnte, weil sich fast alle Bürger zu diesem Zeitpunkt zur Wallfahrt auf der Hohensyburg befanden.

Die historische Fernhandelsstraße verlief aus Dortmund durch das Wißstraßentor und durchquerte am heute noch erhaltenen Steinernen Turm die städtische Landwehr (→ S. 181). Über Hörde und Brünninghausen führte sie an der Hohensyburg vorbei, der eine Sicherungsfunktion über die alte Straße zugesprochen werden kann, auf den Ruhrübergang bei Herdecke mit der alten Stiftskirche zu.

Plan des Detmar Mulher von Dortmund (1610).

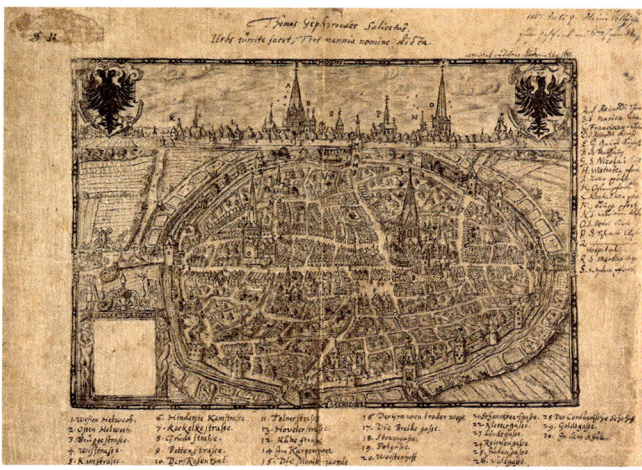

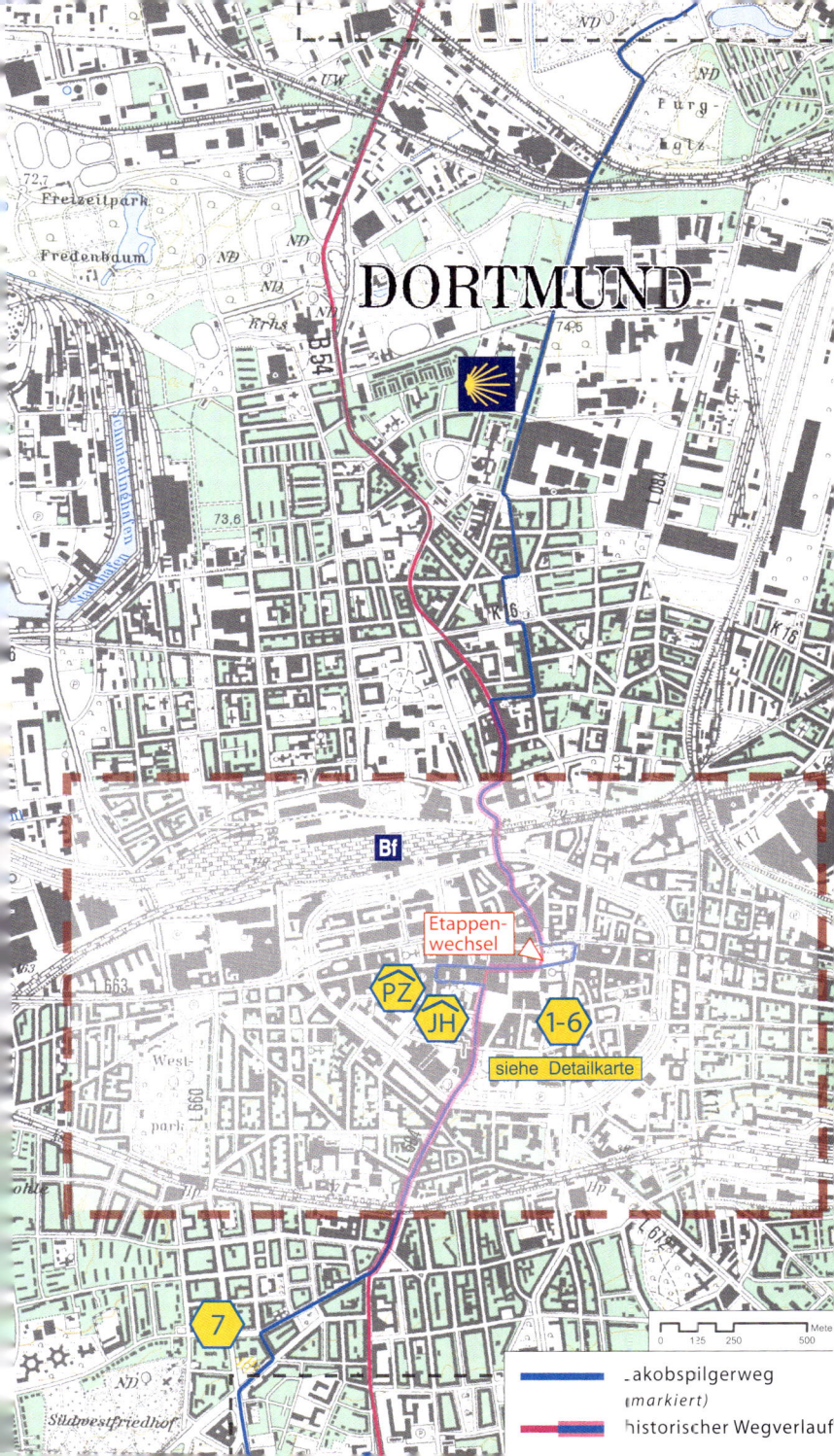

DORTMUND

Bf

Etappen-
wechsel

PZ

JH

1-6

siehe Detailkarte

7

0   125   250   500   Mete

_akobspilgerweg
(markiert)

historischer Wegverlauf

Dortmund

Die Geschichte Dortmunds geht bis in früheste Zeit zurück. Nach archäologischen Funden von der Stein- bis zur Völkerwanderungszeit tritt Dortmund vor allem mit der Gründung eines bis heute nicht eindeutig lokalisierten Königshofes unter Karl dem Großen ins Licht der Geschichte. Als „Throtmanni" wird es 880 – 90 erstmals genannt. 30 belegbare Aufenthalte von Königen spiegeln die Bedeutung der schnell wachsenden Stadt wider. Vor allem die Staufer statteten sie mit zahlreichen Privilegien aus, und 1232 nennt König Heinrich VII. Dortmund eine Reichsstadt („civitas nostra Tremoniensis imperialis"). Sie blieb die einzige freie Reichsstadt Westfalens. Um 1200 war Dortmund auf den Umfang des heutigen Wallringes um den Stadtkern angewachsen, dessen Grundriss am west-östlich verlaufenden Hellweg orientiert ist, einer der wichtigsten Fernverkehrsstraßen Westfalens. Stadtmauern von 8 – 9 m Höhe mit vorgelagertem Graben sowie eine Vormauer mit weiterem Graben, sechs Toren und 14 Türmen schützten wirkungsvoll vor Übergriffen. Eine Stadtlandwehr

Das Wahrzeichen Dortmunds: die Reinoldikirche.

um die reichsstädtischen Feldmarken, deren Durchlässe im Norden und Süden sich am Fredenbaum und am heutigen Steinernen Turm befanden, sorgte für zusätzlichen Schutz. Begünstigt durch die Lage am Kreuzungspunkt des Hellwegs mit der von Norden kommenden Fernstraße, der der Pilgerweg folgt, hat hier schon früh der Handel eine zentrale Rolle gespielt. Im Mittelalter übernahm Dortmund eine führende Stellung innerhalb der Hanse. Anteile am englischen Wollgeschäft, Metallgewerbe, Brauereiwesen sowie der jünger anzusetzende Kohlenbergbau waren treibende Motoren der Dortmunder Wirtschaft und sind es teilweise heute noch.

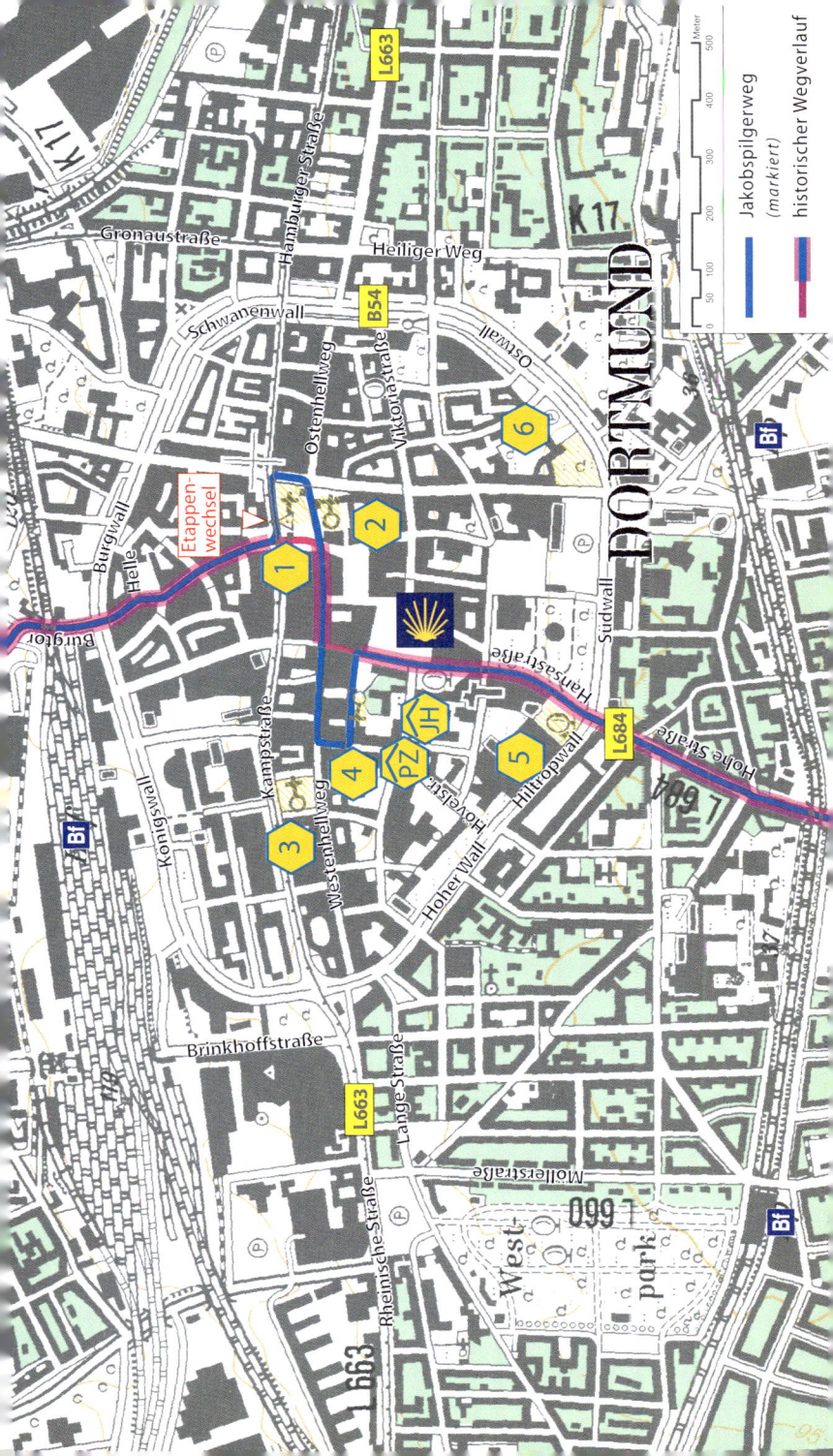

1 *St. Reinoldi*

Die überlebensgroße Reinoldus-Statue (14. Jh,).

Direkt am Hellweg steht die Dortmunder Hauptkirche und das Wahrzeichen der Stadt: die Reinoldikirche. Archäologische Untersuchungen deckten Spuren eines Vorgängerbaus aus dem 10. Jh. auf. Wann die Kirche nach ihrem jetzigen Patron benannt wurde, ist nicht klar. Die Reliquien des hl. Reinold waren bis ins 17. Jh. Ziel von Wallfahrten und wurden in einem 1456 fertiggestellten Reliquienhaus neben der Chorgestühlseite aufbewahrt. (Heute befinden sich die Gebeine des Heiligen in Toledo, nur ein kleines Knochenstück ist seit 1982 wieder in Dortmund in der Propsteikirche.)

Das ältere Bauwerk scheint eine kleine Saalkirche mit Querschiff und halbrunder Apsis gewesen zu sein. Nach der dritten Zerstörung während des Stadtbrands 1232 bekam das Gotteshaus seine heutige Gestalt als dreischiffige, dreijochige Hallenkirche. Im 15. Jh. wurde der Chor neu errichtet. Die charakteristische Zwiebelkuppel des Turms wurde im 17. Jh. nach einem Einsturz angebracht.

Die große Reinoldus-Statue auf der linken Seite des Choreingangs aus dem beginnenden 14. Jh. (rechts Karl der Große, Mitte 15. Jh.) zeigt die Verbundenheit der Dortmunder mit ihrem Stadt- und Kirchenpatron. Sie gehört zu den ältesten erhaltenen Holzplastiken des Mittelalters. Das flämische Retabel des Hochaltars (um 1420) zeigt Szenen aus dem Leben Jesu und Mariens. Die in der Mitte dargestellte Kreuzigung Christi wird rechts und links von je einem Apostelpaar umrahmt, darunter Jakobus d. Ä. Auch unter den zwölf Apostelfiguren vor den Fenstern (15. Jh.) befindet sich der hl. Jakobus. Das bronzene Adlerpult am Choreingang (15. Jh.) diente Lesungen des Evangeliums. Das bronzene Taufbecken wurde von einem Dortmunder Glockengießer hergestellt. Im Zweiten Weltkrieg stark zerstört, wurde die Kirche in den 1950er Jahren wieder aufgebaut.

Hl. Reinoldus

Der Legende zufolge wurde der adelige Reinoldus, nachdem er dem Ritterleben entsagt hatte und von einer Pilgerfahrt nach Jerusalem zurückgekehrt war, Mönch im Kölner Kloster Pantaleon. Außerdem war er ein überaus geschickter Handwerker. Angeblich wurde er im Jahr 980 von Neidern ermordet und sein Leichnam in den Rhein geworfen. Eine gelähmte Frau soll auf ein Zeichen Gottes hin den Leichnam entdeckt und geborgen haben. Dabei wurde sie auf wundersame Weise von ihrer Krankheit geheilt.

Nach der mündlichen Verbreitung dieses Mirakels baten die Dortmunder beim Kölner Erzbischof um die Überführung der Gebeine, die ihnen jedoch versagt worden sein soll. Reinoldus selbst griff in den Streit ein, indem sich der Karren, auf dem sein Körper lag, selbstständig in Bewegung setzte und nach Dortmund fuhr, wo die Bewohner ihm eine stattliche Kirche erbauten.

2 *St. Marienkirche*

Die unmittelbar südlich der Reinoldikirche gelegene Marienkirche besitzt die älteste erhaltene Baustruktur der mittelalterlichen Stadtkirchen in Dortmund. Der Baubeginn der spätromanischen dreischiffigen Basilika wird in die Jahre um 1170/80 datiert. Ein vermuteter Saalbau als Vorgänger konnte archäologisch nicht nachgewiesen werden. In reichsstädtischer Zeit hat das Gotteshaus offensichtlich als Kirche des Ratsgerichts gedient: Hier trafen sich die Mitglieder des Rates zum Gottesdienst vor den Sitzungen, deren Beginn durch das Läuten der Gerichtsglocke angekündigt wurde. Der Hauptaltar der St. Marienkirche wurde um 1420 von Conrad von Soest gefertigt und stellt ein Meisterwerk altdeutscher Tafelmalerei dar, das zu den größten Kunstschätzen Deutschlands zählt. Aus dem Jahr 1230 stammt die „Goldene Muttergottes von Dortmund", eine etwa 90 cm hohe thronende Marienfigur aus Holz. Etwa zweihundert Jahre später ist die gotische Madonna aus Sandstein entstanden. Das spätgotische Chorgestühl (16. Jh.) aus Eichenholz mit geschnitzten Figuren ähnelt demjenigen aus der Stiftskirche in Cappenberg (→ S.149) und wurde vermutlich in derselben Werkstatt hergestellt.

3 Petrikirche

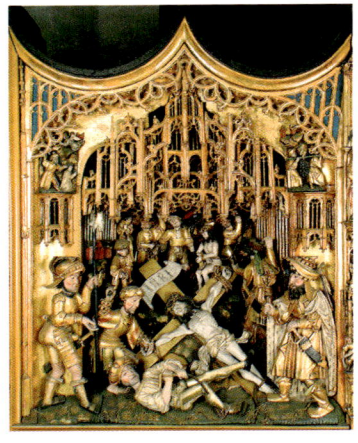

Die Kreu-
zigungs-
szene.

Die westlichste der Dortmunder Stadtkirchen wurde 1322 als dreischiffige gotische Hallenkirche errichtet. Nach ihrer
kompletten Zerstörung wurde sie 1759
wieder aufgebaut und erhielt 1809 den
berühmten flämischen Flügelaltar von
1521, der aus dem abgerissenen Dortmunder Franziskanerkloster stammt. Geöffnet hat er eine Breite von 7,40 m, eine
Höhe von 5,60 m und weist über 100
vergoldete Figuren auf, weshalb er auch
das „Goldene Wunder" genannt wird. In
30 Sequenzen wird die Passion Christi
mit der Kreuzigung im Zentrum darge-
stellt. Der damalige Kaufpreis von über 600 Gulden überstieg den
Wert eines zeitgenössischen Handelsschiffes. Dank der Auslage-
rung des Altars während des Zweiten Weltkrieges ist er bis heute
erhalten geblieben. Die Kirche hingegen wurde 1943 bei einem
Luftangriff zerstört, in den 1950er und 1960er Jahren aber in ihrer
alten Form wieder errichtet.

4 Propsteikirche

Die älteste
Stadtan-
sicht Dort-
munds.

Die Propsteikirche wurde 1331 als Kirche des Dominikanerklosters
gegründet, von dem nur noch Reste erhalten sind. Dazu gehört
auch der östliche Kreuzgangflügel. Nach der Säkularisierung des
Klosters 1816 diente das Gotteshaus weiterhin als katholische

Pfarrkirche. Im Zweiten Weltkrieg wurde sie
vollkommen zerstört und in den 1950er Jahren wieder aufgebaut.

Das Prunkstück ist das Hochaltarretabel
des Weseler Künstlers Baegert von 1470/80.
In der Mitte der Festtagsseite ist die Kreuzigung Jesu mit zahlreichen Nebenszenen,
auf dem linken Flügel die Heilige Sippe mit
der ältesten Stadtansicht Dortmunds im Hintergrund dargestellt.

5 Platz der alten Synagoge

Die schon für das Mittelalter belegte jüdische Gemeinde wuchs bis 1870 auf mehr als 2.000 Mitglieder an, sodass der Wunsch nach einem großen repräsentativen Gebäude laut wurde, dessen Eröffnung im Juni 1900 gefeiert wurde. Der damalige Oberbürgermeister Dr. Karl Schmieding sprach in einem Grußwort von einer „Zierde für die Stadt, für Jahrhunderte erbaut". Mit 1.300 Plätzen war die Synagoge zu ihrer Zeit eines der größten Bethäuser in Deutschland. Nach der Machtergreifung der Nationalsozialisten 1933 siedelte die Gauleitung der NSDAP sich gegenüber der Synagoge an und zwang die jüdische Kultusgemeinde zum Verkauf des Grundstücks, wobei der Erlös nach dem vermeintlichen Kauf beschlagnahmt wurde. Noch vor der Reichspogromnacht begann die Demontage des Gebäudes. Heute befindet sich auf dem Gelände das Dortmunder Theater. Seit 1998 heißt der Vorplatz offiziell „Platz der alten Synagoge". Ein Gedenkstein und eine Tafel erinnern an die Geschichte dieses Ortes.

6 Adlerturm

Der Adlerturm war einer der 14 Wachtürme der mittelalterlichen Stadtbefestigung. Er wurde nachträglich an die seit etwa 1.200 bestehende Stadtmauer angefügt. Die nach den archäologischen Ausgrabungen 1986–90 veranlasste Rekonstruktion des Turmes war anfangs äußerst umstritten. Im Innern befindet sich ein kleines Museum mit Dokumentationen zur Befestigung und zu Funden der Stadtarchäologie Dortmunds.

Adlerturm.

7 St. Nicolai

Als einzige der vier mittelalterlichen Pfarrkirchen Dortmunds befand sich die ehemalige Nicolaikirche nicht direkt an der Ost-West-Achse, dem Hellweg, sondern am südwestlich gelegenen Wißstraßentor. Durch dieses Tor verließ die Fernhandelsstraße nach Köln die Stadt. Der Grundriss des Kirchenchores ist im Pflaster an der „Hansastraße" am Rande des Stadtgartens nachvollzogen. Die

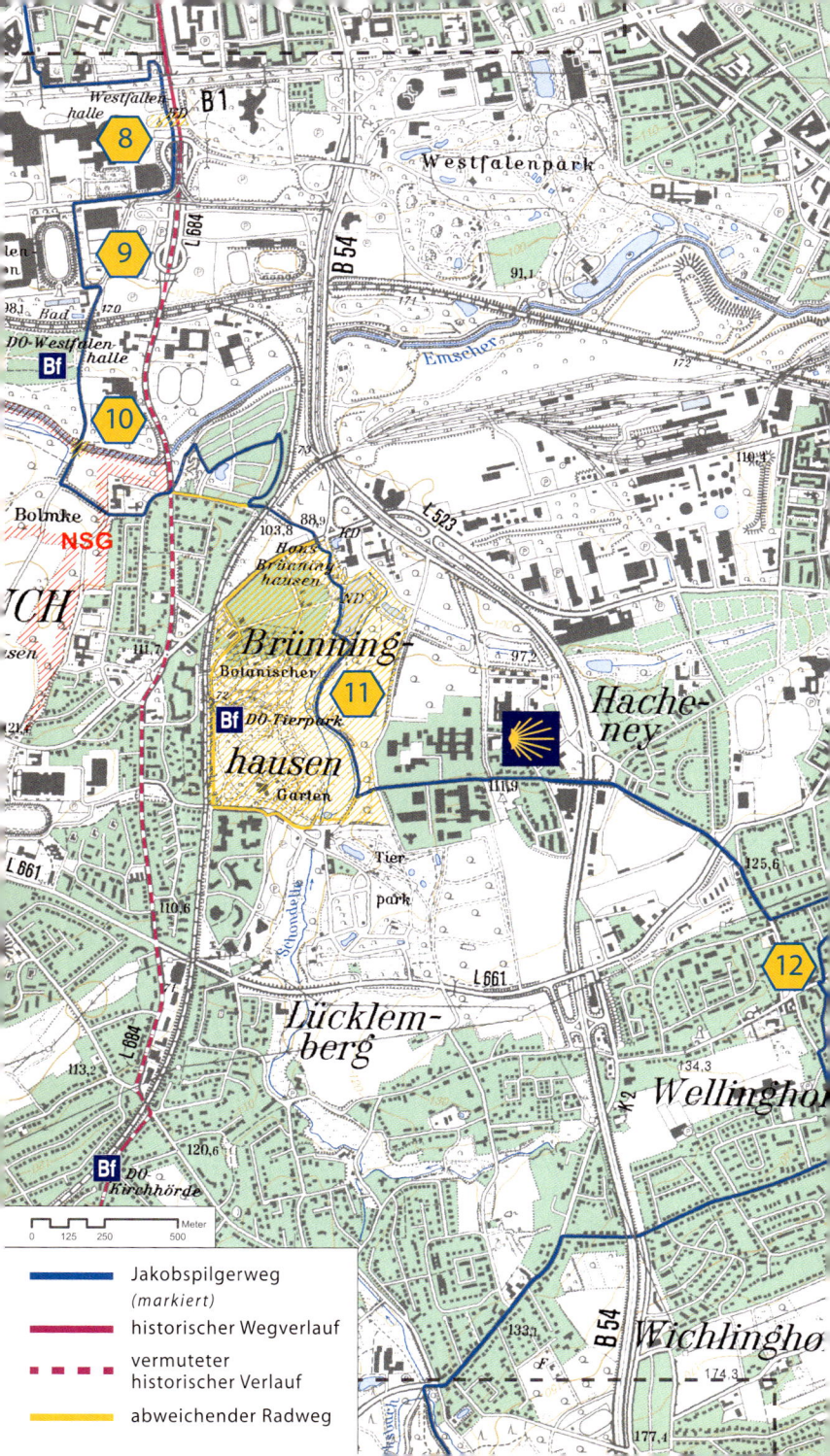

Westfalen-halle B1

8

L 684

Westfalenpark

B 54

9

91,1

98,1 Bad 170

DO-Westfalen-halle

Bf

171

Emscher 172

10

L 523

79

Bolmke

NSG

103,8 88,9 RD

Haus Brüninghausen

ND

97,2

Brünning-

CH

111,7

Botanischer 72

Bf DO-Tierpark

11

Hache-ney

121,6

hausen

Garten

111,9

125,6

L 661

Tier-park

12

Schondelle

110,6

L 661

Lücklem-berg

134,3

L 684

113,2

Wellingho

K 2

120,6

Bf DO-Kirchhörde

Meter
0 125 250 500

133,3 B 54

Wichlingho

174,3

177,4

| | Jakobspilgerweg (markiert) |
| historischer Wegverlauf |
| vermuteter historischer Verlauf |
| abweichender Radweg |

heutige neue Nicolaikirche wurde an einen Standort weiter südlich in das Kreuzviertel außerhalb des mittelalterlichen Stadtbezirkes verlegt und 1930 vollendet.

8 *Steinerner Turm*

Um die außerhalb der Stadtmauern gelegenen reichsstädtischen Feldmarken zu schützen, war Dortmund in einem Radius von ungefähr 1,5 km um die Stadt von einer Landwehr umgeben (→ S.123). An Kreuzungspunkten mit wichtigen Straßen war diese durch Türme verstärkt, die auch zur Beobachtung des Umlandes dienten. Einer der wichtigsten (und zugleich der einzige heute noch bestehende) war der „Steinerne Turm" im Süden Dortmunds, der die nach Köln führende Handelsstraße sicherte.

Steinerner Turm.

9 *Westfalenhalle, Kampfbahn „Rote Erde", Westfalenstadion (ehemaliger Volkspark)*

Um der breiten Masse der wachsenden Bevölkerung Sport- und Erholungsmöglichkeiten zu verschaffen, entstand nach Plänen des Stadtbaurats Hans Strobel („Strobelallee", einst Ost-West-Hauptachse) in den Jahren 1925–27 der Volkspark. Zu diesem gehörten neben der Westfalenhalle, der Kampfbahn „Rote Erde", dem Freibad „Volkspark" auch die Rosenterrassen südlich der Halle.

Reliefs am Freibad „Volkspark".

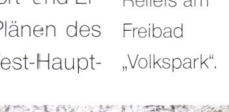

Die erste Westfalenhalle wurde für 15.000 Besucher als Holzkonstruktion erbaut und war damit zeitweise die größte Halle Europas. Sie umfasste mehrere Festsäle sowie eine Reitbahn. Nach Kriegsbeginn beschlagnahmte die Wehrmacht die Halle und nutzte sie als Kriegsgefangenen-Mannschafts-Stammlager (Stalag VI D). In ihm waren bis zu 10.000 Gefangene gleichzeitig untergebracht, die vornehmlich in der Dortmunder Schwerindustrie eingesetzt wurden. Unmit-

Stadion „Rote Erde", im Hintergrund das Westfalenstadion.

telbar nach dem Krieg beschloss die Stadt, eine neue Halle zu errichten. In dem 1952 eingeweihten Neubau können bis zu 20.000 Zuschauer Platz finden.

Die gepflegten und sehenswerten Rosenterrassen bieten wie schon zu ihrer Entstehungszeit mit Pflanzbeeten und Hecken auf verschiedenen Ebenen sowie mit den geometrischen Formen von Mauern und Treppen ruhige, zum Verweilen einladende Räume.

Die Kampfbahn „Rote Erde" wurde 1924 – 26 vorwiegend von Arbeitslosen im Rahmen der Notstandsgesetze erbaut. Bis zur Eröffnung des Westfalenstadions war sie Heimat des BVB Borussia Dortmund. Hier wurden die großen internationalen Erfolge des Vereins (Sieger im Europapokal der Pokalsieger 1966) gefeiert. Heute ist das Stadion ein Leichtathletikstadion mit Platz für 25.000 Zuschauer.

Rosenterrassen mit Staudenbeeten und Laubengängen.

Das dahinter liegende „Westfalenstadion" (heute: Signal Iduna Park) wurde für die Fußballweltmeisterschaft 1974 errichtet und ist ein reines Fußballstadion. Zur Weltmeisterschaft 2006 wurde es auf die heutige Kapazität von über 80.000 Zuschauerplätzen umgebaut. Auffälligstes Merkmal sind die leuchtend gelben, außen geführten Stahlpylonen, die weit über das Dach hinausragen.

10 *Emscher und „Steinerne Brücke"*

Dort, wo der Pilgerweg die Emscher quert, findet man in der Urka-
tasterkarte (1840) den Eintrag „Steinerne Brück", ein Hinweis darauf,
dass hier schon früh eine wichtige Wegeverbindung von und nach
Dortmund am Steinernen Turm vorbei bestanden haben muss. Rund
350 m unterhalb der Brücke ist außerdem eine Mühle eingetragen,
die heute nicht mehr existiert. Nach dieser heißt der südlich angrenzende Berg wohl auch heute noch „Mühlenberg".

Die Emscher, um 1840 noch ein mäandrierender Flachlandbach
südlich von Dortmund, übernahm im Laufe der industriellen Entwicklung und deren Folgen (z. B. Bergsenkungen) mehr und mehr
die Funktion eines Abwasserkanals für das Ruhrgebiet. Heute wird
durch umfassende Renaturierungsmaßnahmen versucht, diese Entwicklung so weit möglich umzukehren.

Die heutige
Brücke
über die
Emscher.

11 *Botanischer Garten Rombergpark*

Einst befand sich hier eine Wasserburg, die 1350 von einem Nachfahren der Familie von Brüninghausen erbaut wurde. Von ihr bzw.
den Nachfolgebauten ist heute nur noch das Torhaus der Vorburg
erhalten. Der Rombergpark, durch den der Pilgerweg führt, gehörte als Englischer Garten einst zum Herrenhaus. Gisbert Christian
Friedrich von Romberg, dessen Familie den Komplex im 15. Jh. erworben hatte, ließ ihn im 19. Jh. anlegen. Sehr wahrscheinlich wurde er im Jahre 1819 vom Königlichen Hofgartendirektor in Düssel-

dorf, Maximilian Friedrich Weyhe, entworfen. 1927 verkaufte die Familie von Romberg den Besitz an die Stadt Dortmund, und seither ist der Park öffentlich. Richard Nose, erster Garten- und Friedhofsdirektor, erweiterte ihn um einen Botanischen Garten und eine Gehölzsammlung („Arboretum"). Noch heute ist die gestalterische Idee eines Landschaftsparks gut ablesbar. Aus der Entstehungszeit der Anlage sind zahlreiche Gehölze erhalten. Besonders eindrucksvoll ist die auf das Torhaus zuführende, 250 m lange Allee aus holländischen Linden, die noch weitgehend den Baumbestand von 1822 aufweist. **TIPP:** Nicht versäumen sollte man einen Besuch des „Café Orchidee" mitten im Rombergpark mit originaler Innenausstattung und direktem Blick in die angegliederten Pflanzenschauhäuser sowie mediterraner Terrasse.

12 *Ev. Pfarrkirche Dortmund-Wellinghofen*

Die Pfarrkirche in Wellinghofen war ursprünglich den Heiligen Chrysanthus und Daria geweiht. Ihre Reliquien gelangten wohl bereits in frühester Zeit nach Wellinghofen. Bei Ausgrabungen in den 70er Jahren konnten mehrere Vorgängerbauten festgestellt werden, deren ältester ein kleiner Saalbau mit Rechteckchor aus der zweiten Hälfte des 9. Jh. war. Es folgte ein Kreuzsaal mit Apsidenchor im 12. Jh., dessen Reste teilweise noch im heutigen Mauerwerk erhalten sind. Vermutlich im 14. Jh. wurden einige bauliche Veränderungen vorgenommen, wie zum Beispiel der Umbau vom Kreuzsaal zur Hallenkirche, die dem Bauwerk im Wesentlichen das heutige Aussehen gaben.

Restaurierungsarbeiten Ende der 1970er Jahre brachten Reste der romanischen Ausmalung der Wände und Gewölbe zutage, die noch so gut erhalten war, dass sie an den fehlenden Stellen rekonstruiert werden konnte. Es handelt sich um schlichte, rein ornamentale Raumfassungen, die typisch für westfälische Kirchen jener Zeit waren. Die romanische Hauptapsis, die im 14. Jh. durch einen polygonalen Chor ersetzt wurde, scheint figürlich ausgemalt gewesen zu sein, wie der erhaltene Rest eines bärtigen Apostels vermuten lässt.

Für die mittelalterliche Wallfahrt zur St. Peterskirche auf der Hohensyburg bildete die Wellinghofener Kirche eine wichtige Station.

Westturm der Pfarrkirche Wellinghofen.

13 *Mahnmal Bittermark im Dortmunder Stadtforst*

Das im Jahr 1960 im Auftrag der Stadt Dortmund errichtete Mahnmahl von Karel Niestrath (1896–1971) soll an ein bedrückendes Kapitel der deutschen Geschichte erinnern: In der Zeit vom 7. März bis 12. April 1945 – unmittelbar vor der Besetzung der Stadt durch US-Truppen – wurden in den Waldtälern des Rombergparks und der Bittermark 300 Widerstandskämpfer und ausländische Zwangsarbeiter von Nationalsozialisten ermordet.

Der Bereich Bittermark liegt zwischen Emscher- und Ruhrtal und beherbergt großflächige naturnahe Buchenwaldgebiete, die durch zahlreiche Täler mit naturnahen Bachläufen wie dem Bittermarksbach und dem Olpkebach gegliedert sind. Sie stellen heute wichtige Naherholungsgebiete im Dortmunder Süden dar. Einige Tafeln, wie z. B. zur „Kleinzeche Stadt Dortmund", die 1948–53 hier betrieben wurde, geben Hinweise auf die Bergbaugeschichte dieses Gebiets.

Denkmal der Greuel der nationalsozialistischen Gewaltherrschaft.

Kirchhörde

K2

169,0

187,6

ND

Bf

Löttring-
hausen

68

Bitter-
mark

157,5

Schanze

L 684

210,2

A-45   E 41

19

Schanze

ND

243,8

Ahlen-
berg

Hucheneyer
Mark
182,6

163,9 **13**

Mahnmal
Bittermark

202,5

AS 8
Dortmund-Süd
196,0

21

20

Romberyholz

219,1

227,6

238,6

B 54   B 234

232,4

Reich

195,

Brandskop

202,6

Viermärker
Eiche
ND

Wbh

185,4

180,

Golf- platz

227,2

227,6

Fürstenberg
226,9

NSG

holz

220,5

235,8

L 704

Meter
0   125   250   500

Jakobspilgerweg
(markiert)

abweichender Radweg

vermuteter
historischer Verlauf

Wittbräucke

räucke

Kleff

262,0
eiche

Qu

Wbh
251,2

Klusenberg

Sandstein

NSG   16

254,2

Klusenberg

Kaiser-
Wilhelm-
Denkmal   Ruine Hohens

222,0

15

Vincke-
turm

NSG

Herberge
ca. 0,65km
1,7km

P

RD

Kleff

Hengsteysee   17

81

NSG

14 *St. Peter, Syburg*

Die evangelische Kirche St. Peter in Dortmund-Syburg ist aus einer herrschaftlichen Burgkapelle hervorgegangen. Karl der Große gründete sie im Zuge der Sachsenkriege um 775 im Bereich der Vorburg der Hohensyburg. Im Zweiten Weltkrieg wurde die Kirche stark zerstört. Die wieder aufgebauten Elemente zeigen das romanische Langhaus, den wehrhaft wirkenden Westturm aus dem 13. Jh. und den spätgotischen Chorschluss aus dem 15. Jh. Die im Zuge des Wiederaufbaus entdeckten Reste eines älteren Kirchenfundamentes wurden bis auf Weiteres als karolingisch interpretiert. Der Überlieferung zufolge weihte Papst Leo III. die Kirche 799 und stattete sie gleichzeitig mit einer Wallfahrt aus, die am 24. April, dem Tag des hl. Markus, einen Ablass bot. Zu den wichtigsten Reliquien zählte das Haupt der hl. Barbara, das der Papst der Kirche geschenkt haben soll. 1297 brach in Dortmund ein Feuer aus, das verheerende Ausmaße annahm, da sich die meisten Bewohner gerade auf Wallfahrt zur Peterskirche befanden. Vom ehemaligen Balkon des Turmes aus, der für den Freiluftgottesdienst der Wallfahrt genutzt wurde, hatten die Menschen das Feuer dann zwar sehen, aber zum Löschen nicht mehr rechtzeitig in die Stadt gelangen können. Bis auf drei Steinhäuser soll Dortmund vollständig abgebrannt sein.

Im Sommer wie im Winter beeindrucken markante Doppelgrabsteine (16.–18. Jh.) an der Peterskirche.

Der kleine Friedhof, der die Peterskirche umgibt, stammt aus nachreformatorischer Zeit. Heute bestehen noch etwa 200 Grabsteine, bei denen vor allem die Ausführung als Doppelgrabstein charakteristisch ist. Sie gehören dem 16. bis 18. Jh. an. Bemerkenswert ist die karolingische Grabplatte, die im Innern der Kirche verwahrt wird. Alter und Funktion des ebenfalls hier befindlichen sog. merowingischen Steines blieben bislang ungeklärt.

15 *Hohensyburg*

Bereits im Frühmittelalter wurde auf dem etwa 100 m über der Ruhr aufragenden Bergsporn eine mächtige Befestigung mit mehreren Wällen angelegt, von denen einige noch deutlich im Gelände sichtbar sind. Urkundlich belegt ist die „Sigiburg" seit 775, als diese Burganlage im Zuge der Sachsenkriege von den Franken erobert wurde. Ein quer verlaufender Wall mit mittig gelegenem Tor trennte Vor- (Osten) und Hauptburg (Westen) voneinander. Anders als an der Nordflanke war im Süden wegen des zur Ruhr hin steil abfallenden Geländes anscheinend kein weiterer Schutz notwendig.

Schon in frühmittelalterlicher Zeit strategisch bedeutsam, wird der Burganlage im hohen und späten Mittelalter eine Kontroll- und Sicherungsfunktion über die an ihrem Fuß entlangführende Straße zugekommen sein. Zu dieser Zeit wurde im südöstlichen Bereich der Hauptburg – und sicherlich die alten Wälle weiterhin als Schutz nutzend – eine steinerne Burganlage errichtet, deren eindrucksvolle Ruinen heute noch sichtbar sind. Die beiden ein größeres Wohngebäude flankierenden Türme waren Teil einer rechtwinklig angelegten Wehrmauer. Diese Burg ist seit dem 13. Jh. als Sitz der Familie zu Sieberg bezeugt. Noch im 16. Jh. war sie bewohnt, und bis in das 19. Jh. sollen sich noch Holzreste in einigen Balkenlöchern befunden haben.

Die auffallendsten Veränderungen der Neuzeit auf dem Bergplateau sind die Errichtung des nach dem ersten Oberpräsidenten der Provinz Westfalen, Ludwig Freiherr von Vincke, benannten, 35 m hohen Aussichtsturms von 1857, das 1930 in die mittelalterlichen Ruinen eingelassene Kriegerdenkmal für die Gefallenen des Ersten Weltkrieges und das weithin sichtbare Kaiser-Wilhelm-Denkmal (1893 – 1902) an der Westspitze .

Die touristische Erschließung des Geländes wurde ab 1903 durch den Bau einer inzwischen nicht mehr erhaltenen, von Schwerte-Wandhofen kommenden Zahnradbahn unterstützt. 1935/36 erhielt

Mittelalterliche Burganlage mit Kriegerdenkmal und Vincketurm im Hintergrund.

Bergbau am Syberg

Die kohleführenden Gesteinsschichten, die an vielen Stellen im Ruhrgebiet zutage treten, wurden ab dem 16. Jh. auch am Nordwesthang des Syberges abgebaut. Für die einstige Zeche „Schleifmühle" ist bezeugt, dass hier im Jahr 1763 sechs Mann 164 Tonnen Kohle im Wert von 244 Reichstalern gewonnen haben.

Ende des 19. Jh. wurde am Syberg die letzte Zeche wegen Unwirtschaftlichkeit stillgelegt. Dank des Fördervereins „Bergbauhistorische Stätten Ruhrrevier e. V." können heute einige der in den 1970er Jahren aus Sicherheitsgründen verschlossenen Stollen mit Führungen (nur samstags nach Vereinbarung) wieder besichtigt werden. Ein Rundwanderweg (A 1) vermittelt die Geologie sowie die obertägig sichtbaren Bergbaureliкte, die in der Form von Stollenmundlöchern, Halden und Pingen erhalten sind.

das Kaiserdenkmal ein neues, dem Zeitgeist des Nationalsozialismus entsprechendes Gesicht. Der moderne Komplex der 1985 eröffneten Spielbank Hohensyburg mit umfangreichen Parkplatzflächen überbaute das Areal im Osten des Plateaus und ist heute ein erheblicher wirtschaftlicher Faktor für die Region.

16 *Naturschutzgebiet Ruhrsteilhang Hohensyburg (West und Ost)*

Das von der „Hengsteystraße" unterbrochene Naturschutzgebiet stellt die weithin sichtbaren Steilhangbereiche des Sybergs im Osten und des Klusenbergs im Westen unter Schutz. Die bis zu 60 Grad steilen, südexponierten Hänge werden von zwei Sandstein-Bänken durchzogen, welche als weithin sichtbare Klippenreihe zutage treten.

Die Hänge sind mit naturnahen Traubeneichenwäldern bestanden. Bis ins 19. Jh. hinein wurde hier noch Niederwaldwirtschaft (→ S. 55) betrieben. Als weitere Baumarten sind die wenig anspruchsvolle Birke und die Hainbuche zu nennen. Aufgrund des relativ nährstoffarmen Substrats und der geringen Bodenauflage wachsen in der Krautschicht außerdem Brombeere, Ebere-

Geologischer Aufschluss am Hengsteysee.

Ruhrsandstein

Der weithin beliebte Ruhrsandstein stammt aus dem Oberkarbon (rd. 290 Mio. Jahre). Er wurde und wird noch heute in mehreren nahe gelegenen Steinbrüchen gewonnen. Der Ruhrsandstein zeichnet sich – im Gegensatz zu den meisten anderen in Mitteleuropa gewonnenen Sandsteinen – durch geringe Wasseraufnahme, sehr hohe Druckfestigkeit, Abriebfestigkeit und Verwitterungsbeständigkeit aus. Oben auf der Hohensyburg finden sich noch Reste alter Steinbrüche, die das Material für den Bau der Burg geliefert haben. Aber auch für viele andere kirchliche und profane Gebäude im Ruhrgebiet wurde der Ruhrsandstein als Baumaterial verwendet.

sche, Ginster und Vogelkirsche, Salbeigamander, Drahtschmiele, Adlerfarn, Wurmfarn und Efeu. In den Gesteinsritzen treten einige seltene Spezialisten auf, wie z. B. der Schwarzstielige Streifenfarn, eine in Nordrhein-Westfalen vom Aussterben bedrohte Farnart, oder der Hohlzahn. Zahlreiche Vogelarten besiedeln dieses Gebiet. Von den Reptilien ist die seltene Zauneidechse häufiger an den Steilhängen anzutreffen.

17 Wasserkraftwerke Hengsteysee

Am Steilhang des Ardeygebirges, direkt am Hengsteysee, wurde 1927–30 vom Rheinisch-Westfälischen Elektrizitätswerk Essen (RWE) ein großes Pumpspeicherkraftwerk, das **Koepchenwerk**, errichtet, das nach seinem Erbauer Prof. Arthur Koepchen benannt wurde.

In den 1980er Jahren legte man das alte Werk still und baute unmittelbar daneben ein neues Kraftwerk mit einer Pumpturbine von 150.000 kW Leistung. Seit 1986 steht das alte Kraftwerk unter Denkmalschutz und ist Teil der „Route der Industriekultur". Die neue Anlage ist für die Bereitstellung elektrischer Spitzenenergie zuständig. Bei geringer Auslastung wird Wasser aus dem Hengsteysee in das etwa 160 m höher gelegene Speicherbecken gepumpt. Bei erhöhtem Strombedarf fließt das Wasser dann durch Rohrleitungen und eine Pumpturbine zurück in den Stausee.

Das **Laufwasserkraftwerk Hengstey** bildet den Endpunkt des Hengsteysees. In den 1920er Jahren errichtet, wird das Stauwerk von der RWE mit mehreren Turbinen zur Energiegewinnung betrieben und hat eine Gesamtleistung von maximal 3.300 kW. Das Wehr

Ruhr/Hengsteysee

Die Ruhr, die namengebend für das industriell geprägte Ruhrgebiet wurde, entspringt in der Nähe von Winterberg im Sauerland und mündet nach etwa 221 km bei Duisburg in den Rhein. Zwei der sechs Ruhrstauseen befinden sich im direkten Umfeld von Herdecke: der Harkort-

Am Hengsteysee.

see und der Hengsteysee. Letzterer wurde 1929 angelegt und hat mit 4 km Länge einen Stauinhalt von ca. 3,3 Mio. m³. Er dient als Flussabsetz- und Klärbecken, wird aber auch zur Energiegewinnung durch ein Pumpspeicher- und zwei Laufwasserkraftwerke genutzt. Heute dient der Hengsteysee mit Bootsverleih und vielfältigen Wassersportmöglichkeiten darüber hinaus als Naherholungsziel.

ist mit vier walzenförmigen Verschlüssen, die bei Hochwasser geöffnet werden können, einer Schleuse für kleinere Schiffe und seit der Renovierung 2007 auch mit einer Fischaufstiegsanlage ausgestattet.

Das **Laufwasserkraftwerk Stiftsmühle** mit dem über 200 m langen Stauwehr wurde 1930 zwischen Hengstey- und Harkortsee am Zusammenfluss von Volme und Ruhr gebaut. Drei Turbinen mit einer Gesamtleistung von maximal 1.800 kW erzeugen hier elektrischen Strom. Das Wehr dient zudem der Wasserstandsregulierung der Stauseen. Wehr und Kraftwerk sind durch eine kleine künstliche Insel verbunden. Eine Ende der 1990er Jahre eingebaute Fischtreppe ermöglicht Wanderfischen heute wieder den Zugang zur Volme. Benannt ist das Kraftwerk nach dem Wehr der alten, zum Stift Herdecke gehörigen Kornmühle, die sich ungefähr an dieser Stelle befand und für deren Betrieb ein künstlicher Graben von der Ruhr abgezweigt worden war.

Koepchenwerk.

HERDECKE → HAGEN-HASPE

Wegbeschreibung und Hinweise ⠀⠀⠀⠀ **9 km**

Startpunkt: Evangelische Stiftskirche, Herdecke.

Schwierigkeitsgrad für Fußgänger: Mittel. Hüglig-bergiges Gelände mit An- und Abstiegen >10% am Kaisberg, „Auf der Halle" (südlich Vorhalle) und am Nordrand von Haspe.

Radstrecke: Zum Teil abweichend:

A) Für Fahrradfahrer gibt es zwei Möglichkeiten, den **Kaisberg**, zu dem eine lange Treppe führt, zu umrunden: 1) Der kürzere Weg folgt der B 54 um die Kurve und trifft dann rechts über die „Brüninghausstraße" wieder auf den Fußweg. 2) Die längere Variante folgt dem Fußweg hinter der Ruhrbrücke nach rechts bis zur Bahnlinie, folgt dieser dann nach rechts und wird erst beim Ruhrviadukt unter ihr hindurchgeführt („Baukey"). In einem weiten Bogen geht es an Schloss Werdringen vorbei („Werdringen") und über die „Brockhauser Straße" und „Nöhstraße" nach Hagen-Vorhalle, wo an der Kreuzung mit der B 226 der ausgeschilderte Fußpilgerweg erreicht wird.

B) Südlich des **Friedhofes Funckenhausen** folgt der Radweg an der Gabelung nicht dem Fußweg nach Südwesten, sondern dem Weg nach Südosten. Durch ein kleines Bachtal bergauf fahrend, trifft man nach einiger Zeit wieder auf den Fußweg.

Schwierigkeitsgrad für Radfahrer: Wie Fußgänger, jedoch Umfahrung des Kaisbergs.

In Herdecke gibt es vor dem Weiterwandern einige Sehenswürdigkeiten zu besichtigten **(1 – 4)**. Die schiefergedeckten und -verkleideten Häuser sind charakteristisch für das **Niederbergisch-Märkische Land** als Teil des Sauerlandes. Der Weg führt zunächst zur Ruhr, von wo aus in westlicher Richtung der **Ruhrviadukt (5)** sichtbar ist. Südlich des Flusses biegt die Route nach rechts ab und führt dann bergauf zum **Kaisberg (6)** mit dem **Freiherr-vom-Stein-Turm**. Von hier aus lohnt ein Abstecher zum **Wasserschloss Werdringen (7)** mit ur- und frühgeschichtlichem Museum. Auf der Bahnbrücke in Hagen-Vorhalle sollte man einen Moment verweilen und die einzigartige Kulisse des **Rangierbahnhofes (8)** bestaunen.

Links:
Treppen im
Herbstlaub
auf dem
Weg zum
Kaisberg.

Südlich von Vorhalle führt die Pilgerstrecke bergan durch den Buchenwald „In der Halle", der mit knorrigen alten Bäumen durchsetzt ist. Die Wege existieren laut alter Karten schon mindestens einhundertfünfzig Jahre, vermutlich sogar länger.

Auf der anderen Seite des Berges gelangt der Wanderer schließlich nach Hagen-Haspe hinein, dem Ziel der Etappe.

Pilger- und Wegespuren ...

Mit dem Stift und den dort aufbewahrten Reliquien hatte sich im Laufe des Mittelalters in Herdecke eine Wallfahrtsstätte herausgebildet, die über eine regionale Bedeutung allerdings nicht hinauskam. Zwei vom Kölner Erzbischof ausgestellte Ablassprivilegien von 1356 und 1368 bezeugen dennoch ein gewisses Ansehen der Herdecker Wallfahrt. Unter den Reliquien sind besonders diejenige des Jakobus sowie ein Stück vom Kreuz Christi hervorzuheben.

Seit dem 13. Jh. existierte eine hölzerne Brücke über die Ruhr bei „Herycke", deren Instandhaltung und Pflege der Äbtissin des Stiftes unterstand. Das von starken Hochwassern mitgenommene Bauwerk scheint trotz aller Bemühungen verfallen zu sein, denn 1410 wurde von Graf Adolf von Kleve-Mark die Errichtung einer Brücke mit steinernen Pfeilern veranlasst. Laut einer Urkunde desselben Jahres war dies für „die Kaufleute, Pilger und anderen Reisenden (...) eine große (...) Notwendigkeit". Der Zoll ging von nun an nicht mehr an die Äbtissin, sondern an den Erbauer der Steinbrücke, der an der Überführung zudem ein Gasthaus mit Kapelle, in der die Messe gelesen wurde, betrieb. Hier sollten Pilger und arme Reisende untergebracht und verköstigt werden. Von der in Herdecke vorhandenen Infrastruktur profitierten natürlich nicht nur die zu den Herdecker Reliquien ziehenden Wallfahrer, sondern auch auf der Handelsstraße nach Santiago de Compostela durchreisende Fernpilger. Diese gingen von der Ruhrbrücke aus über die Boeler Heide nach Hagen.

Urkunde vom 28. Juli 1410.

Legend:
- Jakobspilgerweg *(markiert)*
- historischer Wegverlauf
- vermuteter historischer Verlauf
- abweichender Radweg und historischer Verlauf

Meter 0 125 250 500

HERDECKE

Enneper Mühlenbach · berg · Kallenberg · Jolle · Herdecker bach · Herdecker

K 11

Naeken

176,8

Rostesiepen

226,9

Herdecker hammer

215,2

Teufelskanzel ND (Felsen)

Bf

197,9 Rehberg

ND (Felsen) Sonnenstein

204,0 Wierberg ND (Geologischer Aufschluss)

96,3

EW

B 234

5

64

26,2 Wbn

EW

PH

1-4

NSG

Ruhr

Wasser

6 Wbn

Wbn

Volme

WW

Entspannungsanlage

8

Vorhalle

B 226

HERDECKE

P

1

2-3

PH

4

Bad

Meter 0 50 100 200

NSG

Herdecke

Die in das Ruhrtal zwischen den beiden Stauseen Hengsteysee und Harkortsee eingebettete Stadt Herdecke hat heute etwa 26.000 Einwohner. Ihre Entstehung und Entwicklung wurde bereits früh durch die verkehrsgünstige Lage an einem Ruhr- und einem Höhenübergang beeinflusst. Die alte, von Norden an den Rhein führende Handelsstraße kreuzte sich hier mit einer Straße von der Maas an die Weser. Im 9. Jh. wurde an dieser Stelle ein adeliges Kanonissenstift gegründet. Begünstigt durch die Lage zwischen dem eisenreichen Sauerland, dem kornreichen Hellwegraum sowie dem Münsterland, entstand im Laufe der Zeit um das Stift herum eine kaufmännisch geprägte Ansiedlung, die 1324 von kölnischem in märkischen Besitz gelangte. Graf Engelbert III. von der Mark verlieh Herdecke 1355 das Marktrecht. Hieraus entwickelte sich der Herdecker Kornmarkt, der bis ins 19. Jh. Bestand hatte. Unter preußischer Herrschaft erhielt Herdecke 1739 das Stadtrecht. Die von schiefergedeckten Fachwerkhäusern geprägte Altstadt besitzt noch heute einen Kern mit weitgehend zusammenhängender historischer Bausubstanz.

Herdecke mit ehemaliger Stiftskirche (links).

1 *Ehemalige Stiftskirche*

Die schriftliche Überlieferung des Stiftes Herdecke setzt im Jahr 1214 ein, als die „abbatissa et conventus de Herreke" erstmals genannt werden. Zumindest die Kirche, für die seit 1240 das Marienpatrozinium nachweisbar ist, geht baugeschichtlich aber bis in das 9. Jh. zurück und ist demnach eine karolingische Gründung. Spätestens im 13. Jh. wurde der Konvent angegliedert, der 1313 als dem Benediktinerorden zugehörig genannt wird. Nach der Reformation wurde Herdecke zunächst evangelisch und das Stift in ein „kaiserlich freiweltliches Stift" (1561) umgewandelt. Mit der konfessionellen Gleichberechtigung nach dem Dreißigjährigen Krieg (→ S.

50) wurde eine „Quotenregelung" eingeführt: Jede vierte Äbtissin sollte katholisch sein und ein Viertel der aus Unterhaltszahlungen finanzierten Stellen (= Präbenden) an Katholiken vergeben werden. Seit der Aufhebung des Stiftes im Jahr 1812 wird die ehemalige Stifts- und Klosterkirche als evangelische Pfarrkirche genutzt.

Ehemalige Stifts-, heute evangelische Pfarrkirche von Herdecke.

Das karolingische Gebäude war eine dreischiffige, flach gedeckte Pfeilerbasilika mit drei Apsiden im Osten sowie einer Nonnenempore im Westen. Der heutige Kirchenbau entstand nach einer durch einen Brand notwendig gewordenen, umfangreichen Umgestaltung im 13. Jh. Die Schiffe wurden eingewölbt, die Querhausarme und Apsiden abgebrochen und der Chor mit einem geraden Abschluss versehen. Als 1908 der baufällige Turm im neoromanischen Stil neu errichtet wurde, gestaltete man auch die doppelgeschossige westliche Vorhalle um. Nördlich der Kirche sind noch drei Häuser des ehemaligen Stiftes erhalten.

Die mit Schiefer verkleidete „Heimatstube".

2 *„Heimatstube" (Heimatmuseum)*

Das Schieferhaus auf dem Stiftsplatz wurde 1815 durch den Kaufmann H. Hueck errichtet. Es ersetzte einen Fachwerkbau, in dem zwischen 1791 und 1811 die letzte Äbtissin des freiweltlichen Damenstifts wohnte. Den ältesten Teil des Gebäudes jedoch bildet ein mittelalterlicher Gewölbekeller aus Ruhrsandstein, auf dem die Nachfolgebauten errichtet wurden. Der jetzige repräsentative Bau weist eine axiale Struktur mit großzügig gestaltetem Treppenhaus auf. Der über der Haustür befindliche Dreieckgiebel und das runde Oberlicht im Dachgiebel heben die Mittelachse zusätzlich hervor. Heute ist in dem Gebäude das Stadtarchiv und seit 1993 die „Heimatstube" (Heimatmuseum) mit einer Dauerausstellung zur Geschichte der Region untergebracht.

Der Frederunabrunnen.

3 Frederunabrunnen

Der Frederunabrunnen in der Fußgängerzone Herdeckes erinnert an die angebliche Stiftung des Klosters im Jahre 819 durch Frederuna, eine Nichte Karls des Großen. Obwohl der Kirchenbau tatsächlich in diese Zeit zurückreicht, ist das Stift

nicht vor 1214 nachweisbar. Die Geschichte muss also bis zum Auf-
finden eindeutiger Belege in den Bereich der Sagen verwiesen
werden.

4 *Sackträgerbrunnen*

Der Brunnen mit der Darstellung eines Sackträgers steht an der
Stelle, an der ab 1630 wöchentlich der Herdecker Kornmarkt statt-
fand. Seit dem 19. Jh. sind zahlreiche Verhaltensregeln für ihn überliefert. Da während des Marktes keine Fahrzeuge zum Be- und Ent-
laden auf der Hauptstraße halten durften, wurde dies von den sog.
Sackträgern erledigt. Offensichtlich gab es häufig Ärger mit Trä-
gern, die mit ihrer Last verschwanden oder nicht den gesamten In-
halt ablieferten, denn spätestens seit 1825 durfte das Be- und Ent-
laden nur noch durch lizensierte, offizielle Sackträger ausgeführt
werden. Diese waren anhand einer behördlichen Registriernummer
zu erkennen, die sie an ihren blauen Kitteln trugen. Bei der „Herdecker Maiwoche" wird alljährlich an diese alte Tradition erinnert:
In der Innenstadt findet ein Sackträgerlauf für Kinder und Jugend-
liche statt, die mit einem Jutesack auf dem Rücken eine bestimmte Strecke zurücklegen müssen.

Der alljähr-
lich in Her-
decke statt-
findende
Sackträger-
lauf.

5 *Ruhrviadukt*

Der Ruhrviadukt führt die Eisenbahnstrecke zwischen Herdecke und Hagen-Vorhalle in 30 m Höhe und auf 313 m Länge über die Ruhr. Die Anlage mit 12 halbkreisförmigen Bögen von jeweils 20 m Spannweite wurde 1879 als Teilstück der Bahnverbindung zwischen Dortmund und Düsseldorf (Rheinische Eisenbahn) eingeweiht und galt damals als technische Meisterleistung. Nach der Zerstörung der Möhnetalsperre am 17. Mai 1943 durch einen Luftangriff wurde von dem dadurch erzeugten Hochwasser einer der Brückenpfeiler des Viadukts unterspült und fortgerissen. Gegen Kriegsende erfolgte eine Sprengung durch die Wehrmacht. Die Brücke konnte erst 1957 wieder in Betrieb genommen werden. Heute wird der Viadukt von der privaten Volmetalbahn auf der Strecke von Dortmund nach Lüdenscheid befahren.

6 *Kaisberg*

1876 wurden am Kaisberg in Hagen-Vorhalle drei Langschwerter aus der jüngeren Bronzezeit entdeckt, die zu den herausragenden Fundstücken dieser Epoche in Westfalen gehören.

Angeblich soll auf der 185 m hohen Anhöhe des Kaisbergs der römische Feldherr Varus im Jahr 9 n. Chr. gelagert haben. Auch von Karl dem Großen wird gesagt, dass er vor der Eroberung der Sigiburg (Hohensyburg) hier im Jahr 775 Station gemacht habe. Für beides existieren allerdings keine historischen Beweise.

Blick vom Wasserschloss Werdringen auf den Kaisberg mit dem Freiherr-vom-Stein-Turm.

1856 wurde zur Erinnerung an Karl Freiherr vom Stein (→ S. 147) ein Holzturm auf dem Kaisberg errichtet, der 1869 durch einen im Neorenaissance-Stil entworfenen steinernen Turm ersetzt wurde. Die Inschrift lautet: „Des Guten Grundstein. Des Bösen Eckstein. Des Deutschen Volkes Edelstein. Das dankbare Bürgertum dem Andenken des Reichsfreiherrn Heinrich Friedrich Karl vom und zum Stein 1869."

Roman-tisches Wasser-schloss Werdringen.

Am Fuße des Kaisbergs liegt das inzwischen verschlossene Mundloch eines Stollens der Zeche „Kaysbergerbank", von dem aus seit dem 16. und erneut im 19. Jh. der hier anstehende Steinkohleflöz abgebaut wurde. Heute stellt der Stollen ein schützenswertes Rückzugsgebiet für seltene Tierarten wie Feuersalamander, Wasserfledermäuse und Grasfrösche dar und wird vom Bund für Umwelt und Naturschutz Deutschland e. V. (BUND) Hagen betreut.

7 Schloss Werdringen (Museum für Ur- und Frühgeschichte)

Vom Kaisberg aus lohnt ein kleiner Abstecher zum Wasserschloss Werdringen. Dieser wohl bereits im 13. Jh. bestehende und 1350 erstmals erwähnte Adelssitz ist vermutlich aus einer Turmhügelburg (sog. Motte) oder einem befestigten Turmhaus entstanden und gehörte zum Gebiet der Herren von Volmestein. Im 15. Jh. erfolgte der Ausbau zu einer Wasserburg mit mehreren Gebäuden, darunter das sog. Herrenhaus mit dem charakteristischen spätgo-

Blätterhöhle

In den leuchtend weißen Kalkfelsen des „Wei-
ßensteins" in Hagen-Holthausen wird die sog.
Blätterhöhle, deren Eingang bereits seit 1983
bekannt ist, seit 2004 genauer untersucht. Dabei wurden menschliche Skelettreste gefun-

Der „älteste Westfale".

den, deren Entdeckung mehrere Grabungskampagnen auslöste. Die inzwischen na-
turwissenschaftlich datierten Überreste stammen aus zwei Zeitphasen: Das Schä-
delteil eines etwa 35jährigen Mannes ist rund 10.700 Jahre alt und gehört somit in
die frühe Mittelsteinzeit (Mesolithikum). Damit handelt es sich um den bisher ältesten
direkten Nachweis vom modernen Menschen in Westfalen. Offensichtlich hatten unter einem vorhängenden Felsdach, das später einstürzte und die Skelettteile bis heute konservierte, Menschen Schutz gesucht. Eine Feuerstelle und zahlreiche typische
Steinwerkzeuge deuten auf einen kurzzeitigen Aufenthalt mesolithischer Jäger und
Sammler hin. Ein anderer Teil der Funde stammt aus der darauf folgenden Jungsteinzeit (Neolithikum) vor etwa 5.600 – 5.000 Jahren und zeigt, dass die Höhle zu dieser
Zeit erneut von Menschen genutzt wurde, vermutlich als Bestattungsplatz.

tischen Stufengiebel. Das heutige Erscheinungsbild eines neugotischen Wasserschlosses erhielt die Anlage vor allem durch umfangreiche Umbaumaßnahmen im 19. Jh. Seit 2004 befindet sich
hier das Museum für Ur- und Frühgeschichte, das Relikte aus 450
Millionen Jahren westfälischer Geschichte präsentiert, darunter
auch die jüngsten spektakulären steinzeitlichen Funde aus der Blätterhöhle bei Hagen.

8 Rangierbahnhof Hagen-Vorhalle

In Hagen-Vorhalle befindet sich der für das Ruhrgebiet und Sauerland wichtigste Rangierbahnhof für den Güterverkehr, der zugleich
einer der größten Deutschlands ist. Auf der Bahnbrücke zwischen
„Freiherr-vom-Stein-Straße" und „Hartmannstraße" bekommt man davon einen guten Eindruck. Der Bahnhof verfügt über elf Einfahr-
gleise, zwei Berggleise und 40 Richtungsgleise von bis zu 920 m
Nutzlänge. Tagtäglich werden hier mehrere tausend Güterwagen
zu neuen Zügen zusammengestellt. Die gesamte Rangiertechnik
wird dabei zentral und vollautomatisch vom Stellwerk aus gesteuert.

Rangier-
bahnhof
Hagen-
Vorhalle.

Geplant ist auch der Einsatz einer vom Stellwerk aus funkferngesteuerten Rangierlokomotive.

Hagen-Vorhalle, Steinbruch

Die ehemalige Ziegeleigrube in Hagen-Vorhalle entpuppte sich bereits in den 1970er Jahren als Goldgrube für Paläontologen. Berühmt wurde der Steinbruch durch die fossilen Funde der ältesten vollständig erhaltenen Fluginsekten. Die Gesteine stammen aus dem Namur, einem Abschnitt des tieferen Oberkarbon vor ca. 320 Millionen Jahren. Zu dieser Zeit bildete der Raum Hagen eine Küstenebene mit vorgelagerter Lagune,

Versteinerter Urnetzflügler *(Lithomantis varius)* aus Hagen-Vorhalle.

in die ein größeres Flusssystem mündete. Die Ebene war von dichten, mit Schuppenbaumarten und Schachtelhalmen bestandenen Wäldern bedeckt. Diese überaus abwechslungsreiche Landschaft bot den verschiedensten Pflanzen- und Tierarten einen idealen Lebensraum. Neben Funden von fossilen Überresten seltener Spinnenarten und Skorpionen ist besonders eindrucksvoll die Großlibelle *Namurotypus sippeli*, die eine Flügelspannweite von 32 cm erreichte. Viele der Fossilien sind im Museum für Ur- und Frühgeschichte im Wasserschloss Werdringen zu sehen (→ S. 201).

Wegbeschreibung und Hinweise　　　10 km

Startpunkt: St. Bonifatius, Haspe.

Fuß- und Radstrecke: Identisch.

Schwierigkeitsgrad für Fußgänger: Mittel bis schwer. Weitgehend entlang der Höhenlinien, z. T. steile Auf- und Abstiege von >10%, teilweise sogar von > 20 %.

Schwierigkeitsgrad für Radfahrer: Kein einfaches Terrain (unbefestigte Waldwege, z. T. steiles Auf und Ab).

Auf dieser Etappe steigt der Weg zu Beginn südlich der Bahnlinie zügig auf 200 m ü. NN an und erreicht schließlich den „Südhangweg" (der eigentlich ein Nordhangweg ist). Hier führt die Strecke gemächlich Richtung Westen am Flusstal der Ennepe entlang, die seit der Zeit der Industrialisierung (ab 17. Jh.) zahlreiche Hammerwerke, vor allem Sensenhämmer, angetrieben hat. Nach einiger Zeit ist der höchste Punkt der Etappe (bei 275 m ü. NN) erreicht, dann geht es genauso wieder bergab. An einigen Stellen ist der Weg auch beidseitig in den Berg eingeschnitten, ein sog. **Hohlweg** (→ S. 213). Immer wieder werden kleine oder größere Bachtäler gequert bzw. ‚umkurvt'. Oberhalb dieser **Siepen** (→ S. 225) schließen sich regelmäßig mehr oder weniger zugewachsene **Steinbrüche** an. Die darüberliegenden Berge werden hier oft Kopf oder Kop genannt, so z. B. **Brahms Kopf** und **Hageböllinger** Kopf. Kurz vor Gevelsberg gelangt man zu einem **Saugatter**, in dem sich zumindest die Wildschweine offensichtlich wohlfühlen. An einem verträumten **Waldfriedhof** vorbei erreicht der Weg hinter der Bahnunterführung die Stadt Gevelsberg.

Saugatter.

Von Hagen-Haspe aus ist alternativ auch ein lohnenswerter Umweg von insgesamt etwa 39 km über **Breckerfeld** (→ S. 208) mit alter Jakobuskirche möglich, der allerdings erst südlich von Wuppertal-Beyenburg auf den weiter nach Köln führenden Jakobsweg trifft.

Links: Unterwegs auf schmalen Pfaden.

Pilger- und Wegespuren ...

Pilgerweg

In Hagen ist aus vorreformatorischer Zeit eine Bruderschaft der beiden Heiligen Jakobus d. Ä. und Antonius bekannt, bei der aber kein Zusammenhang mit dem Pilgerwesen bestanden zu haben scheint. Sie sind somit lediglich als Ausdruck der Verehrung des Apostels an sich zu betrachten.

Caesarius von Heisterbach (13. Jh.) berichtet von einem Mann, der von Hagen aus zur Buße einen schweren Stein bis zu der Wallfahrtsstätte nach Gevelsberg trug, die nach dem Mord am Erzbischof von Köln 1225 (→ S. 220) dort entstanden ist.

In Hagen-Haspe befand sich einer der Hagener Richtplätze. Die Straße „Hasperbruch" (1664: „Gerichtsplatze auf dem Herßbrocke") deutet noch auf diesen einst mit Rad und Galgen ausgestatteten Platz hin. Von Hagen aus führte die historische Straße wohl am südlichen Hang des Ennepetales entlang. Im Wald haben sich noch deutliche Spuren von Hohlwegen erhalten. Aus diesem Bereich stammt auch ein 1890 geborgener römischer Schatz aus 63 Münzen mit dem jüngsten Prägedatum von 353 n. Chr., der darauf hindeutet, dass diese Strecke bereits zu römischer Zeit als Verbindung existiert hat.

Hohlweg am „Vogelsang" zwischen Haspe und Gevelsberg.

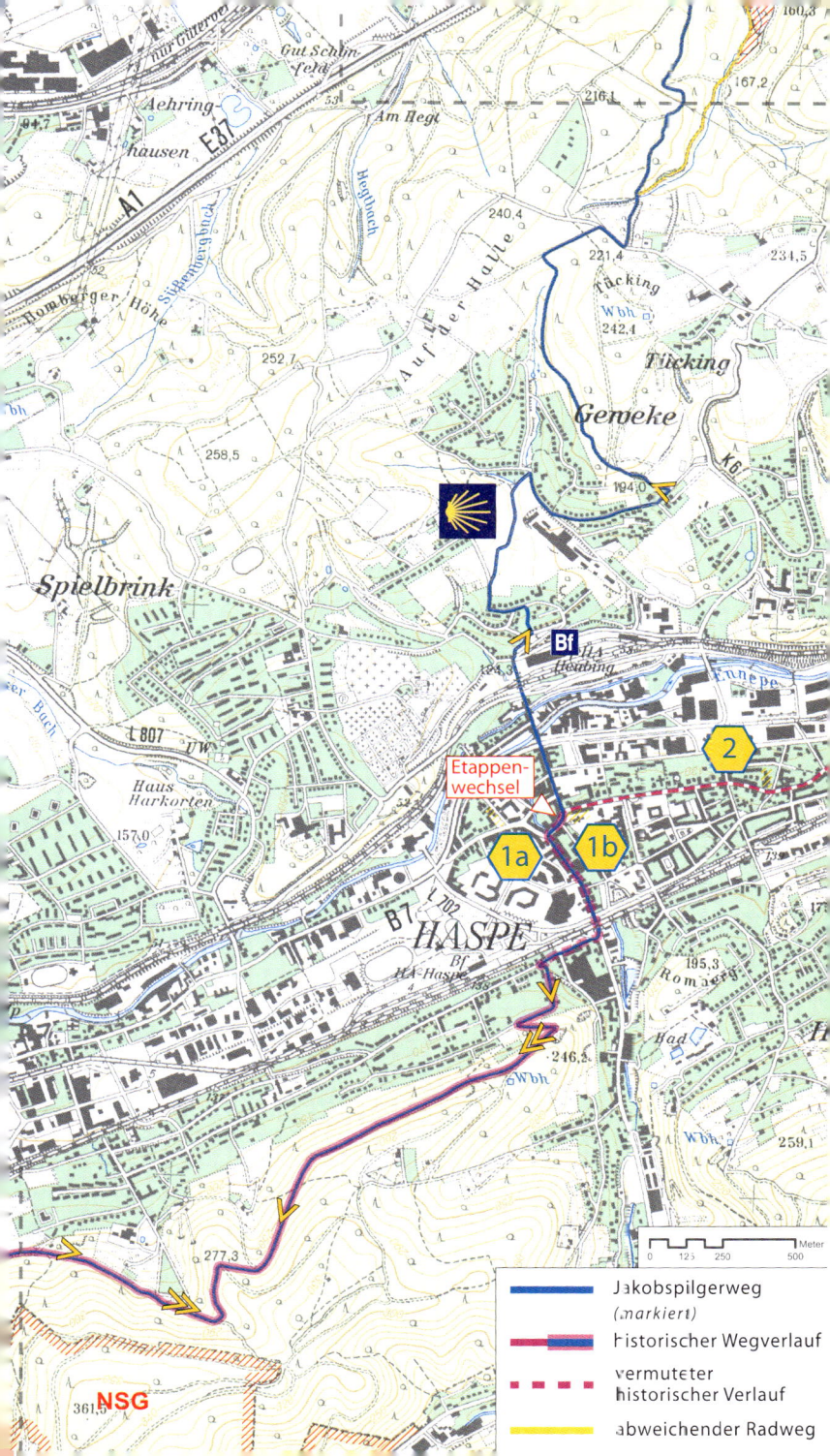

Jakobspilgerweg
(markiert)

Historischer Wegverlauf

vermuteter
historischer Verlauf

abweichender Radweg

Abstecher über Breckerfeld

1184 erstmals schriftlich erwähnt, war Breckerfeld mit seiner aus dem 13. Jh. stammenden Jakobuskirche im Mittelalter eine wichtige Pilgerstation. Die Stadt liegt etwas östlich des ausgeschilderten und hier vorgestellten Weges der Jakobspilger und war durch die Fernstraße von den Niederlanden nach Frankfurt gut an den überregionalen Verkehr angeschlossen.

Von Hagen-Haspe aus bietet sich für Pilger die Möglichkeit, eine alternative, etwa 39 km lange Wegeführung zu wählen, die über Breckerfeld führt und kurz vor Remscheid-Lennep (ca. 7 km südlich von Wuppertal-Beyenburg) wieder auf den weiter nach Köln führenden Weg stößt (siehe „Jakobswege. Wege der Jakobspilger im Rheinland. Band 1").

1252 wird die Breckerfelder Jakobus-Kirche (heute evangelisch) erstmals als Pfarrkirche genannt. Hierbei handelte es sich um eine dreischiffige romanische Hallenkirche, die um 1390 durch den heutigen Bau, eine ebenfalls dreischiffige gotische Basilika, mit Querhaus und Westturm, ersetzt wurde. Sie ist die einzige gotische Basilika Westfalens und hat ohne größere Umbauten ihre mittelalterliche Erscheinung weitgehend beibehalten, einzig der Turm stammt aus dem Jahr 1923. Notwendig war der Neubau vermutlich aufgrund der zahlreichen Jakobspilger geworden, die Breckerfeld als Zwischenstation, u. U. aber auch als nahegelegenen symbolischen

Breckerfeld mit der evangelischen Jakobus-Kirche im Hintergrund.

Alternativroute über Breckerfeld: 39 km

Diese führt von Hagen-Haspe aus über den Ortsteil Hestert („Hestertstraße") in einem Bogen nach Osten („Kaiser-Friedrich-Pfad", „Höhenweg"; Markierung: Dop-
pelbalken; „Eilper Hangstieg"; Markierung: A3) und trifft auf Höhe Bismarckturm,
kurz vor Selbecke („Robert-Kolb-Weg"; Markierung: A4/Balken, „Zur Höhe") auf die
von der Johanniskirche in Hagen kommende Strecke. Von dort aus verläuft der
Weg am LWL-Freilichtmuseum Hagen vorbei (Markierung: Dreieck) über den „Alten Postweg" relativ gerade nach Süden über die Ortsteile Rafflenbeul, Zurstraße
und Langscheid nach Breckerfeld (Teilstück ca. 16 km). Von Breckerfeld aus führt
der Pilgerweg über die Ortschaften Kückelhausen (bis „Filde" = X 20), Fecking-
hausen, Jakobsholt (von Jakobsholt bis „Keilbecker Straße" Markierung: A 6), Rem-
lingrade, Keilbeck und Frielinghausen bis zur ev. Stadtkirche (ehem. Jakobuskirche)
in Lennep (Teilstück ca. 23 km).

Der Turm der evangelischen
Jakobus-Kirche

Ersatz für das Fernziel Santiago aufsuchten. Der Westteil des Bauwerkes diente früher wahrscheinlich als Gemeinde-, der Ostteil mit Querhaus und sepa-
ratem Eingang als Pilgerkirche.

Der hl. Jakobus findet sich in der künstlerischen Ausgestaltung der Kirche
mehrfach wieder. Am Gewölbeschlussstein der Vierung, an dem noch im Jahr
1757 eine Kette aus Pilgermuscheln hing, ist er sitzend mit Stab in der rechten und Muschel in der linken Hand abgebildet. Darunter wurde ein Funda-
ment ausgegraben, das wohl zu einem älteren Jakobusaltar gehörte. Zwei
weitere Schlusssteine, die einen Santiago-Pilger und den Erzengel Raphael als
Schutzpatron der Wanderer und Kranken darstellen, reihen sich in den the-
matischen Kontext ein. Der Schnitzaltar der Kirche aus der Zeit um 1510 gehört zweifellos zu den herausragenden Altarwerken Westfalens. Jakobus
nimmt hier zusammen mit Maria und dem hl. Christophorus (Patron der Reisenden) das Zentrum des Retabels ein.

Während der Reformation war Breckerfeld zum evangelisch-lutherischen
Glauben übergetreten. 1706 errichtete die reformierte Gemeinde ein eigenes
Gotteshaus, das nach der Union der beiden (1841) zur „evangelischen Gemeinde Breckerfeld" aber in den Besitz der wieder neu gegründeten katholischen Gemeinde überging. Diese wählte als Patron ebenfalls den hl. Jakobus,
sodass es hier heute zwei Jako-
bus-Kirchen gibt. Die Pilgertra-
ditionen des Ortes wurden sowohl von der evangelischen als
auch der katholische Gemeinde
aufgenommen und werden durch
zahlreiche Aktionen gepflegt.

Der Schnitzaltar aus dem 16. Jh. mit
der Darstellung des Jakobus.

Hagen-Haspe

Während der Raum Hagen schon früh besiedelt war und mit der Eroberung der Sigiburg 775 durch Karl den Großen auch in das Licht der Geschichte rückte, beziehen sich auf den Ort Hagen selbst erst im 12. Jh. die frühesten Quellen. Zu dieser Zeit der offensichtlich intensiveren Besiedlung des Raumes gehörte Hagen zum Erzbistum Köln und war ein Kirchspiel in der Herrschaft Volmarstein. Nach der Eroberung von Burg Volmarstein 1324 wurde es Teil der Grafschaft Mark. Das gesamte Mittelalter hindurch blieb Hagen ein eher unbedeutender Ort. Der Dreißigjährige Krieg und eine große Pestepidemie setzten ihm in der Folgezeit schwer zu. Mit der Gründung der ersten Klingenschmiede in Hagen-Eilpe im Jahr 1661, der im Laufe der Zeit mehrere Hammerwerke und Sensenschmieden entlang der Ennepe folgten, begann der frühindustrielle Aufschwung, der unter preußischer Herrschaft 1746 in der Verleihung des Stadtrechts mündete. Seine Blütezeit erlebte Hagen von 1871–1914 und entwickelte sich zum Oberzentrum für die gesamte Region. Heute hat die kreisfreie Stadt etwa 200.000 Einwohner.

Der Hagen angegliederte, westlich gelegene Vorort Haspe war im 13. Jh. Sitz eines Freistuhles (Gerichtsplatz). 1847 wurde die Hasper Hütte, ein Stahlwerk, gegründet, die in der Blütezeit 7.000 Mitarbeiter beschäftigte, bis sie 1972–82 stillgelegt wurde. Neben der Brennerei Eversbusch wurde auch die Firma Brand (Zwieback) in Haspe gegründet.

Blick von Süden auf Hagen-Haspe.

1 a und b
Ev. Kirchengemeinde und St. Bonifatius

Infolge der umfassenden Industrialisierung im 19. Jh. nahm die Bevölkerung von Haspe einen deutlichen Aufschwung. Im Zuge dessen wurden auch Kirchenneubauten notwendig. Zunächst wurde 1853 die evangelisch-lutherische Kirchengemeinde Haspe (1a) gegründet. Die Grundsteinlegung für die Kirche erfolgte 1858, drei Jahre später konnte sie geweiht werden. 1861 folgte die Gründung der katholische Gemeinde St. Bonifatius (1b). Sie war zunächst in einer Kapelle als Notkirche untergebracht, bis 1872 die dreischiffige Kirche im neugotischen Stil mit Ziegelmauerwerk geweiht wurde. Von den Bombenangriffen während des Zweiten

Kirche St. Bonifatius in Hagen-Haspe.

Weltkrieges blieb die Kirche verschont. 1948 erhielt sie in den Seitenschiffen sechs neue Doppelfenster, auf denen die zwölf Apostel dargestellt sind. 1956 wurden einige Umgestaltungsmaßnahmen abgeschlossen, bei denen u. a. die Fenster bis auf Fußbodenhöhe verlängert wurden.

2 Brennerei Eversbusch, Hagen-Haspe

„Hasper Maggi" in der Steingutflasche.

Der aus Hagen-Haspe stammende, im Volksmund „Hasper Maggi" genannte Doppelwachholder (sic!) aus der traditionsreichen Brennerei Eversbusch ist eine regionale Spezialität und wird bereits seit über 200 Jahren nach einem alten Familienrezept hergestellt. Die Brennerei befindet sich im Hinterhof der Gastwirtschaft „Wacholderhäuschen" (Berliner Straße 90), einem typischen verschieferten bergischen Haus. 1843 kehrte hier Heinrich Heine auf seiner Reise von Paris nach Hamburg ein. Nach wie vor werden hier Gerichte aus der regionalen Küche zubereitet.

Achtung: *Die Karte für den weiteren Verlauf des Weges nach Gevelsberg findet sich auf Seite 218.*

Hohlwege

Hohlwege sind Relikte alter Wegeverbindungen, die vornehmlich in Hangbereichen mit weicherem Untergrund zu finden sind. Dabei wurde die natürliche Erosion entlang der häufig befahrenen und damit nicht bewachsenen Wege ver- stärkt durch die durch Wagen-

Hohlwege am Vesterberg zwischen Schwelm und Beyenburg.

räder und Viehhufe hervorgerufene Materialverdrängung. Im Laufe der Zeit bildeten sich so Furchen (Hohlen), die den Verkehr nicht nur lenkten, sondern auch einschränkten. Umkehren und Überholen war in diesen meist wagenbreiten Rinnen nicht möglich. In Regenzeiten sammelte sich in den Vertiefungen das Wasser und weichte den Untergrund zu einem auch für Fußgänger oft undurchdringlichen Schlammweg auf. War die Straße zu unwegsam geworden, suchte der Verkehr sich neue, meist parallel verlaufende Wege, sodass sich – wie zum Beispiel zwischen Schwelm und Wuppertal-Beyenburg – ganze Hohlwegbündel im Gelände bilden konnten.

Ein Problem bei der Erforschung von erhaltenen Hohlwegresten ist die Datierung. Da flächendeckende Ausgrabungen nicht möglich sind, finden sich kaum Anhaltspunkte zur zeitlichen Einordnung. Zufallsfunde – oft in Form von Hufeisen, Pilgerzeichen oder Münzen – sind nur Schlaglichter, die in keinem Fall eine bestimmte Wegstrecke datieren können. Dies ist meist ausschließlich annäherungsweise in Verbindung mit anderen Quellen wie schriftlich überlieferten Streckenabschnitten, datierten Anfangs- und Endpunkten oder zeitlich fixierbaren Wegeindikatoren (z. B. Gasthäuser, Schlagbäume, Galgenplätze, Siechenhäuser) möglich.

Schematische Darstellung eines Hohlwegs (gestrichelt = Abtrag, gepunktet = Füllmaterial; dicke Linie = heutiger Zustand, dünne Linie = ursprünglicher Zustand).

GEVELSBERG →
WUPPERTAL-BEYENBURG

Wegbeschreibung und Hinweise   15 km

Startpunkt: Erlöserkirche, Gevelsberg.

Schwierigkeitsgrad: Leicht bis mittel mit leichten Anstiegen.

Radstrecke: Abweichend. **A)** Hinter Gevelsberg folgen Radfahrer der (stark befahrenen!) „Elberfelder" und „Strückerberger Straße" (L 527), bis diese hinter der Bahnlinie in Schwelm auf den Fußweg trifft. **B)** Von Schwelm aus folgen Radfahrer zunächst dem Fußweg aus der Stadt, an der großen Kreuzung geht es jedoch rechts in die „Kölner Straße", die eine scharfe Rechtskurve macht. Direkt hinter der Kurve links abbiegen in „Wildeborn". Diesem Weg über „Heide" und „Delle" bis an die Wegspinne folgen, die auch der Fußweg kreuzt. Diesem jedoch nicht folgen, sondern weiter geradeaus bis zur Landstraße, diese bis hinter den (Wander-)Parkplatz fahren und dann wieder rechts dem kleinen Waldweg folgen, bis dieser auf den ausgeschilderten Fußweg trifft. **C)** Von Weuste bis zur Landstraße erwartet Radfahrer ein steilerer Abstieg, der ggf. nur durch Absteigen bewältigt werden kann. Wer dies umgehen möchte, muss sich ab Wanderparkplatz (s. o.) an die stark befahrene Landstraße halten.

Auf dem Weg von der **Gevelsberger Innenstadt** nach Südwesten finden Pilger an der „Elberfelder Straße" diverse Gebäude und Informationstafeln, welche auf die vergangene Kloster- bzw. Stiftszeit **(1, 2)** aufmerksam machen. Ein **Denkmal** erinnert an Erzbischof Engelbert von Köln (→ S. 220), der hier 1225 umkam. Ortsauswärts knickt der Weg am

Alten Hohlweg nach links ab. Nach Querung der Landstraße führt er am CVJM-Waldheim vorbei über den Reitplatz des Brunnenhofes und trifft dann erneut auf die Landstraße. Bevor Pilger nach links der Ausschilderung „Heliosklinik" zum **Haus Martfeld (4)** mit Museum und Grabkapelle folgen, liegt rechts von der B 7 noch das **Haus Friedrichsbad** mit dem **Brunnenhäuschen (3)**. Weiter geht es von Haus Martfeld Richtung Schwelmer **Altstadt** mit der **Christuskir-**

Pilgerweg hinter Gevelsberg.

Links: Hohlweg.

che **(5)**, von wo aus der Weg in Richtung Beyenburg bis zum **Judenfriedhof** kontinuierlich auf rd. 330 m ü. NN ansteigt. Nach und nach werden einige reizvolle **Hohlwege** (→ S. 213) durchwandert.

Beim Abstieg von den Höhen passiert der Pilger schließlich die sog. **Porta Westfalica**, einen massiven Einschnitt in das Gelände mit geologischem

Zwischen Schwelm und Beyenburg. Hinter der Bank beginnen die Hohlwege.

Aufschluss. Schließlich wird das strategisch einstmals günstig gelegene **Beyenburg** an der Wupper erreicht, der Zielpunkt des westfälischen Jakobswegs, der von Osnabrück bis an die Grenze zum rheinischen Landesteil von Nordrhein-Westfalen führt. Besonders sehenswert ist hier die ehemalige **Klosterkirche St. Maria Magdalena (6)**.

Wer weiter wandern will, geht nun im historischen Sinne „über die Wupper" (→ S. 229) und folgt dem Pilgerweg bis Köln, Aachen („Jakobswege. Wege der Jakobspilger im Rheinland", Band 1) oder sogar bis Santiago de Compostela.

Pilger- und Wegespuren ...

Pilgerweg

Die Stelle, an der Erzbischof Engelbert von Köln in einem Hohlweg bei Gevelsberg im Jahr 1225 (→ S. 220) ermordet wurde, hatte sich bereits kurz nach seinem Tod zu einer Wallfahrtsstätte entwickelt. 1236 wurde an diesem Platz ein Zisterzienserinnenkloster errichtet, um das herum eine Siedlung (und daraus später der Ort Gevelsverg) entstand.

Schwelm war in Folge des Todes von Engelbert I. von Köln ebenfalls zu einem Wallfahrtsziel geworden. Nach dem Mord waren die sterblichen Überreste des Erzbischofs zunächst in die dortige Kirche gebracht worden, bis sie nach Köln überführt wurden. Die Mitra (= bischöfliche Kopfbedeckung) Engelberts verblieb jedoch in Schwelm und wurde am Petrusaltar als Reliquie aufbewahrt. Nachdem sich einige Wunder – vor allem Heilungen – ereignet haben sollen, zog es auch Pilger in die Stadt. Diese brachten zahlreiche Votivgaben, besonders Körperteile aus Wachs, und beteten für Heilung. Caesarius von Heisterbach nennt einen Pilger aus Ostsachsen, der Schwelm, Gräfrath, Rom und Santiago besuchte.

Erst ab 1661 ist ein Hospital in der Schwelmer Oberstadt zwischen „Kölner Straße" und dem westlichen Teil der Stadtmauer bezeugt. Ob es einen Vorgänger hatte, der auch Pilgern Unterkunft bot, ist nicht bekannt.

Am Fuße des Strückerberges bei Gevelsberg ist seit Beginn des 14. Jh. eine Brücke über die Ennepe bezeugt. Der Hohlweg, in dem Engelbert überfallen und getötet wurde, ist sowohl im Gelände als auch als Straßenname noch erhalten. Ein Straßenschild erinnert an die Ereignisse von 1225.

Der weitere Verlauf des Handelsweges bis Schwelm folgt der heutigen Landstraße über den Strückerberg in die von der Schwelme durchzogene Schwelmer Kalkmulde. Kurz vor der Stadt, in der Siedlung Schiefelbusch, passierte er das alte Siechenhaus.

Zwischen Schwelm und Wuppertal-Beyenburg haben sich von der historischen Fernstraße mehrere Trassen erhalten, die dafür sprechen, dass der Verkehr sich hier immer wieder neue Wege gesucht hatte. Auch der Pilgerweg folgt entlang des Vesterberges einem Bündel von Hohlwegen, die sehr wahrscheinlich zu der alten Fernstraße gehörten. Mehrere schriftliche Nachrichten zeugen von der regen Nutzung der Strecke und helfen zudem bei der Datierung: Im Jahr 1115 verstarb auf dem Weg nach Köln in Schwelm der päpstliche Legat Kardinal Theoderich; Erzbischof Engelbert reiste im Jahr 1225 auf dieser Straße; 1420 wurden Kaufleute aus Thorn auf der Reise nach Brügge zwischen der Zollstelle Möllenkotten und der Wupper beraubt, und im gleichen Jahr ist die Strecke als „Helweg in dem Kerspele van Swelme" erwähnt. In Wuppertal-Beyenburg erleichterte eine 1335 genannte Brücke den Übergang über die Wupper. Auf der anderen Seite empfing eine Herberge durchreisende Fremde und Pilger. Über Lennep, Wermelskirchen und Altenberg erreichte die Fernhandelsstraße schließlich das nächste große Ziel, Köln.

Ein Straßenschild erinnert an die Ereignisse von 1225.

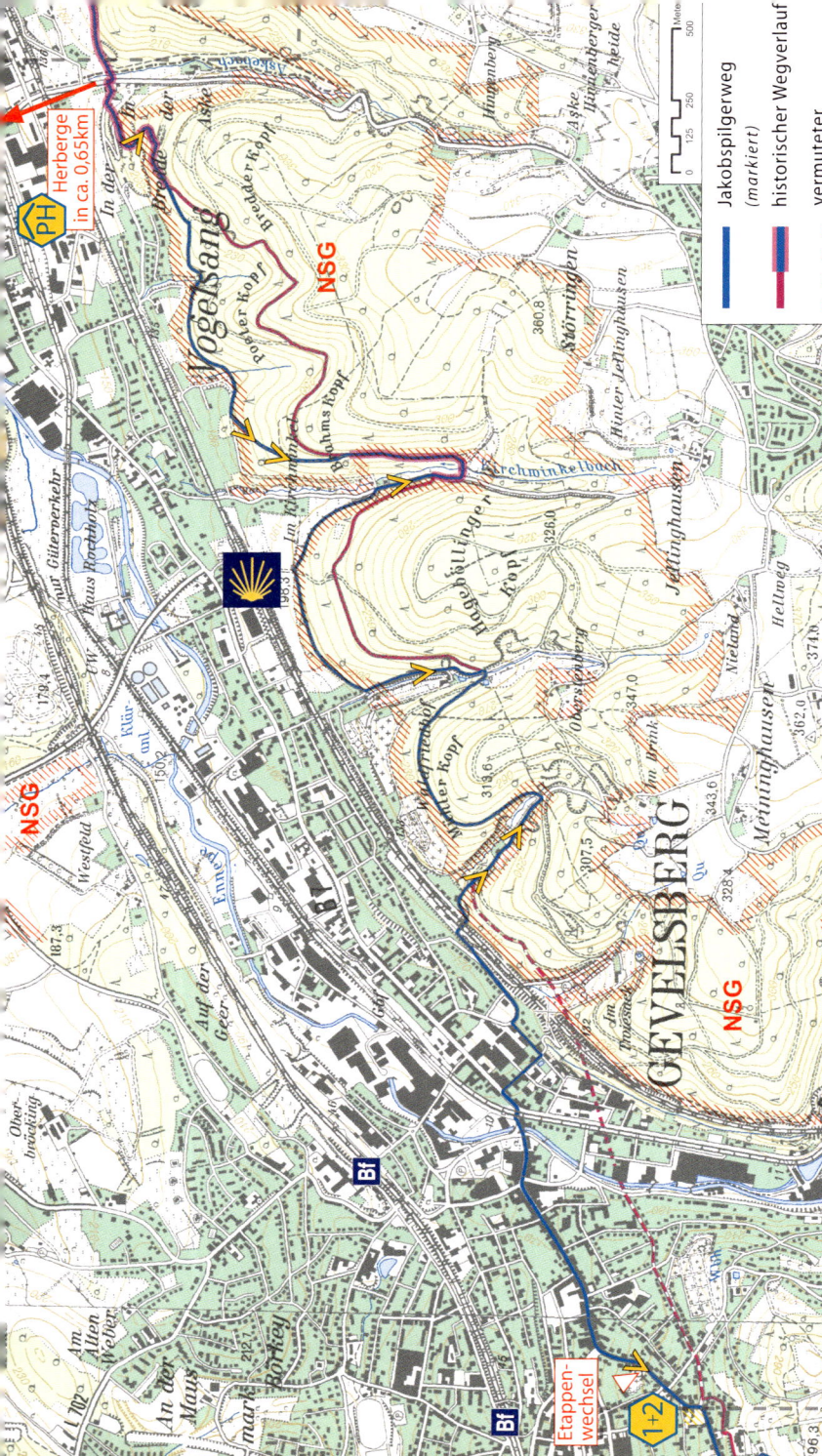

Gevelsberg

Keimzelle der Stadt Gevelsberg ist das Kloster, das nach dem Tod des Erzbischofs von Köln (→ S. 220) hier errichtet wurde. Um diese Niederlassung des Zisterzienserordens entwickelte sich bald eine Siedlung, die sicherlich nicht nur vom Wallfahrtsverkehr, sondern ebenso von der Fernstraße profitierte, der auch der Erzbischof auf dem Heimweg nach Köln ge-

folgt war. Der Name Gevelsberg beschränkte sich zunächst auf die Stiftssiedlung, erst 1876 umfasste er auch die 1096 erstmals erwähnte Bauernschaft Mylinghausen. Seit 1886 besitzt Gevelsberg Stadtrechte und zählt heute knapp 35.000 Einwohner.

Hier hielten früher die Postkutschen.

1 Ehemaliges Kloster und Wallfahrtsstätte

An der Stelle, an welcher der Kölner Erzbischof 1225 zu Tode gekommen war, wurde zunächst ein Sühnekreuz, dann eine (hölzerne) Kapelle und schließlich ein Kloster errichtet: 1236 taucht der „conventus de Gievilberch ordinis Cysterciensis" erstmals in den Quel-

Friedhofsmauer an der Erlöserkirche.

len auf. Patronin der zugehörigen Kirche war Maria, weitere Altäre waren den drei Aposteln Petrus und Paulus, Thomas sowie der hl. Anna geweiht. 1577 wurde das Zisterzienserinnenkloster in ein adeliges Damenstift umgewandelt. Unter Napoleon wurde das Stift 1812 aufgelöst, und 1826

Mord an Erzbischof Engelbert von Köln

„Als sich der Herr Erzbischof noch im Hohlweg befand, griffen die vorausgesandten Dienstleute sein Streitroß beim Zügel und rissen es mit solcher Gewalt herum, daß ihm der Zügel aus den Händen glitt. Da er nach keiner Seite vom Weg abbiegen konnte, weil dieser eng und tief war, versuchte er, mitten auf dem Weg hangabwärts zu entkommen ..."

So schrieb Caesarius von Heisterbach den Bericht eines Augenzeugen nieder. Die Feinde verfolgten Engelbert und verwundeten

Gedenkstein an den Kölner Erzbischof Engelbert.

ihn mehrfach, sodass er seinen Verletzungen schließlich erlag. Der Leichnam wurde zunächst nach Schwelm geschafft, dann nach Köln überführt.

1185/86 geboren, wurde Engelbert Graf von Berg 1220 durch Friedrich II. zum Reichsverweser und Vormund Heinrichs VII. ernannt. Dadurch repräsentierte Engelbert nach dem Kaiser die höchste politische Autorität in Deutschland. Im November 1225 wurde er auf der Rückreise von Soest nach Köln von seinem Neffen, dem Grafen Friedrich von Isenberg – mit dem er wegen der Vogteirechte über die Abtei Essen im Streit lag –, überfallen und kam dabei zu Tode. Für den Hinterhalt hatte dieser einen Hohlweg bei Gevelsberg gewählt, der ideale Bedingungen bot, sich im Gebüsch zu verstecken und die Flucht nach hinten sowie zur Seite zu versperren. Ein Jahr später wurde der Graf gefasst und hingerichtet. Ein Gedenkstein erinnert in Gevelsberg noch heute an die Geschehnisse, die damals im ganzen Land für Aufsehen sorgen. Engelbert war wohl der berühmteste, aber sicherlich nicht der einzige Mensch, der im Mittelalter einem solchen Hinterhalt auf westfälischen Wegen zum Opfer fiel.

„Ich preise sein Leben, und immer klage ich um seinen Tod. Weh dem, der den edlen Fürsten von Köln erschlug (...) Ein Eichenstrang um seinen Hals wäre ihm zu sanft. Ich will ihn nicht verbrennen noch ihn zerstückeln noch ihm die Haut abziehen, auch ihn nicht mit dem Rad zermalmen noch aufs Rad ihn flechten; ich warte nur jeden Tag, ob ihn nicht die Hölle lebendig verschlingt."

(Walter von der Vogelweide)

erfolgte schließlich der Abriss der baufälligen Kirche, bei der es sich laut Grundrisszeichnung um ein dreischiffiges Langhaus ohne Querschiff und ohne Turm gehandelt hat. In der Nähe des alten Stiftsgeländes entstand 1830 ein neues Gotteshaus, die evangelische Erlöserkirche. In der Straße „Im Stift" erinnern heute noch ein steinernes Denkmal aus dem Jahr 1925, Informationstafeln und ein Grundriss im Straßenpflaster an das ehemalige Klostergelände.

2 Altes Äbtissinnenhaus

Das „Alte Äbtissinnenhaus" ist das früheste erhaltene Zeugnis des Zisterzienserinnenklosters bzw. des nachfolgenden Damenstiftes und gleichzeitig eines der ältesten Fachwerkgebäude der Region. Der zweigeschossige Bau auf einem Massivsockel aus Bruchsteinen besteht aus dem älteren Hinterhaus aus dem 16. und einem jüngeren Vorderhaus aus dem 17. Jh. Die Bauforschung erbrachte aber Hinweise auf ein Vorgängergebäude, vermutlich aus dem späten Mittelalter. Spätestens ab 1803 befand sich das Haus in Privatbesitz; 1929 ging es dann als Stiftung in den Besitz der von Bodelschwinghschen Anstalten Bethel in Bielefeld über und wurde seitdem für verschiedene soziale Zwecke genutzt. Die unterschiedlichen Funktionen zogen vielfältige Umbauten nach sich, die in jüngster Zeit teilweise wieder rückgängig gemacht wurden.

Altes Äbtissinnenhaus.

1805, als das „Alte Äbtissinnenhaus" schon lange privat genutzt wurde, war für die Äbtissin das repräsentative Schieferhaus (Im Stift 6) im Stil des Klassizismus fertiggestellt worden. Sieben Jahre später wurde das Stift dann aufgelöst. Innerhalb des ehemaligen Klosterbereichs stehen noch weitere Häuser unter Denkmalschutz.

3 Brunnenhaus/Haus Friedrichsbad

In der Mitte des 17. Jh. entdeckten die Besitzer des nahe gelegenen Hauses Martfeld eine eisenhaltige Thermalquelle in einer Wiese unweit der Fernstraße. Der „Schwelmer Gesundbrunnen", der zahlreiche Kurgäste und Ausflügler anzog, wurde 1706 offiziell als Heilquelle anerkannt. Ein Jahr später wird von 60–70.000 Besuchern innerhalb von zwei Monaten berichtet. Ein steinernes Becken

Haus Friedrichsbad.

musste über die Quelle gebaut und ein Brunnenmeister eingesetzt werden, um das „unordentliche trincken" zu verhindern. Schließlich wurde ein achteckiges Brunnenhaus errichtet, dessen heutiges Erscheinungsbild auf Umbauten im 19. Jh. zurückgeht. Der mineralische Geschmack des Wassers wird nicht unerheblich von dem im Umfeld anstehenden Vitriol (→ S. 224) beeinflusst.

Mehrere Brunnenwirtschaften mit Badehäusern versorgten die Gäste. Von ihnen sind noch heute die Wirtschaft Erlenbruch und das Haus Friedrichsbad erhalten, welches der Wirt Neuhaus Ende des 18. Jh. errichten ließ und nach dem Preußenkönig Friedrich II. benannte. Als die Quelle um 1900 versiegte, wurde es ein Parkrestaurant mit Gartenwirtschaft.

Brunnenhäuschen.

Zu Beginn des 19. Jh. ließ man auch einen englischen Landschaftspark anlegen, von dem jedoch im 20. Jh. wesentliche Elemente beseitigt und durch bauliche Erweiterungen die historischen Sicht- und Wegeachsen zwischen Brunnenhäuschen und Park zerstört wurden. Seit 1953 gehören Haus und Park dem „Bildungswerk der nordrhein-westfälischen Wirtschaft e. V." und das Brunnenhaus mit seiner unmittelbaren Umgebung der Stadt Schwelm.

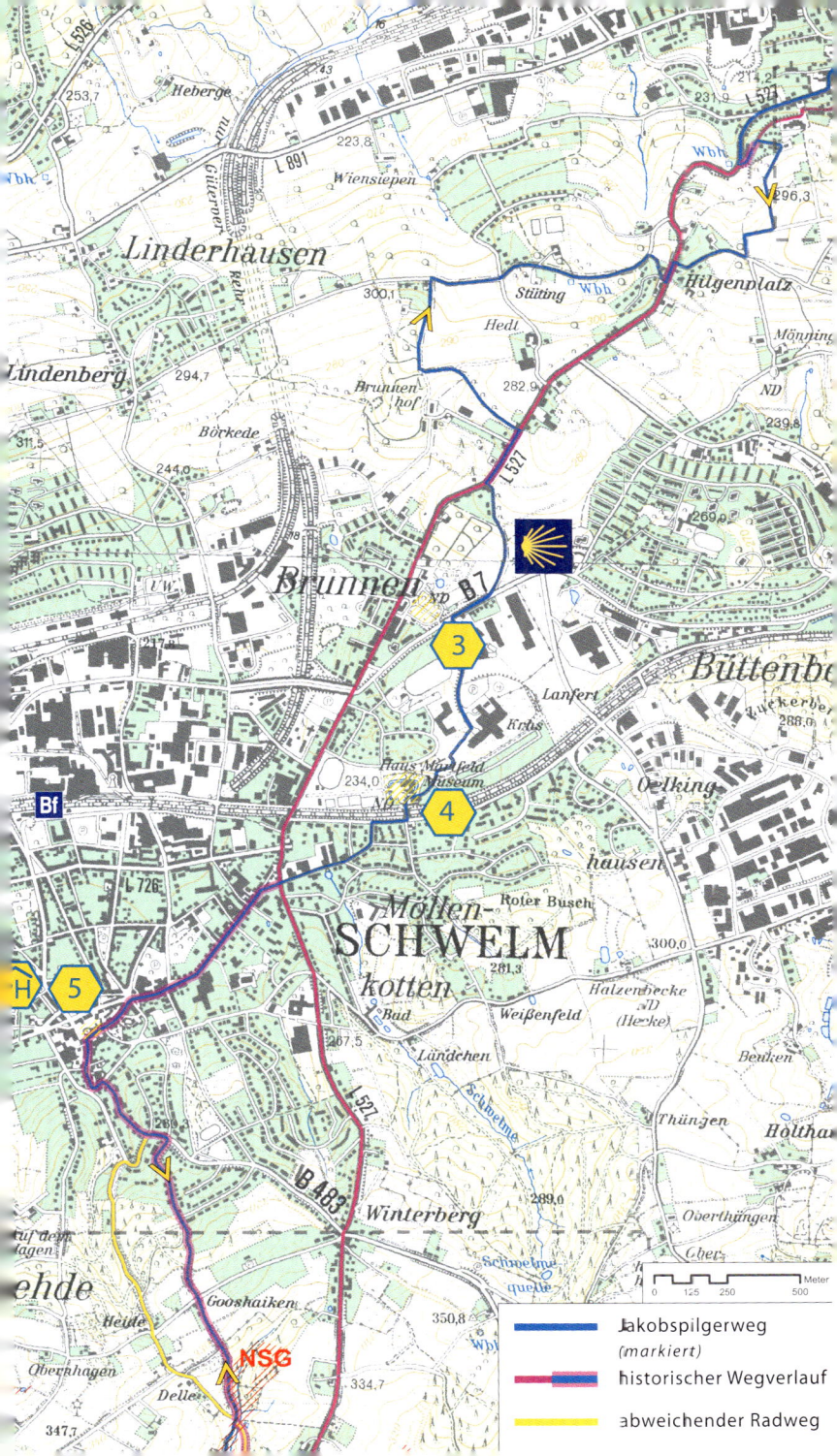

Jakobspilgerweg
(markiert)

historischer Wegverlauf

abweichender Radweg

Eisenvitriol

Vitriole sind kristallwasserhaltige Sulfate von zweiwertigen Metallen. Dazu gehört auch das Eisen(II)-Sulfat (Eisenvitriol). Beim Erhitzen von Vitriol entweicht weißer Rauch (*spiritum vitrioli* = Schwefeltrioxid), der mit Wasser vermischt Schwefelsäure ergibt. Der u. a. für die Färberei und Gerberei wichtige Rohstoff wurde im Umfeld von Haus Martfeld zeitweise systematisch abgebaut. Die Rotbraunfärbung des Bodens war hier bereits früh aufgefallen, wie Flurnamen („Rodenfeld") belegen. 1682 folgte die Schließung des Alaun- und Vitriolbergwerks Rodenfeld.

4 *Haus Martfeld*

Haus Martfeld entstand in einer Niederung in unmittelbarer Nähe der nach Köln führenden Fernstraße. Zunächst als wehrhafter Stützpunkt des Erzbischofs von Köln gegen den Grafen von Berg errichtet, fiel die Burg 1324 an den Grafen von der Mark. Die ursprüngliche, 1429 erstmals „huys Martveld" genannte Anlage bestand aus einem von Wassergräben umgebenen, einfachen Steinhaus mit zwei Räumen und angeschlossenem Rundturm sowie wenigen hölzernen Wirtschaftsbauten im Innenhof. Mit dem Auf-

Haus Martfeld.

kommen der Kanonen verlor Martfeld seine militärische Bedeutung und diente als Sitz verschiedener Adelsfamilien. Dennoch wurde es während des Dreißigjährigen Krieges durch einen steinernen Torturm stärker befestigt (1627). Im 18. Jh., nachdem die Burg in bürgerlichen Besitz gelangt war, erfolgte der Umbau in einen Landsitz im Stil barocker Schlossbauten, dessen Erscheinungsbild weitgehend dem heutigen entspricht. Im 19. Jh. kam das Anwesen in den Besitz der Freifrau Friederike von Elverfeldt, die umfangreiche Baumaßnahmen durchführte und einen Landschaftsgarten anlegen ließ. Im Park errichtete sie 1860 eine kleine neugotische Kapelle mit Andachtsraum und einem Anbau als Familiengrablege. Sehenswert ist das in der Andachtskapelle befindliche großformatige Gemälde von 1743, das die Flucht Lots aus Sodom darstellt.

Haus Martfeld befindet sich seit 1954 im Besitz der Stadt Schwelm, die hier ihr Archiv und Heimatmuseum einrichtete. Der verwilderte Park wurde in eine historisierende Gartenanlage sowie ein Freizeitgelände umgestaltet. Vor der Grabkapelle und südlich von Haus Martfeld blieb der Landschaftsgarten erhalten; der von einem Graben umgebene Barockgarten befindet sich im Westen.

Siepen

Als Siepen oder Siefen werden im Bergischen Land die schmalen Täler (Kerbtäler) unterhalb der Quellen bezeichnet (andernorts auch: Sieke). Bedingt durch das starke Gefälle und den damit verbundenen Feinbodenabtrag bilden sie schmale tiefe Ein-

Hammerwerk auf einem Kupferstich von 1789.

schnitte im Gelände. Die häufig wasserreichen, aber oft nur wenige Meter breiten Siepen wurden in der Vergangenheit ohne großen Aufwand durch Querdämme aufgestaut und begünstigten dadurch früh die Ansiedlung von Wasserkraft nutzenden Handwerksbetrieben wie Hammerschmieden, Schleifmühlen oder Bleichen. Dies führte zu Erwerbsmöglichkeiten, die den Nachteil des hier nur für die Weidewirtschaft geeigneten Bodens etwas ausglichen. Aufgrund ihrer Nähe zur Quelle und wegen der fehlenden Abwassereinleitungen besitzen die Siepen häufig sauerstoffreiches sauberes Wasser.

Schwelm

Keimzelle der späteren Ansiedlung in Schwelm war der Fronhof „uilla Suelmiu", der bereits um 900 n. Chr. in den Quellen genannt wird. Vermutlich entstand zu dieser Zeit auch die erste Kirche, die als Pfarrkirche 1085 erstmals Erwähnung findet. Die zügige Entwicklung zum Hauptort der Region verdankt Schwelm wohl vor allem der verkehrsgünstigen Lage an der Fernhandelsstraße.

Die Schwelmer Innenstadt mit Blick auf die Christuskirche.

Diese führte östlich des Siedlungskerns durch den heutigen Ortsteil Möllenkotten, der als Zollstelle 1466 belegt ist. Für den Anfang des 14. Jh. ist ein Gogericht und für 1311 ein Markt bezeugt. 1496 erfolgte die Verleihung der Stadtrechte, die Schwelm allerdings fünf Jahre später wieder aberkannt und erst 1590 erneut zugestanden wurden. Wirtschaftlichen Wohlstand erreichten Schwelm und sein Umland in der Neuzeit vor allem durch Eisenverarbeitung, Steinkohlebergbau und das Textilgewerbe, deren Wurzeln bis ins Mittelalter reichen.

5 Christuskirche

Die heutige Christuskirche liegt auf einer Anhöhe im Zentrum der Stadt Schwelm und ist umgeben von Bürgerhäusern des 18. bis 20. Jh. Der Kirchenbau mit der charakteristischen doppeltürmigen Westfront stammt aus der Mitte des 19. Jh. Bei dem mittelalterlichen Vorgänger handelte es sich sehr wahrscheinlich um eine Petruskirche. 1520 hatte ein großes Feuer den ganzen Ort mitsamt der Kirche vernichtet. Der Nachfolgebau bestand bis 1737, als er für baufällig und zu klein befunden wurde. Die neue Kirche wurde 1836 bei einem erneuten Brand zerstört und durch die heutige Christuskirche ersetzt. Das einzige Überbleibsel aus dem mittelalterlichen Gotteshaus ist laut mündlicher Überlieferung das Bruchstück eines Taufbeckens aus Kalkstein, das sich heute im Museum von Haus Martfeld befindet. In der Schwelmer Kirche wurde nach 1225 die Mitra des erschlagenen Engelberts I. von Köln (→ S. 220) als Reliquie aufbewahrt.

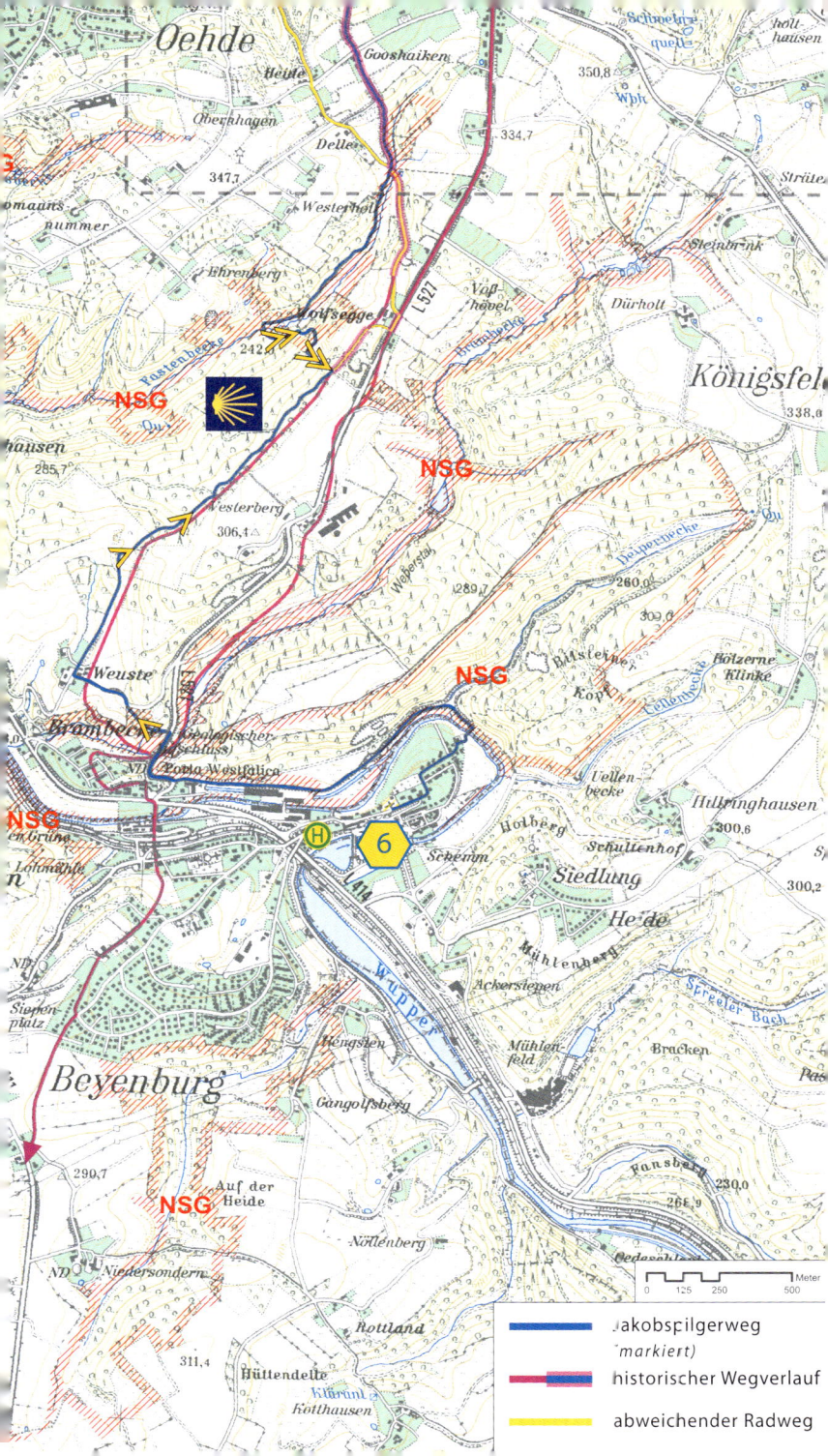

▬▬▬▬	Jakobspilgerweg (markiert)
▬▬▬▬	historischer Wegverlauf
▬▬▬▬	abweichender Radweg

Wuppertal-Beyenburg

Der heutige Wuppertaler Ortsteil Beyenburg liegt am Hang des Beyenberges in einem Tal, in dem die Wupper eine Schleife macht. Der Fluss bildete hier lange Zeit die Grenze zwischen den Grafschaften Berg im Süden und Mark im Norden. Gut geschützt entstand in der Wupperschleife eine 1336 erstmals genannte Landesburg der Grafen von

Das in der Wupperschleife gelegene Beyenburg.

Berg, die bei den späteren Auseinandersetzungen einen Gegenpol zum märkischen Haus Martfeld bildete. Sie wurde an der engsten Stelle der Flussschleife auf einem Plateau errichtet, an dessen östlichem Rand noch der Rest eines Befestigungsgrabens als eines der wenigen obertägig sichtbaren Überbleibsel erhalten ist. In ihrem Umfeld bildete sich die „Freiheit Beyenburg" (1448) durch die Ansiedlung von Handwerkern und Kaufleuten, die vom Schutz der

Burg und der Nähe der Fernhandelsstraße profitierten. 1426 werden an der Wupperschleife erstmals eine Getreide- und eine Ölmühle erwähnt, für die der Fluss in einen künstlichen Graben umgeleitet wurde, um so auch bei Niedrigwasser die Produktion aufrechterhalten zu können. Der für Beyenburgs Stadtbild so charakteristische Stausee wurde ursprünglich um 1900 angelegt, um die starken Abflussschwankungen der Wupper auszugleichen.

Die Stele des Landschaftsverbandes Rheinland an der ehemaligen Klosterkirche markiert den Treffpunkt des westfälischen und des nach Aachen weiterführenden rheinischen Weges.

6 *Kloster- und Pfarrkirche St. Maria Magdalena*

Adolf von Berg (1259–96) gründete südlich der Wupper beim Hof Steinhaus an der Fernstraße eine Niederlassung der Kreuzherren, die nach 1303 auf „den gewöhnlich Beienburg genannten Berg" verlegt wurde, um dort ein neues Kloster zu erbauen. Von diesem Kloster Steinhaus sind noch die spätgotische Kirche St. Maria Magdalena sowie Ost- und Südflügel des Klosters erhalten. Sie stammen von einem Neubau aus dem Ende des 15. Jh., als die alten Gebäude zu klein geworden waren. An der Westwand des Südflügels ist noch der Umriss des Kreuzganges zu erkennen.

Die Kreuzrippengewölbe der Sakristei zieren Fresken aus der Zeit um 1490. In barocker Zeit (17. Jh.) wurden einige Neuerungen besonders in Bezug auf die Ausstattung eingebracht. Über den an dieser Stelle seit dem 14. Jh. existierenden Vorgängerbau der Kirche gibt es keine schriftlichen oder archäologischen Zeugnisse, die nähere Auskunft über Größe und Aussehen geben könnten.

Die Kreuzherren lebten nach den Regeln des hl. Augustinus. Im Mittelpunkt des geistlichen Lebens stand die Verehrung des Heiligen Kreuzes. Gründer des 1211 päpstlich bestätigten Ordens zum Heiligen Kreuz war Theodorus von Celles, dessen Bronzestatue 1997 vor der Maria Magdalena-Kirche aufgestellt wurde.

Der Stausee und die ehemalige Beyenburger Klosterkirche.

„Über die Wupper gehen"

Die Bedeutung der Redewendung „über die Wupper gehen", im Sinne von Tod oder Ende/Zusammenbruch, lässt sich sehr wahrscheinlich auf das 18. Jh. zurückführen, als die Wupper bei Beyenburg die Grenze zwischen der an Preußen übergegangenen Grafschaft Mark und dem Herzogtum Berg bildete. Um der Rekrutierung für das Heer des Soldatenkönigs Friedrich Wilhelm I. zu entgehen, flüchteten die jungen Männer über den Fluss nach Berg ins nahe Exil, gingen also „über die Wupper". Die ursprüngliche Bedeutung meinte demnach ausschließlich „über die Grenze gehen".

Informationen und Unterkünfte

Die Angaben zu den Unterkünften beziehen sich nur auf Pilger- und Jugendherbergen sowie Lokalitäten, die spezielle Angebote für Pilger bieten. Eine telefonische Voranmeldung ist in der Regel erwünscht oder notwendig. Informationen über weitere Unterkünfte können bei den Touristeninformationen (vor Ort, telefonisch oder per Internet) eingeholt werden. Bei den Hinweisen auf die Öffnungszeiten handelt es sich um ausgewählte Beispiele von Sehenswürdigkeiten, die religiöse und/oder kulturelle Hintergründe aufweisen bzw. auf die direkt in den Texten „Sehenswertes entlang der Strecke" verwiesen wird.

Wege der Jakobspilger in Nordrhein-Westfalen

Landschaftsverband Westfalen-Lippe / Altertumskommission für Westfalen
Rothenburg 30 / 48143 Münster / Tel.: 0251-5907-270
altertumskommission@lwl.org / www.jakobspilger.lwl.org

Landschaftsverband Westfalen-Lippe / LWL-Amt für Landschafts- und Baukultur in Westfalen/ Fürstenbergstr. 15 / 48147 Münster / Tel.: 0251-591-3572
info@lwl-landschafts-und-baukultur.de
www.lwl-landschafts-und-baukultur.de

Landschaftsverband Rheinland / Umweltamt – Kulturlandschaftspflege
50663 Köln / Tel.: 0221/809-3780 / www.jakobspilger.lvr.de
(Anschlussstrecke von Wuppertal-Beyenburg aus!)

Jakobusgesellschaften und Pilgerinitiativen

Deutsche St. Jakobus-Gesellschaft e.V. / Tempelhofer Str. 21 / 52068 Aachen
Tel.: 0241-4790-127 (Mo–Fr 10–12 Uhr) / www.deutsche-jakobus-gesellschaft.de
Hier gibt es auch den Pilgerpass!

Deutsche St. Jakobus-Gesellschaft e.V. / Region Norddeutschland
info@jakobswege-norddeutschland.de / www.jakobswege-norddeutschland.de
Anschlussstrecke von Norden nach Osnabrück

Freundeskreis der Jakobuspilger Paderborn
Am Niesenteich 9 / 33100 Paderborn / Jakobuspilger@paderborn.com
homepages.uni-paderborn.de/pilger

Weitere Adressen und Auskünfte

Informationen im Internet

Deutsche Seiten zum Jakobsweg im Internet: www.jakobus-info.de
Internationale Seite zum Jakobsweg im Internet: www.xacobeo.es
Informationen zum Weg (spanisch): www.mundicamino.com
Umfangreiche Link-Sammlung: www.ultreia.ch/links.html;
www.rencesvals.com/xacowebs.asp

Kirchen: www.oekumene-ack.de / Tel.: Das Örtliche unter „Kirchen"

Spezialist für Jakobusliteratur: Manfred Zentgraf / In den Böden 3 / 97332 Volkach
Tel.: 09381-4492 / Mo–Fr 8-12 Uhr / Fax: 09381-6260 / www.jakobuspilger-zentgraf.de

Fahrplanauskünfte: bundesweit: www.db.de / Tel.: 11861 (1,80 Euro/Min.)
ServiceTelefon Rheinbahn / VRR 01803-504030 (24 Std., 0,09 Euro./Min.) / efa.vrr.de
Verkehrsgemeinschaft Münsterland / www.muensterland-tarif.de

Etappe 1: Osnabrück – Lengerich

Touristeninformation:

Tourist-Information Osnabrück, Osnabrücker Land / Bierstraße 22-23 / 49074 Osnabrück
Tel.: 0541-323-2202 / Mo–Fr 9.30–18 Uhr, Sa 10–16 Uhr
Email: tourist-information@osnabrueck.de, Internet: www.osnabrueck.de

Unterkünfte für Pilger in Osnabrück und Hasbergen:

- Jugendgästehaus Osnabrück / Iburger Straße 183a / 49082 Osnabrück
  Tel.: 0541-54284 / Email: jh-osnabrueck@djh-unterweser-ems.de
- GCL-Regionalstelle Nord / Lohstr. 42 / 49074 Osnabrück / Tel.: 0541–318862 od.
  3354430 (Marlies Fricke), Anmeldung erforderlich / 2 Betten vorhanden,
  3 Plätze auf Matratzen (Pilgerherberge: 3–5 Euro)
- Gemeindehaus der evangelischen Christuskirchengemeinde Hasbergen
  Martin-Luther-Str. 6 / 49205 Hasbergen / Tel.: 05405-3314 (Pastor Armin Hagedorn),
  Email: armin-hagedorn@online.de

Öffnungszeiten:

1 Dom: täglich 7–19 Uhr
2 Marienkirche: Sommer 10–12 Uhr und 15–17 Uhr, Winter: 10.30–12 Uhr und
  14.30–16 Uhr
3 Rathaus/Friedenssaal: außer bei Sonderveranstaltungen Mo–Fr 8–20 Uhr,
  Sa und So 10–16 Uhr
4 Katharinenkirche: Mo–Fr 14.30–16.30 Uhr, Sa 11–12.30 Uhr
6 Johanniskirche: täglich 7.30–19 Uhr
- Kulturgeschichtliches Museum und Felix-Nussbaum-Haus / Lotter Straße 2
  49078 Osnabrück / Di–Fr 11–18 Uhr, Sa u. So 10–18 Uhr
8 Christuskirche: Besichtigung n. V. über Gemeindebüro (Di, Do, Fr 9–12 Uhr) oder
  Tel.: 05405-3314
9 Ev. Stiftskirche Leeden: ca. von Ostern bis Ende September tagsüber geöffnet

Etappe 2: Lengerich – Ladbergen

Touristeninformation:

Tourist-Information Lengerich / Rathausplatz 1 / 49525 Lengerich
Tel.: 05481-82422 / Mo–Fr 9.30–13 Uhr, 13.30–18 Uhr, Sa 10–12 Uhr
Email: tourist-information@lengerich.de / Internet: www.lengerich.de

Öffnungszeiten:

1 Ev. Stadtkirche: April–September Sa 10–12 Uhr und Do 15.30–17.30 Uhr oder n. V.
  (Tel.: 05481-80730, -80733)
- Heimathausmuseum Lengerich (Heimatverein Lengerich e. V.) / Heckenrosenweg 20
  49525 Lengerich / Führungen n. V. über die Tourist-Information möglich

Etappe 3: Ladbergen – Münster

Touristeninformation:
Tourist-Information / Alte Schulstr. 1 / 49549 Ladbergen / Tel.: 05485-3635
Email: touristik@ladbergen.de / Internet: www.ladbergen.de

Unterkünfte für Pilger in Greven und Münster:
-   Pfarrheim St. Michael / Domhof 18 / 48268 Greven-Schmedehausen / 02571-2270 /
    Email: stmartinus-greven@bistum-muenster.de
-   Arnsteiner Patres / Bohlweg 46 / 48147 Münster / Tel.: 0251-482533 (vorherige
    telefonische Anfrage erbeten) / Teilnahme an Morgengebet und Frühstück möglich /
    Kostenbeitrag 5 Euro pro Person und Nacht
-   Franziskanerinnen / St.-Mauritz-Freiheit 44 / 48145 Münster / Tel.: 0251-9337657
    (Schwester Hiltrud, vorherige telefonische Anfrage erbeten) / Teilnahme an Morgen-
    gebet und Frühstück möglich / Kostenbeitrag möglichst 10 Euro
-   Sleep Station / Wolbecker Straße 1 / 48155 Münster / Tel.: 0251/4828155
    (8–12 und 16–21.30 Uhr / Übernachtung im Mehrbettzimmer, Küche zur Selbstver-
    sorgung verfügbar / Kostenbeitrag ab 15 Euro (geringer Preisnachlass für Jakobspil-
    ger auf Anfrage möglich) / Internet: www.sleep-station.de

Öffnungszeiten:
1   Ev. Stadtkirche, Ladbergen: n. V. (Herr Apitz, Tel.: 05485-1414)
-   Heimatmuseum Ladbergen / Am Aabach 9 / 49549 Ladbergen / tägl. 9–18 Uhr
-   Schumachermuseum / Zur Woote 51 / 49549 Ladbergen / Führungen n. V.
    (Frau Wübbeler, Tel.: 05485-1830)
4   Kirche zu den hl. Schutzengeln, Greven-Schmedehausen: tägl. 8–17 Uhr

Etappe 4: Münster – Rinkerode

Touristeninformation:
Münster Marketing – Münster Information / Heinrich-Brüning-Str. 9 / 48143 Münster
Tel.: 0251-49227-12 oder -13 / Email: info@stadt-muenster.de / www.muenster.de

Pilger-Information und Stempel:
Kirchenfoyer Münster / Lamberti-Kirchplatz / Salzstraße 1 / 48143 Münster
Tel.: 0251-4841945 / Mo–Fr 10–18 Uhr, Sa 10–16 Uhr / Email: info@kirchenfoyer.de
Internet: www.kirchenfoyer.de

Öffnungszeiten:
1   Dom St. Paulus: Sonn- und Feiertage 6.30–19.30 Uhr, Mo–Sa 6.30–18 Uhr
2   Liebfrauen-Überwasser (St. Marien): tägl. 8–19 Uhr
3   St. Lamberti: Mo–Sa 8–19 Uhr, So 9–18 Uhr, Messen: Mo–Sa 9 u. 18 Uhr,
    So 10 u. 18 Uhr
4   Rathaus/Friedenssaal: Di–Fr 10–17 Uhr, Sa u. So 10–16 Uhr
8   St. Martini: Vorkapelle bis zum Gitter immer geöffnet, ansonsten zu Gottesdienstzeiten:
    So 11 u. 19 Uhr, Mo 18 Uhr, Di 14.30 Uhr, Fr 18 Uhr, Sa 17 Uhr, evtl. n. V.
    (Tel.: 0251-44893)

9 St. Ludgeri: tägl. 8–13 Uhr und 15– ca.19 Uhr

- Stadtmuseum Münster / Salzstraße 28 / 48143 Münster /
  Di–Fr 10–18 Uhr, Sa, So 11–18 Uhr / Eintritt frei
- Bibelmuseum der Westfälischen Wilhelms-Universität / Pferdegasse 1
  48143 Münster / Di, Mi, Fr 11–17 Uhr, Do 11–19 Uhr,
  Sa 11–13 Uhr, So und Feiertage geschlossen / Eintritt frei
- LWL-Landesmuseum für Kunst- und Kulturgeschichte / Domplatz 10 / 43143 Münster
  / Di–So 10–18 Uhr / Eintritt: 3,50 Euro bzw. 2,10 Euro
11 Alt-St. Clemens, Hiltrup: Mo–Sa 15–17 Uhr, sonst Schlüssel im benachbarten Altenheim „Marienheim" / An der alten Kirche 5
12 St. Clemens, Hiltrup: tägl. 8.30–18 Uhr

Etappe 5: Rinkerode – Herbern

Informationen über Rinkerode, Hotels und Gaststätten im Internet: www.rinkerode.de

Unterkünfte für Pilger in Herbern (s. a. Etappe 6):
-Hotel „Am Kirchplatz" / Benediktuskirchplatz 6 / 59387 Ascheberg-Herbern /
Tel.: 02599-93940 / Preise für Pilger ab 10 Euro
-Hotel „Zum Wolfsjäger" / Südstraße 36 / 59387 Ascheberg-Herbern / Tel.: 02599-414
Rezeption täglich von 17–22 Uhr besetzt / Preise für Pilger ab 10 Euro

Öffnungszeiten:
1 St. Pankratius / täglich 8 Uhr bis zur Dämmerung
- Mühlenmuseum Rinkerode / Eickenbeck 44 / 48317 Drensteinfurt-Rinkerode
  Führungen n. V. möglich (Tel.: 02538-756)

Etappe 6: Herbern – Werne

Touristeninformation:
Tourist-Information Ascheberg e. V. / Katharinenplatz 1 / 59387 Ascheberg
Tel.: 02593-6324 / Email: mail@ascheberg-touristinfo.de
Internet: www.ascheberg-touristinfo.de, www.herbern.de

Pilger-Information und Stempel:
Stempelstelle und Informationen zu Übernachtungen in der Kirche St. Benedikt

Informationen zum Jakobsweg: www.heimatverein.herbern.de/jakob.htm

Unterkünfte für Pilger in Werne:
- Kapuzinerkloster Werne / Südmauer 5 / 59368 Werne
  Tel.: 02389-9896615 (Pater Suitbert)

Öffnungszeiten:
1 St. Benedikt: tägl. 8–18 Uhr
- Heimathaus Herbern / Altenhammstraße / Sa u. So 15–17 Uhr (von Ostern bis Herbstferien) / Eintritt frei
2 Schloss Westerwinkel: Führungen durch das Museum nur in Gruppen von mind. 8 Personen mit vorheriger Anmeldung: Tel.: 02599-98878 / Eintritt: 3 bzw. 1,50 Euro

Etappe 7: Werne – Lünen

Touristeninformation:
Stadtmarketing Werne GmbH / Markt 19 / 59368 Werne / Tel.: 02389-534080
Email: info@stadtmarketing-werne.de
Internet: www.verkehrsverein-werne.de, www.werne.de

Pilger-Information:
Kapuzinerkloster Werne / Südmauer 5 / 59368 Werne / Tel.: 02389-9896615
(Pater Suitbert)

Informationen zum Jakobsweg: www.christophorus-werne.de

Unterkünfte für Pilger in Lünen:
- Jugendherberge Cappenberger See / Richard-Schirrmann-Weg 7 / 44534 Lünen
  Tel.: 02306-53546 / Email: jh-cappenberger.see@djh-wl.de
  Internet: www.cappenbergersee.de
  Preise Ü/F: bis 26 Jahre 16,90 Euro, (Nebensaison: 14,50 Euro),
  ab 27 Jahre 18,90 Euro (Nebensaison: 16,30 Euro)
- Pension „Am Leezenpatt" / Bismarckstraße 23 / 44532 Lünen / Tel.: 02306-206749
  (Familie Lauer) / Email: rudolph_lauer@yahoo.com

Öffnungszeiten:
1 St. Christophorus, Werne: tagsüber geöffnet
- Altes Amtshaus, Karl-Pollender-Stadtmuseum Werne / Kirchhof 13 / 59368 Werne
  Di–Fr 10–12 Uhr, 14–17 Uhr, Sa nach Vereinbarung, So 10–13 Uhr / Eintritt frei
- Solefreibad Werne / Am Hagen 2 / 59368 Werne / Di–Fr. 6–20 Uhr,
  Sa u. So/Feiertage 7–20 Uhr, Mo 14–21 Uhr / Eintritt: 6,00 bzw. 3,50 Euro
3 Kapuzinerkloster Werne: tägl. geöffnet 6–20 Uhr / Tel.: 02389-9896615
7 Schloss Cappenberg: Stiftskirche Cappenberg: Im Eingangsbereich täglich geöffnet;
  Besichtigung kurz vor oder nach den Gottesdiensten (Sa 18, So 10 Uhr) oder nach
  Vereinbarung mit dem Pfarramt Cappenberg (Tel.: 02306-50511)
- LWL-Landesmuseum für Kunst- und Kulturgeschichte/Außenstelle Cappenberg
  Schlossberg / 59379 Selm / Di–So 10–17 Uhr
- Museum des Kreises Unna: Schlossberg / 59379 Selm / Di–So 10–17 Uhr

Etappe 8: Lünen – Dortmund

Touristeninformation:
Stadt Lünen, Presse- und Öffentlichkeitsarbeit / Willy-Brandt-Platz 1 / 44532 Lünen
Tel.: 02306-1041577 / Email: jochen.neubauer.o2@luenen.de
Internet: www.luenen.de / Mo–Do 9–16 Uhr, Fr 9–12 Uhr
Lippetouristik e. V., Münsterstr. 1j / 44534 Lünen / Tel.: 02306-781007
Mo–Fr 10–18 Uhr, Sa 10–13 Uhr / Email: info@lippetouristik.de
Internet: www.lippetouristik.de

Unterkünfte für Pilger:
- Jugendgästehaus Adolph Kolping / Silberstraße 24–26 / 44137 Dortmund
  Tel.: 0231-140074 / Email: jgh-dortmund@djh-wl.de
  Internet: www.lvb.westfalen.jugendherberge.de/dortmund/index.htm

Öffnungszeiten:

1 St. Marien, Lünen: tägl. 8–16 Uhr (Kontakt: 02306-50003)

2 St. Georg, Lünen: 21. 3.–21.12.: Mo–Fr 10–12 Uhr, Di–Fr 15–18 Uhr
   (Kontakt: 02306-1730)

- Museum der Stadt Lünen / Schwansbeller Weg 32 / 44532 Lünen
   April–Sept. Di–Fr 14–18 Uhr, Sa, So 13–18 Uhr; Okt.–März: Di–Fr 14–17 Uhr,
   Sa u. So 13 –17 Uhr / Eintritt: 1 Euro

6 St. Johannes Baptist, Brechten / Widumer Str. 33 / 44339 Dortmund / jeden 2. Sonn-
   tag im Monat ab 14 Uhr oder n. V. (Tel.: 0231-801879, Gemeindebüro, oder 0231-
   7280254, Frau Theobald)

Etappe 9: Dortmund – Herdecke

Touristeninformation:

Königswall 18a / 44137 Dortmund / Tel.: 0231-18999-222 / Mo–Fr 9–18 Uhr,
Sa 9–13 Uhr / Email: info@dortmund-tourismus.de
Internet: www.dortmund-tourismus.de und www.dortmund.de

Pilger-Information und Stempel:

Katholisches Forum Dortmund / Propsteihof 10 / 44137 Dortmund / Tel.: 0231-1848-110
oder 0231-1848-113 (Georg Borgschulte) / Mo–Fr 8.30–15.30 Uhr
Email: georg.borgschulte@katholisches-forum-dortmund.de
Internet: www.katholisches-forum.de

Unterkünfte für Pilger in Dortmund-Syburg und Herdecke:

- Burg Husen / Syburger Dorfstr. 135/ 44265 Dortmund / v. a. für Gruppen geeignet,
   Voranmeldung notwendig / Tel.: 0231-774117
   www.vcp-westfalen.de/main/haeuser/husen.htm

- Camping Hohensyburg (Familie Weitkamp) / Syburger Dorfstr. 69 / 44265 Dortmund
   Tel.: 0231-774374 / Email: info@camping-hohensyburg.de
   Internet: www.camping-hohensyburg.de

- Katholisches Pfarramt St. Philippus und Jakobus / Wetterstr. 15 / 58313 Herdecke
   Tel.: 02330-2154

Öffnungszeiten:

1 St. Reinoldi-Kirche, Dortmund: täglich 10–18 Uhr

2 Marienkirche, Dortmund: Di–Fr 10–12 Uhr, 14–16, Do–18 Uhr, Sa 10–13 Uhr,
   jeden Donnerstag 16.30 Uhr findet eine kostenlose Führung statt

3 Petrikirche, Dortmund: Di–Fr 12–17 Uhr, Sa 11–16 Uhr, So während der Ausstellungs-
   zeiten

4 Propsteikirche, Dortmund: tägl. 9–19 Uhr

6 Museum Adlerturm / Ostwall 51a / 44135 Dortmund / Di, Mi, Fr 10–13 Uhr,
   Sa 12–17 Uhr, Do, So 10–17 Uhr, Eintritt: 1,50 bzw. 0,75 Euro

7 St. Nicolai-Gemeinde / Kreuzstraße 66a / 44139 Dortmund / Besichtigung n. V.
   (Tel.: 0231-102640, Di, Do, Fr 9–12 Uhr) / Email: info@nicolai-kirche.de

12 Ev. Kirche Wellinghofen / Overgünne 3 / 44265 Dortmund / Besichtigung So zur
   Gottesdienstzeit 10 Uhr, sonst n. V. mit Pfarrbüro gegenüber, Tel.: 0231-464056
   (Mo–Fr 8–12 Uhr, Di auch 16–18 Uhr)

- Museum für Kunst- und Kulturgeschichte / Hansastr. 3 / 44137 Dortmund
  Di, Mi, Fr, So 10–17 Uhr, Do 10–20 Uhr, Sa 12–17 Uhr, Eintritt: 3 bzw. 1,50 Euro
17 Koepchenwerk: Besichtigung für Gruppen nach schriftlicher Anmeldung möglich:
  RWE Energie-, Solar-, Wind- und Wasserkraftwerke / Postfach 1664
  56606 Andernach / Tel.: 0201-1223924

Etappe 10: Herdecke – Hagen-Haspe

Touristeninformation

Stadt Herdecke, Verkehrsamt / Kirchplatz 3 / 58313 Herdecke, Mo–Fr 8–12 Uhr,
Di 14–16 Uhr, Do 14–17 Uhr / Tel.: 02330-611325 / Email: katja.brockhaus@herdecke.de
Internet: www.herdecke.de

Öffnungszeiten:

1 Ev. Stiftskirche, Herdecke: Do 10–12 Uhr
- St. Philippus und Jakobus / Wetterstr. 15 / 58313 Herdecke, Di–So 9 Uhr bis zur
  Dämmerung
2 Heimatstube Herdecke / Stiftsplatz / Do 10–11 Uhr, So 11–12 Uhr und auf Anfrage
  (Frau Conjaerts: 02330-70677 oder Frau Brockhaus: 02330-611-325) / Eintritt frei
7 Museum für Ur- und Frühgeschichte Schloss Werdringen / Werdringen 1
  58089 Hagen / Di–So 10 -17 Uhr / Eintritt: 3,20 bzw. 1,80 Euro

Etappe 11: Hagen-Haspe – Gevelsberg

Touristeninformation:

Tourist-Information Hagen / Rathausstraße 13 / 58095 Hagen / Mo–Fr 8–17 Uhr
Tel.: 02331-2075894 / Email: touristinformation@stadt-hagen.de
Internet: www.hagen.de

Unterkünfte für Pilger in Gevelsberg:

Hotel am Vogelsang / Hagener Straße 425 / 58285 Gevelsberg / Tel.: 02332-55850
Email: info@am-vogelsang.de / www.am-vogelsang.de / Preisnachlass für Pilger möglich

Öffnungszeiten:

1a Ev. Kirchengemeinde, Haspe: Kirchenbesichtigung über das Gemeindebüro möglich
  (Frankstr. 9, 58135 Hagen, Mo–Fr 8–12 Uhr)
1b St. Bonifatius, Haspe: zu den Gottesdiensten Mi und Fr 9 Uhr, sonst über das
  Pfarrbüro (Berliner Str. 125, Mo, Di, Do, Fr 9.30–11.30 Uhr und Di, Mi 16–18.30 Uhr)
- Stadtmuseum Hagen / Eilper Strasse 71-75 / 58091 Hagen / Tel.: 02331-2072740
  Di–So 11–18 Uhr

Alternativroute über Breckerfeld

Touristeninformation:

Stadt Breckerfeld, Verkehrsamt / Frankfurter Str. 38 / 58339 Breckerfeld
Mo–Do 8–12 u. 14–16 Uhr, Fr 8–12 Uhr / Tel.: 02338-809-32 / Email: info@brecker-
feld.de / Internet: www.breckerfeld.de

Pilger-Informationen und Stempel:

Ev. Jakobus-Kirche / Schulstr. 3 / 58339 Breckerfeld / Tel.: 02338-2135 (Pfarrer Gunter Urban) / Email: gunter.urban@web.de / Internet: www.jakobusfreunde-breckerfeld.de

Öffnungszeiten:

- Ev. Kirchengemeinde Breckerfeld: tägl. 8 Uhr bis zur Dämmerung
- Kath. Kirchengemeinde Breckerfeld: tägl. 8.30 Uhr bis zur Dämmerung
  Internet: www.st-jakobus-breckerfeld.de
- Heimatmuseum / Museumsgasse 3 / 58339 Breckerfeld / So 15–17 Uhr oder n. V.
  über das Verkehrsamt (Tel.: 02338-809-32) / Eintritt: 1,50 Euro

Etappe 12: Gevelsberg – Wuppertal-Beyenburg

Touristeninformation:
Gevelsberg:

- Stadt Gevelsberg, Fachbereich Stadtentwicklung, Umwelt und Wirtschaftsförderung
  Rathausplatz / 58285 Gevelsberg / Tel.: 02332-771-169 (Dietmar Grimm)
  Mo–Fr 8–12 Uhr, Mo und Do auch 14–16 Uhr / Email: FB3.3@stadtgevelsberg.de
- Ennepe-Ruhr-Tourismus / Tel.: 02324-56 48-0 oder -15 / Email: info@en-agentur.de
  Internet: www.ennepe-ruhr-tourismus.de

Schwelm:

Stadtverwaltung Schwelm, Informations- und Pressestelle / Hauptstr. 14
58332 Schwelm / Tel.: 02336-801-444 / Mo, Mi, Fr 8–12 Uhr, Mo 14–17 Uhr
Email: rudolph@schwelm.de / Internet: www.schwelm.de

Wuppertal-Beyenburg:

Wuppertal Marketing GmbH, Informationszentrum / Pavillon am Döppersberg
42103 Wuppertal / Tel.: 0202-19433 / Mo–Fr 9–18 Uhr / Sa 10–14 Uhr
Email: infozentrum@wuppertal-marketing.de / Internet: www.wuppertal.de

Unterkünfte in Schwelm und Wuppertal-Beyenburg:

- Jugendheim der katholischen Kirche in Schwelm / Marienweg 2 / 58332 Schwelm
  Tel.: 02336-2171 (Pfarrer und Prälat Heinz Dietmar Janousek)
  Email: hdj.schwelm@t-online.de / Internet: www.marien-schwelm.de
- Hotel Mallach / Öhder Str. 71 / 42289 Wuppertal-Beyenburg / Tel.: 0202-606551

Öffnungszeiten:

1 Ev. Erlöser-Kirche: Gottesdienst So 10 Uhr / Besichtigung n. V. (Tel.: 02332-75950,
  Mo–Fr 8.30–13 Uhr, Mo–Do ca. 14–17 Uhr)
- Kath. Gemeinde St. Engelbert / Rosendahler Str. 4 / 58285 Gevelsberg
  tägl. 9 bis ca. 18 Uhr
4 Museum Haus Martfeld / Martfeld 1 / 58332 Schwelm / Mi, Fr, Sa 10–13 Uhr,
  So 11–18 Uhr
5 Christuskirche, Schwelm: Di 10–12 Uhr, Fr 10–11 Uhr, Sa 11–13 Uhr,
  So 10.30–ca. 12 Uhr
- St. Marien, Schwelm: tägl. 10–18 Uhr
6 St. Maria Magdalena: Kapelle tägl. geöffnet, Kirche Sa ca. 9 Uhr bis abends,
  So ca. 10.30 Uhr bis abends

Ulrike Spichal M.A. ist Hauptautorin des vorliegenden Bandes und Leiterin des Projektes „Wege der Jakobspilger in Westfalen". Sie studierte Ur- und Frühgeschichte in Münster sowie Kiel und arbeitet seit 2002 bei der Altertumskommission für Westfalen zum Thema Wegeforschung.

Dipl.-Ing. **Horst Gerbaulet** leitet im LWL-Amt für Landschafts- und Baukultur in Westfalen kulturlandschaftliche Projekte und ist Autor mehrerer Wanderführer. Diese Erfahrungen ließ er u. a. bei der vom LWL-Amt erstellten Kartografie für das vorliegende Buch einfließen. Als Co-Autor steuerte er zudem Beiträge zu den kulturlandschaftlichen Besonderheiten entlang des Pilgerweges bei.

Dr. **Cornelia Kneppe** hat sich im Rahmen ihrer Tätigkeit als Historikerin bei der LWL-Archäologie für Westfalen/Mittelalter- und Neuzeitarchäologie intensiv mit Landwehren und damit auch mit historischen Wegen beschäftigt. Sie ist Mitglied des wissenschaftlichen Beirats, der das Projekt der Altertumskommission „Wege der Jakobspilger in Westfalen" begleitet.

Prof. Dr. **Volker Honemann** ist Lehrstuhlinhaber für Deutsche Literatur des Mittelalters unter Einbeziehung der mediävistischen Komparatistik an der Universität Münster. Einer seiner Forschungsschwerpunkte ist die Pilger- und Reiseliteratur. Er ist Mitglied der Deutschen St. Jakobus-Gesellschaft sowie des wissenschaftlichen Beirats für das Projekt „Wege der Jakobspilger".

Weitere Mitglieder des wissenschaftlichen Beirats sind:
Prof. Dr. Dr. h.c. **Torsten Capelle**,
Vorsitzender der Altertumskommission für Westfalen
Annette Heusch-Altenstein,
Landschaftsverband Rheinland, Umweltamt
Dr. Robert Plötz,
Präsident der Deutschen St. Jakobus-Gesellschaft Aachen

Wissenschaftliche Begleitung:
Dr. Vera Brieske M. A., Altertumskommission für Westfalen
Ulrich Lehmann M. A., Altertumskommission für Westfalen

Bildnachweis

Altertumskommission für Westfalen: S. 86; Foto V. Brieske: S. 204; Foto U. Lehmann: S. 107 o., Karte 209 (Kartengrundlage Maßwerke GbR); Fotos K. Niederhöfer: S. 92, 100, 101 u.; Fotos U. Spichal: S. 12, 18, 44, 45 u., 46, 48 o., 52, 59, 60, 61, 67 o., 68, 71, 72, 95 o., 112, 113 o., 113 u., 115, 118 li., 118 re., 120, 121 o., 121 u., 132, 133 u., 136, 138, 140, 142, 143, 144, 145 o., 156, 159, 161, 166 o., 166 u., 167, 171, 174, 187 u., 188, 189, 191 o., 192, 196, 200, 201 li., 201 re., 206, 213 o., 214, 215, 216, 217, 219 o., 219 u., 220, 221, 222 u., 224, 226

Archäologische Denkmalpflege und Kreisarchäologie Osnabrück: S. 45 o.

Archiv der ev. Kirchengemeinde Herdecke: S. 194

arke Gemälde, Dortmund: S. 184 o.

Bezirksregierung Köln, Abt. 7 (Geobasis.NRW): S. 123 u.

Brennerei Eversbusch: S. 212 u.

Durand, A., Köln: S. 15 u.

Gemeinde Ladbergen: S. 77 o., 77 u.

Goldstein, G., Selm-Cappenberg: S. 149 o., 160

Grosse-Drenkpohl, B., Werne: S. 151 u.

Heimatverein Herbern: S. 130 u.

Helbeck, G., Wuppertal: S. 228 o.

Hennigfeld, J., Greven: S. 81 o.

Historisches Zentrum Hagen: S. 202 (J. Orschiedt)

Kube, S., Greven: S. 101 o.

Kulturgeschichtliches Museum Osnabrück, 3243: S. 51

Landesarchiv NRW Staatsarchiv Münster, Kartensammlung A 2196: S. 23

Landschaftsverband Rheinland: S. 33 (M. Köhmstedt), 228 u. (K. H. Flinsbach)

LWL-Amt für Landschafts- und Baukultur: S. 26, 62 o., 127; Foto: C. Bonatz: S. 37; Fotos H. Gerbaulet: S. 27 o., 27 u., 28, 29, 36, 42, 48 u., 49, 55, 56 o., 62 u., 63 u., 65 o., 67 u., 73, 74 o., 74 u., 75, 78 o., 78 u., 79, 81 u., 82 o., 82 u., 84, 87, 89 o., 89 u., 90 li., 90 re., 91 o., 91 u., 93, 95 u., 105 o., 108 o., 109, 110 u., 116, 117 o., 117 u., 122 u., 125 li., 125 re., 128, 129, 130 o., 133 o., 134, 137, 141, 145 u., 152, 153, 154, 155, 163, 165 u., 168, 170, 181 o., 181 u., 182 o., 182 u., 182 u., 183, 184 u., 185 o., 185 u., 187 o., 191 u., 197, 198 o., 198 u., 203 o., 205, 211, 212 o., 222 o., 229; Fotos: M. Höhn: S. 34 o., 34 u.; Foto: H. Kalle: S. 122 u.; Foto B. Milde: S. 35; Fotos: M. Philipps: S. 32, 102, 104 u.; Fotos: U. Woltering: S. 30, 149 u., 151 o.

LWL-Archäologie für Westfalen: S. 9 (G. Helmich)

LWL-Landesmuseum für Kunst- und Kulturgeschichte, Münster: S. 50, 94, 106, 108 u.; Leihgabe der NRW-Stiftung Naturschutz, Heimat- und Kulturpflege an den Freundeskreis des Westfälischen Landesmuseums für Kunst- und Kulturgeschichte: S. 147

LWL-Medienzentrum für Westfalen, Museum Schloss Cappenberg Selm: S. 150 (O. Mahlstedt)

LWL-Museum für Naturkunde: S. 123 o. (B. Tenbergen), 203 u. (G. Thomas)

Museum und Archiv Haus Martfeld, Schwelm: S. 225

Naturpark TERRA.vita: S. 14, 65 u. (W. Marks)

Presseamt Münster: S. 104 o.; 107 u. (B. Fischer); S. 105 u. (J. Busch)

rswp medienmanagement, Lienen: S. 15 o.

Ruhrtalmuseum Schwerte/Inv. Nr. 79-1320: S. 13

Staatsbibliothek zu Berlin: S. 110 o. (R. Schacht)

Stadt Herdecke: S. 199

Stadtarchiv Dortmund: S. 172, 176, 179

Stadtarchiv Lünen: S. 158, 162 o., 162 u., 165 o.

Stadtmuseum Münster: S. 25, 103

Westfälischer Heimatbund: S. 17, 56 u., 63 o. (S. Herringslack)

Wippermann, Chr., Breckerfeld: S. 208, 210 o., 210 u.

www.kirchenphoto.de/R. Glahs, D. Wulfert: S. 178 o., 178 u.

Abbildung S. 6: aus K. Herbers/R. Plötz, Die Straß zu Sankt Jakob. Der älteste deutsche Pilgerführer nach Santiago de Compostela. Ostfildern (2004) 31.

Abbildung S. 98: Vervielfältigt mit Genehmigung des Vermessungs- und Katasteramtes der Stadt Münster vom 14.12.07; Kontrollnummer 6222.75.07.

Abbildung S. 213: nach D. Denecke, Altwegerelikte: Methoden und Probleme ihrer Inventarisation und Interpretation. In: V. Pingel (Hrsg.), Wege als Ziel. Kolloquium zur Wegeforschung in Münster. Veröffentlichungen der Altertumskommission für Westfalen XIII. Münster (2002) 4.